华东师范大学—松江区人民政府
"江南文化"研究基地资助项目
（ECNU－JNWH－201901）

休闲研究专著系列

长三角城市文化发展竞争力研究

楼嘉军 李丽梅 宋长海 张媛 等 著

上海交通大学出版社
SHANGHAI JIAO TONG UNIVERSITY PRESS

内容提要

　　本书的研究地区是江浙沪长三角地区的 27 个城市;研究的内容是长三角城市文化休闲娱乐街区服务提升研究和三个专题研究报告。本书在确立长三角城市文化竞争力评价指标体系(由五大类 37 个具体指标组成)后确定了研究对象和测度模型(综合评价模型和差异测度模型)进行具体的研究。尤其是长三角城市居民休闲方式,长三角城市文化休闲娱乐街区服务提升的和长三角红色文化旅游景点市场感知三个专项研究等,以翔实的大数据分析、对比研究,对于我国长三角城市文化发展竞争力的提升,以及休闲化城市建设提供了一定的理论指导与实践借鉴。

图书在版编目(CIP)数据

长三角城市文化发展竞争力研究 / 楼嘉军等著. —
上海: 上海交通大学出版社,2021
ISBN 978 - 7 - 313 - 22197 - 1

Ⅰ.①长⋯　Ⅱ.①楼⋯　Ⅲ.①长江三角洲-城市文化
-竞争力-研究　Ⅳ.①G127.5

中国版本图书馆 CIP 数据核字(2021)第 036220 号

长三角城市文化发展竞争力研究
CHANGSANJIAO CHENGSHI WENHUA FAZHAN JINGZHENGLI YANJIU

著　　者:楼嘉军　李丽梅　宋长海　张媛等
出版发行:上海交通大学出版社　　　　　地　　址:上海市番禺路 951 号
邮政编码:200030　　　　　　　　　　　电　　话:021 - 64071208
印　　制:上海天地海设计印刷有限公司　经　　销:全国新华书店
开　　本:710 mm×1000 mm　1/16　　　印　　张:16.25
字　　数:196 千字
版　　次:2021 年 4 月第 1 版　　　　　　印　　次:2021 年 4 月第 1 次印刷
书　　号:ISBN 978 - 7 - 313 - 22197 - 1
定　　价:68.00 元

前　言

　　2016 年,国务院常务会议通过的《长江三角洲城市群发展规划》提出,到 2030 年,要将长三角城市群全面建成具有全球影响力的世界级城市群。2018 年,长江三角洲区域一体化发展上升为国家战略,长三角一体化发展进入全面提速的新阶段。2019 年 12 月,中共中央、国务院正式印发《长江三角洲区域一体化发展规划纲要》,推动长三角一体化发展进入新的历史时期。需要强调的是,在长三角一体化的发展中,文化越来越成为引领新时代和推动经济社会发展的重要力量,如何有效阐释、整合和弘扬江南文化是加速长三角一体化发展的关键和根本。上海是长三角一体化发展的核心和龙头,《全力打响"上海文化"品牌 加快建成国际文化大都市三年行动计划(2018—2020 年)》明确指出,打造上海江南文化品牌是重点任务和主攻方向之一。因此,加强江南文化学术研究,赋予江南文化新的时代内涵,有着极其重要的理论价值和现实意义。

　　本报告是对接华东师范大学—松江区人民政府"江南文化"研究基地、华东师范大学江南文化研究院于 2019 年发布的研究课题"江南文化年度报告"的阶段性研究成果。自从课题立项以后,课题组经过多次讨论,逐步达成相关共识,并确立了以下几方面的研究任务。

第一,确定课题研究范围。关于江南的范围自古以来多有变化,且有窄有宽,但是位于长江下游地区一直比较确定。结合当前社会经济发展的实际状况,考虑到年度报告的延续性,以及能够在长三角一体化过程中发挥应有的指导作用,课题组经过反复讨论达成共识,决定把江南地区的研究范围划定在沪苏浙皖三省一市,也即长三角地区。

第二,确立课题研究内容。近年来有关文化发展年度报告层出不穷,大致有以下几种类型。一是国家层面的文化年度报告。由湖北大学高等人文研究院、中华文化发展湖北省协同创新中心、湖北文化建设研究院与社会科学文献出版社联合发布的《文化建设蓝皮书:中国文化发展报告》,至今已经发布7份报告。该报告主要由文化建设、文化生产、文化产品、公共文化服务、文化国内和国际传播与影响等六个部分组成。二是区域层面的文化年度报告。由粤港澳大湾区研究院编制发布的《粤港澳大湾区文化产业发展报告》。报告重点聚焦文化产业规模、文化产业业态等维度作为研究对象,反映粤港澳大湾区(珠三角城市、港澳地区)文化产业发展现状、公共服务水平、协同发展能力等。此外,由沪苏浙皖三省一市宣传部门共同出品,高端智库南京大学长三角文化产业发展研究院牵头编撰的《长三角文化产业发展蓝皮书》,报告由总报告篇、行业发展篇、专题报告篇和长三角文化产业一体化专题四个部分组成。三是省域层面的文化年度报告。由山东省社科院编纂的《山东文化发展报告》(蓝皮书),主要由总报告、文化事业篇、文化产业篇、专题篇、案例篇等5部分组成。四是城市层面的文化年度报告。由北京市社会科学院主编的《北京文化发展报告》(蓝皮书),主要由文化建设与文化发展战略、城市文化与公共文化服务体系、文化创意产业与文化经济、历史文化名城保护与文化交流传播等四大专题构成。另外,从《繁枝有待——江南文化产业发展》(袁志平等,2010)一书的主要内容看,主要是对苏浙沪三地的文化产业发展作了比较全面的总结回顾,叙述了江南苏浙沪三地在新闻出版、影视创作、旅游业、文化传播、创意产业及文化贸易等文化产业领域的创新与经验,成功的开拓等。通过对以上多种形式的文化发展报告的简单梳理可以发现,文化发展年度报告通常采用蓝皮书的形式,内容大都以文化产业为主,一般由总报告与多个专题报告共同构成。

在借鉴以上多种文化发展年度报告的基础上,课题组讨论以后形成了如下想法。首先,目前有关江南文化产业的界定、材料整理与数据来源还存在较大不确定性,因此无法直接形成以江南文化产业为主要内容的文化发展报告。但是可以从江南地区城市文化发展现状的角度对文化产业竞争力进行分析与评价,为后续围绕江南文化产业的研究报告进行铺垫。其次,课题研究内容主要由一个总报告和三个专题报告共四部分组成。一个总报告是,江南城市文化竞争力发展报告。三个专题报告分别是,江南城市居民休闲方式研究、江南城市文化休闲街区研究、江南红色文化旅游景区游客市场感知研究。借助通过多个角度的综合研究,能够比较科学地动态反映江南地区文化发展的基本态势与基本特征。

第三,建立江南城市文化发展竞争力评价指标体系。课题组在借鉴前期相关研究文献的基础上,通过识别影响江南城市文化发展的影响因素,采用专家咨询、数据论证等方法,经历多次讨论与论证,在进行综合考虑与平衡的基础上构建江南城市文化竞争力评价指标体系。评价体系主要包括以下五部分,包括 37 个具体指标。一是文化支持力。主要反映城市居民进行休闲文化消费的宏观环境,包括人均地区生产总值、城市化率、第三产业占地区生产总值比重、高等院校数量、高校学生数量、人均住房面积、城市公共交通客运量、城镇居民每百户电脑拥有量、城镇居民每百户彩电拥有量,这是江南文化竞争力发展的先决条件。二是文化吸引力。主要反映城市为满足本地居民和外来游客需求而提供的休闲文化和旅游设施,包括图书馆数、博物馆数、国家重点文物保护单位数、文化市场经营机构总数、影/剧院数、体育馆数、咖啡馆数、酒吧数、城市公园数、4A级以上景区数和主题公园数,这是江南文化竞争力发展的内在驱动。三是文化接待力。主要反映城市接待本地居民和外来游客的规模水平,包括每百人藏书量、博物馆参观总人次、观影人次、艺术表演团体国内演出观众人次、国内游客人次、入境游客人次、艺术表演团体演出场次,这是城市文化竞争力发展的重要表征。四是第四类,文化利用力。主要反映当前城市文化产业发展规模,包括文化产业增加值、文化产业占地区生产总值比重、电影票房总收入、旅游总收入,这是城市文化竞争力发展的关键动力。五是文化消费力。主要反映城市居民生活质量和文化消费结构,包括恩格尔系数、居民文化消费占总支出比重、人均可支配收入、居民人均文化娱乐消费、人均交通通讯费用、人均电影消费,这是城市居民文化生活品质的体现,是城市文化竞争力发展的核心内容。

第四,确立江南城市文化竞争力测度模型与确定研究对象。根据课题研究的目标与主要内容,确立江南城市文化竞争力测度模型,包括综合评价模型和差异测度模型。所有数据来自于公开出版的各种年鉴以及公开发布的公报。为了比较准确地反映当前江南城市文化发展的基本现状,课题组根据适量与适度的要求,选取1个直辖市(上海)、3个省会城市(南京、杭州、合肥)和23个地级市(江苏省8个、浙江省8个、安徽省7个),共计27个城市作为研究样本。这27个城市是国务院在《长江三角洲区域一体化发展规划纲要》中明确提出的辐射带动长三角地区高质量发展中心区所涵盖的范围,具有代表性与典型性。

第五,确立三个专题报告的研究范围与研究对象。一是关于江南城市居民休闲方式的研究。选取上海、南京、苏州、杭州、宁波和合肥等6座城市作为居民休闲方式研究的案例城市进行调研。通过市场问卷比较研究上述城市居民文化休闲消费需求、行为特征和消费满意度,为政府和企业提升江南文化产品和服务质量,提高居民文化消费满意度和获得感提供借鉴。二是关于江南城市文化休闲街区的研究。选取上海新天地、杭州御前街、南京夫子庙、合肥黉街四个文化休闲街区作为研究案例地,进行实证分析,找出发展中遇到的问题,并提出针对性的解决途径。三是关于江南红色文化旅游景区游客市场感知研究。上海、嘉兴是中国共产党的诞生地。江南地区具有丰富的红色文化资源,红色文化赋予了江南文化新的时代内涵。发展红色旅游既能带来很大的经济效益,更具有重要的社会效益和教育意义。对红色旅游资源开发策略研究,为江南文化发展注入新的动力,成为爱国主义教育的胜地,打响红色旅游品牌。

本报告撰写分工如下。第一部分,由侯新冬、楼嘉军负责完成。第二部分,由楼嘉军、李丽梅、贾增慧、马红涛等负责完成。第三部分,分报告一由李丽梅、张晨、郭薇、马红涛等负责完成;分报告二由宋长海等负责完成;分报告三由张媛等负责完成。此外,参加本课题沙龙讨论与材料收集还有王晓云、施蓓琦、马茜茜、赵才、张馨瑞等。

本报告是由华东师范大学与来自上海多个高校的研究人员共同完成。此次课题研究工作,由于任务比较重,时间比较紧,加之又遭遇突如其来的新冠疫情的巨大冲击,使得原本计划安排的各种考察与研讨等研究工作进程遇到了极大的干扰与挑战。欣慰的是在全体课题组成员的共同努力下,克服了各种不利因素,基本按照最初的设想完成了相关的研究工作。作为课题负责人,在此我谨向他们表示诚挚的敬意与真诚的感谢。特别需要指出的是,在上海市文化和旅游局的积极支持下,课题组完成的研究成果发布工作被纳入到由国家文化和旅游部与上海市人民政府共同举办的"2020 中国国际旅游交易会"的重要学术活动之中,并于 2020 年

11月17日在上海新国际博览中心以《2020长三角城市文化竞争力报告》的形式进行发布。来自上海、江苏、浙江和安徽三省一市的文化厅(局)领导,以及学界(智库)、业界和协会等方面的代表100余人出席了发布会,并进行了学术研讨。新华社、中新社等重要媒体进行了及时报道,有力地扩大了课题组研究成果的社会影响力。本报告得到了华东师范大学人文社会科学学院的大力支持,在此深表谢意。同时,还要感谢上海交通大学出版社的倪华老师和张勇老师对本报告的出版与审校工作付出的心血。需要说明的是,由于本报告有关长三角地区城市文化竞争力的评价工作涉及的研究数据采集量比较大,来源又多元化,加上我们认识的局限性,在理论阐述、数据处理、材料分析等方面难免会存在不足,敬请学者与读者批评指正。

楼嘉军

2020 年 12 月

目　录

第一部分　主报告

1

第二部分　分报告

第一部分

主报告

第一章　绪　论

第一节　江南文化与新时代
长三角的使命

　　文化是一个国家或地区通过其人民长期共有的行为准则、生活方式、伦理价值、文化积淀和人文景观体现出来的共同的价值观念和精神特质，是一种具有决定性意义的核心资源，国家的兴旺发达或是地区的繁荣发展，都离不开文化的凝聚和激励作用。在当前全面贯彻落实长三角一体化发展国家战略的大背景下，从文脉传承的历史视角、国家战略的宏阔视野，审视和探讨江南文化的深厚底蕴和当代价值，促进江南文化的传承发展和转化创新，提升江南文化的凝聚力和影响力，以江南文化为纽带，进一步凝聚合作共赢的理念和共识，增进文化认同，才能更好地促进长三角区域的融合发展①。

　　文化区是有着相似或相同文化特质的地理区域，又称文化地理区。在同一文化区中，居民的语言、宗教信仰、生活习性、审美观念、心理等方面都具有一致性，形成一种区别于其他文化区的区域文化特质②。江南是中国历史文化及现实生活中一个重要的区域概念，它不仅是一个地理概

---

① 张宁,崔耀中,高玲.合力打造江南文化品牌[J].群众,2019(23)：59-60.
② 景遐东.江南文化传统的形成及其主要特征[J].浙江师范大学学报(社会科学版),2006,31(4)：13-19.

3

念,还是一个具有极其丰富内涵的文化概念。江南文化源远流长、由来已久,形成了中国人心目中的江南意向和文化胜境。

任何一种自成一体的区域文化,具有独特的结构与功能,一般来说离不开两个基本条件,一是区域地理的相对完整性,一是文化传统的相对独立性①。"江南"一词从最初出现到今天,无论在空间范围还是文化内涵上,都已经发生了巨大的变化。

一、江南文化的由来和流变

(一)"江南"地理范围的演变

研究江南文化,首先要明确的是江南的地理范围,以便为江南文化研究提供明确的对象和边界。由于历史上不同的行政区划,致使江南在地理范围上屡有变化,并在学术研究方面形成了不同的观点。关于"江南"概念和范围的研究,在理论范式上主要可以分为两大类:一是经济学、区域经济史的界定②,其代表性观点为李伯重的"八府一州"说,"包括明清的苏州、松江、常州、镇江、应天(江宁)、杭州、嘉兴、湖州八府及由苏州府划出的太仓州"作为江南地区的地理界定③;二是来自历史学、历史地理方面的界定,"江南"在先秦是一个泛指的概念,既可能指汉江之南,也有可能指淮水之南;从《史记》中相关描述,可以看出"江南"是指长江以南的广大地区,西到今天的贵州一带,南到南岭;东汉时期开始"较多地指称吴越地区";到了唐代特别是中唐以后,"江南"才越来越多地被用于指称长江下游以南的吴越地区④。"从纵观约二千年的历史着眼,并顾及政治、经济、

---

① 刘士林.江南文化与江南生活方式[J].绍兴文理学院学报,2008,28(1):25-33.
② 刘士林.江南与江南文化的界定及当代形态[J].江苏社会科学,2009(5):228-233.
③ 刘士林,刘新静.江南文化资源的类型及其阐释[J].江苏行政学院学报,2011(5):37-44.
④ 施建平.江南四重奏:从梦江南、文学江南到地理江南、文化江南[J].江南大学学报(人文社会科学版),2019,18(5):79-85.

文化等各个方面,近世学者则常取其中间之说,即以长江下游为江南者多"①。

　　总体来说,这两种方法界定的江南地理概念差别不大,但也有一些争议,例如江苏扬州和安徽皖南地区是否归属于江南。为了解决争议,并兼顾江南地区在自然环境、经济方式和文化传统上的内在有机性,把明清时代的太湖经济区作为江南的核心区,把历史上曾隶属于江南行政范围的城乡地区,如"江南十府说"中的宁波和绍兴,以及不直接属于太湖经济区,但在自然环境、生产方式、生活方式与文化联系十分密切的扬州、徽州等,作为"外延"或"扩展区"也纳入江南的范围。这个界定能够比较自然地过渡到当代的长江三角洲城市群,彰显出这一地区在空间、经济、社会和生活方式上的传承性和延续性②。

　　(二)江南文化的发展阶段

　　江南文明源远流长,是中国古代文明的主要发源地之一。考古资料显示,江南文化的渊源可追溯到旧石器时代的吴县三山岛文化遗址,新石器时期就有了极其灿烂的文化,其中最具有代表性的是宁绍地区的河姆渡文化、杭州湾以北及太湖周围的马家浜文化、南京北阴阳营文化和良渚文化等。

　　关于对江南区域文化的看法,学界常见的观点是"一分为三",即"吴文化""越文化"和"海派文化"③。也有从时间角度进行研究,认为"吴文化""江南文化""海派文化"是江南区域文化的三个历史阶段,是江南区域文化随着文化轴心转移而呈现的不同段落④。

①　严耀中.江南佛教史[M].上海:上海人民出版社,2000:2.
②　刘士林,苏晓静,王晓静.等.江南文化理论[M].上海:上海人民出版社,2019.
③　刘士林.江南与江南文化的界定及当代形态[J].江苏社会科学,2009(5):228-233.
④　陈尧明,苏迅.长三角文化的累积与裂变:吴文化——江南文化——海派文化[J].江南论坛,2006(5):17-21.

1. 吴文化

"吴文化"的正式确立从商末泰伯奔吴,建立吴国开始算起。从商末、周初开始,分别在今天江、浙地区逐渐形成吴和越两个国家,并到春秋后期相继称霸。但从文化上看,"吴文化"和"越文化"同属于长江中下游文明,在历史发展过程中又经数番交融,传统史学家一般用"吴文化"涵盖"吴越文化"的概念,其实质即为从上古到六朝前期的江南区域文化。是由本地的长江文化与中原来的黄河文化逐步融合而生成的一种新文化。在"吴文化"时期,江南处于当时传统文化的边缘地带,那时的江南文化的影响力只属于江南[①]。

2. 江南文化

"东晋南渡,长江流域遂正式代表传统的中国。"[②]东晋南渡是江南区域文化对中华文化作用发生扭转的转折点,也是"吴文化"向"江南文化"蜕变的开始。唐朝中期爆发的安史之乱,在中原文化和江南文化之间起到了抑彼扬此的作用。宋室南渡带来政治中心的南移,工商萌芽进一步推进了文化发展的互动和认同感,经典意义上的"江南文化"得以整合完成,成为主导了中国文化发展的主流文化。明朝中期到清朝中期,江南文化辉煌灿烂,在此期间不论是学术、艺术甚至工艺美术方面都形成了具有江南特色的各大流派,而且都成为当时中国最主要的流派,其影响延续至今。乾隆以后,全国经济中心和南方文化中心从扬州和苏州逐步转移到上海,产生了"海派文化"[③]。

中原皇室的两次南渡和安史之乱后江南地区的开发,成就和完善了"江南文化",并确定了"江南文化"在中国文化发展中长达 700 余年的主

---

① 刘士林.江南与江南文化的界定及当代形态[J].江苏社会科学,2009(5):228-233.
② 钱穆.国史大纲[M].北京:商务印书馆,2010:155.
③ 陈尧明,苏迅.长三角文化的累积与裂变:吴文化——江南文化——海派文化[J].江南论坛,2006(5):17-21.

流地位。从晋室南渡到鸦片战争期间,是"江南文化"由肇始、培育、定型、辉煌到走向衰退的过程,"吴文化"发展到"江南文化"阶段,开始对全国的文化产生巨大影响,主导决定了中华文化的发展潮流。

3. 海派文化

鸦片战争以后,西方文化与中国文化直接发生冲撞和融合,江南地区因其在经济和文化上先进的地位,率先从中国传统农业文明开始转型。上海以其地缘优势和特殊的历史性机遇发展成为近代中国主要的文化中心和东西方文化交流中心,江南区域文化轴心迁移至上海,很快形成了以上海为核心、长三角其他主要城市(苏州、宁波、杭州、无锡等)为重要支撑点的文化——"海派文化"。因此所谓"海派文化",绝非仅仅指上海一地的文化而言,是指以上海为龙头和轴心的一种文化形态。"海派文化"是长三角文化发展到近现代的一种必然结果,是"江南文化"继续发展的一次新生①。解放以后尤其是浦东的开发以来,这个时期的海派文化已经不再仅仅直接生硬地接受外来的文化,更加注重通过改造和创新来吸纳外来文化因素,形成"新海派文化"。

在漫长的历史发展中,江南区域文化经历了由边缘到中心的地位转变。"吴文化""江南文化""海派文化"三个历史阶段,具有各自的不同特点。"吴文化"时期是长三角地区土著文化发展并吸收、融合黄河文明的养分,形成的相对于中原文明的一种亚文化;"江南文化"时期是南方文明与中原文明进一步交融,进而取代中原文明的文化正宗地位,"江南文化"成为引导甚至决定中国文化取向的力量;"海派文化"是中国进入近现代以来文化的一种典范形式,也是中西文化交流和中华文化对外产生巨大影响的开端。

---

① 陈尧明,苏迅.长三角文化的累积与裂变:吴文化——江南文化——海派文化[J].江南论坛,2006(5):17-21.

（三）江南文化的发展机制和特征

在社会发展的过程中,区域文化总是会不断接受其他区域文化因素的影响,在内外文化因子的取舍、交融中,推动自身文化的发展[1]。江南文化经历了长期的发展与变化转型,在不断地整合与重构中形成一个具有丰富内涵的文化体系。不论是"吴文化"时期,还是"江南文化"时期、"海派文化"时期,在江南这块土地上滋生和发展着的文化,都有着共同的价值认同和核心精神。

1. 地理环境和历史变迁造就开放包容

第一,江南区域开放的地理环境影响着人们的生活习惯和文化心态。江南横卧长江,纵贯运河,内孕太湖,东濒大海,河网密布,历来是一个交通便利、易于人员往来和文化信息传播的地方。近代上海作为通商口岸后,又直接受海派文化的影响,借由内陆联通海外,将开放精神烙印在江南文化血脉之中[2]。独特的水乡环境、优越的海陆位置使江南文化具有了难能可贵的开放胸襟和融合姿态。

第二,从长三角地域文化衍生和发展的轨迹来看,早在商朝末年泰伯奔吴时带来的中原文明和土著文明相结合而生成的"吴文化",其本质就是黄河与长江文明的结晶,因此,江南文化具有与生俱来的融合性与开放性。之后在吴越文化的基底之上,又融合了楚文化,"晋室南迁"和"宋王朝南渡"后北方的两次人口南迁带来了中原文化,经过数番与中原文化的融合,最终催生了"江南文化"。近现代随着中西方文化的交汇,文化的开放性就更彻底。经历了区域文化融合、南北文化碰撞、中西文化交流的互鉴融通,江南文化形成了海纳百川、兼收并蓄的特征。

---

① 景遐东.江南文化传统的形成及其主要特征[J].浙江师范大学学报(社会科学版),2006,31(4):13-19.
② 李锋.江南文化引领长三角地区一体化新发展刍议[J].江苏省社会主义学院学报,2019(4):70-73.

2. 工商文化催生创新精神

因为江南文化先天具有的开放意识,决定了其具有自我突破的意识和行为,不断超越自我的行为贯穿在不断地文化整合过程中。江南地区从六朝以来,地少人多的矛盾就日益显现,尤其是南宋迁都以后,江南人口急剧增加,耕地面积相对紧张,更加刺激了工商文化的发展。而工商文化的精神和内涵又促使人们产生强烈的突破地域、资源界限甚至文化界限的要求。从南宋时期工商意识的增强、明代资本主义萌芽的产生、近代工商业的诞生,到改革开放,江南一直是商品经济先驱地,也是创新创造的集聚地。"无徽不成商"的佳话,南通张謇、无锡荣氏家族众多民族实业家引入西方技术创办现代企业,"苏南模式"、浙江民营经济的成功,以及上海浦东开发,无不体现着江南文化的创新精神。

3. 传统沿袭形成崇文重教

在历史发展过程中,江南区域特别重视人的因素,重视文化教育。江南自古就崇尚"诗礼传家""耕读传家"。晋元帝在建康设立太学,唐肃宗在常州府设立江南最早的府学,北宋范仲淹在苏州府创办郡学。宋代以后,江南各地纷纷建立书院。自从科举制度创立以来,江南诞生的科举状元几乎半分天下。近代江南地区民族工商业的发展也推动了教育的繁荣,不仅自发兴办各类新式学校,还出现了中国最早的一批留学生,留学归来的江南人很多都成为中国科技文化的先驱。

4. 商业经济孕育尚德务实

江南文化自古便有尚德务实的优良传统。从范仲淹的"先天下之忧而忧,后天下之乐而乐",到顾炎武的"天下兴亡、匹夫有责",到顾宪成的"家事国事天下事,事事关心",都体现了江南人的家国情怀。商品经济改变了社会伦理道德法则,江南人历来崇尚诚信,把诚信作为立身之本、从商之要,造就了江南商业的繁华历史,并使江南地区成为中国民族工业兴起和资本主义萌芽的摇篮。江南文化在义与利的关系上强调义利兼顾、先义后利。江南近代工商业者,如徽商、苏商、湖州商帮、宁波商帮等,都具有许多优秀品质。江南历来提倡务实,不爱空谈崇尚实业,提倡稳健实干脚踏实地,在近代中华民族面临生死存亡的时刻,以薛福成为代表的政商人士积极投身洋务运动,以张謇、无锡荣氏家族为代表的实业家致力于"实业救国""教育救国"。

5. 丰饶物质和发达人文滋养审美—诗性

江南物产丰富,人文发达,同时江南也是一个诗与艺术的对象,江南文化的审美性与其他区域文化也有着相当的差异。由于一方面有比较丰厚的物质基础,另一方面审美精神本身也发育得比较正常与健康,中华民族生命本性中的"审美—诗性"机能,在江南获得了健康成长的生态环境,例如魏晋南北朝时期的"魏晋风度"。相对于以政治伦理为深层结构的北方文化,江南诗性文化是以审美自由为基本理念的[①]。以儒家伦理为核心的黄河文明构建起了中国民族的伦理维度,江南文化区域构建起的则是中国民族人文精神的审美维度[②]。由此可知,江南文化本质上是一种以"审美—艺术"为精神本质的诗性文化形态。人文精神发生最早、积淀最深厚的中国文化,是在江南诗性文化中实现了自身在逻辑上的最高环节[③]。

(四) 新时代江南文化的新内涵

江南文化是一个立体多维的复合体:就纵向而言,今日的江南文化是历史的江南文化的有机延伸和发展,是深长悠久的千年江南文化的当代形态;就横向而言,它是中国当代整体文化的不可分割的重要组成部分,

---

① 刘士林.江南城市与诗性文化[J].江西社会科学,2007(10):185-195.
② 景遐东.江南文化传统的形成及其主要特征[J].浙江师范大学学报(社会科学版),2006,31(4):13-19.
③ 刘士林.江南诗性文化:内涵、方法与话语[J].江海学刊,2006(1):51-54.

并成为其中极富个性和最具活力的动力源之一。江南文化是长三角地区共同的精神纽带,推动长三角一体化高质量发展的重要引擎;高质量的江南文化是居民美好生活追求的重要载体,江南文化必须进行内涵创新,以适应新时期的发展要求。

"文化既不是社会或经济的产物,但也不是脱离社会诸因素独立发展的,文化与社会、经济、政治等因素之间的关系是互动的"[①]。有研究认为,江南文化是富庶江南(经济)与诗意江南(文化)的"互嵌"[②]。江南文化嵌入在具体的经济发展之中,江南文化形成了具有与经济发展互促共进的江南人文氛围,这种人文氛围使江南经济发展更具文化后劲。江南文化独有的审美传统,提升了江南的经济品质与品位。经济不仅创造财富,同样是创造精神文明的重要力量。因此在江南经济的发展中不仅要研究经济行为的价值,还要挖掘人文经济的价值。

因此,从文化与社会、经济、政治等因素之间的互动关系出发,去全面理解江南文化的内涵:江南文化植根于高度发展的经济和社会环境,立足于区域丰富的文化资源,以文化资源向文化产业的转换为途径,创造人文经济价值,以满足居民美好生活需求为最高目标。

二、新时代长三角的使命

尽管当今长三角与往昔江南地区已有不小的变化,但地理上的长江中下游平原及包括古代吴越文化和现代海派文化在内的江南诗性文化仍是长三角城市群的核心地理空间和主要文化资源,所以完全可以把长三角城市群看作是江南的当代形态[③]。在现代世界,城市群已成为人类

---

① 孙逊.江南都市文化:历史生成与当代视野[J].学术月刊,2009,41(2):14-20.
② 李锋.江南文化引领长三角地区一体化新发展刍议[J].江苏省社会主义学院学报,2019(4):70-73.
③ 刘士林.江南与江南文化的界定及当代形态[J].江苏社会科学,2009(5):228-233.

文化最重要的空间载体。在江南文化的现代转换与当代形态建构的意义上,长三角城市群已成为江南文化的主要载体与最新形态。以长三角城市群为总体框架,对其共同的人文地理、社会结构及文化传统进行现代阐释,有助于推动长三角城市彼此之间产生更深的文化认同与价值共识。

（一）新时代江南的新范围

与古代江南在地理上不断发生变化一样,当代长三角城市群也处于持续的变动与建构过程中。从长三角城市群的空间演化看,先后经历了以 1983 年"长江三角洲经济区"为主体的一市八城（上海、苏州、无锡、常州、南通、杭州、嘉兴、湖州、宁波）,以 1986 年"长三角经济圈"为主体的五省一市（上海、江苏、浙江、安徽、福建、江西）,以 1996 年"长江三角洲城市经济协调会"为主体的 15 城市（上海、杭州、宁波、湖州、嘉兴、绍兴、舟山、南京、镇江、扬州、泰州、常州、无锡、苏州、南通,2003 年台州市进入变为 16 城市）等形态。

2008 年国务院《关于进一步推进长江三角洲地区改革开放与经济社会发展的指导意见》首次在国家战略层面上将长三角区域范围界定为 26 个城市（上海及江苏、浙江境内的全部地级市）。2016 年在《长江三角洲城市群发展规划》中,将长三角城市群定义为"在上海市、江苏省、浙江省、安徽省范围内,由以上海为核心、联系紧密的多个城市组成,主要分布于国家'两横三纵'城市化格局的优化开发和重点开发区域。规划范围包括:上海市,江苏省的南京、无锡、常州、苏州、南通、盐城、扬州、镇江、泰州,浙江省的杭州、宁波、嘉兴、湖州、绍兴、金华、舟山、台州,安徽省的合肥、芜湖、马鞍山、铜陵、安庆、滁州、池州、宣城等 26 市"。2019 年 12 月,中共中央、国务院印发《长江三角洲区域一体化发展规划纲要》,支持长江三角洲区域一体化发展并上升为国家战略,规划范围包括上海市、江苏省、浙江省、安徽省全域。以上海市,江苏省南京、无锡、常州、苏州、南通、扬州、镇江、盐城、泰州,浙江省杭州、宁波、温州、湖州、嘉兴、绍兴、金华、舟山、台州,安徽省合肥、芜湖、马鞍山、铜陵、安庆、滁州、池州、宣城27个城市为中心区,辐射带动长三角地区高质量发展。

(二) 长三角的时代使命

长江三角洲位于我国沿海开放带和长江经济带的结合部,构成了"外通大洋、内联腹地"的战略枢纽点,通过进一步弘扬江南文化精神,将会给长三角经济一体化发展提供厚重的精神支撑,创造更有利的社会条件,从而不断创造出新的更大的辉煌。深层次的文化积淀和文化认同,是长三角能够率先实践一体化发展的内在逻辑。一个城市群的发展离不开文化和价值上的认同,最终取决于文化的凝聚力、整合力、引领力、推动力,取决于文化的传承和创新力度。长三角城市群若要形成有世界影响力的城市群,必须解决其一体化进程中的矛盾与冲突。建立起新的城市群文化联系机制,为促进区域社会融合与和谐发展创造出新的精神文化资源①。新时代江南文化发展面临着新的使命:

1. 打造长三角城市群人才高地

在知识经济时代,一个地区的发展需要崇文好学的良好风尚,需要高素质的公民。按照国际上的通行标准,一个地区的综合竞争力包含着这个地区的公民素质以及作为一种凝聚力量的价值体系。长三角历来是人才辈出之地,如今又强烈地吸引着来自海内外的投资者、各类人才和务工人员,需要形成尊重劳动、尊重知识、尊重人才、尊重创造的社会氛围,加快推进人才战略,从而为长三角发展和加快国际化进程提供智力支持。

---

① 刘士林.江南文化的当代内涵及价值阐释[J].学术研究,2010(7):89-95.

2. 塑造长三角城市群经济伦理

道德对经济发展起着极其重要的规范作用,成熟的经济环境应该是讲诚信、守法制,并具有合作精神和效率的社会。在当今发展开放型经济的背景下,需要维持经济发展的良好秩序,讲诚信,善于合作,打造信用经济、法制经济,促进经济和谐稳定发展。弘扬江南文化中信守道德、讲究操行气节,义利兼顾的优良传统,为长三角城市群的发展奠定坚实的道德基础。

3. 推进长三角城市群文化产业发展

长三角地区不仅是强劲的经济增长极,也是活力四射的文化核心圈。通江达海的地理环境和底蕴深厚的人文传统,为长三角繁荣文化经济创造了得天独厚的条件。建设文化产品的消费中心、文化资源的配置中心、文化成果的创造中心和文化产业的发展中心,才能为经济和社会的可持续协调发展提供源源不断的动力[①]。进一步利用长三角地区文化形态上的丰富性,大力发展文化产业,加快实现文化与经济的融合。

4. 加快长三角城市群经济一体化进程

区域经济一体化的实质就是要打破传统行政体制的束缚,在竞争的基础上充分合作,促进区域内资源要素合理配置,拓展区域经济发展的国际空间。而江南文化可以树立起共同的理想追求、价值观念,从而对长三角地区的经济合作和发展提供强大的精神动力。确立合作发展的理念,拓展各地间的合作方式、合作领域,真正使长三角区域内的不同利益主体之间由于共同的发展目标和区域整体利益而连接成为一个更紧密的经济整体,实现长三角城市群综合实力和综合竞争力的大幅度提升。

---

① 陆红权.江南文化精神与长三角地区经济发展[J].经济师,2006(8):40-44.

第二节 研究目的与意义

一、研究目的

2016 年,国务院常务会议通过的《长江三角洲城市群发展规划》提出,到 2030 年,要将长三角城市群全面建成具有全球影响力的世界级城市群。2018 年,长江三角洲区域一体化发展上升为国家战略,长三角一体化发展进入全面提速的新阶段。需要强调的是,文化越来越成为引领新时代和推动经济社会发展的重要力量,如何有效阐释、整合和弘扬江南文化是加速长三角一体化发展的关键和根本。上海是长三角一体化发展的核心和龙头,《全力打响"上海文化"品牌加快建成国际文化大都市三年行动计划(2018—2020 年)》明确指出,打造上海江南文化品牌是重点任务和主攻方向之一。因此,加强江南文化学术研究,赋予江南文化新的时代内涵,有着极其重要的理论价值和现实意义。

二、相关研究梳理

江南文化源远流长、由来已久。在 2008 年国务院颁布《进一步推进长江三角洲地区改革开放和经济社会发展的指导意见》之后,江南文化研究迅速成为长三角建立世界级城市群这一国家战略的重要组成部分(刘士林,2010)。学者们对江南文化的研究主要集中于以下几个方面。

(一)江南文化的由来和流变

"江南"一词从最初出现到今天,无论在空间范围还是文化内涵上,已经发生巨大的变化。崔曙平等人(2016)基于对古代文献、历史地图和古代诗词绘画作品的综合分析,梳理了"江南"地理空间变迁的历史脉络,探讨了江南文化在聚落选址、街巷格局、建筑风格、园林营建、公共空间等方面的物化表征。孙逊(2009)认为,江南文化最早可以追溯到春秋末年的吴越文化,从魏晋南北朝至宋代为江南都市文化的发展期,明清则为江南都市文化的繁荣期,奠定了今天江南都市文化的历史基础和基本格局,而近代上海早期海派文化对江南都市文化起到了重要辐射和引领作用。刘士林和刘新静(2011)研究认为,明清以来形成的江南文化主要由物质文化资源、社会文化资源和审美文化资源构成,古镇文化、农桑文化、饮食文化、都市文化、工业文化、运河文化、园林和戏曲文化等已经成为长三角地区再发展的重要基础。原祖杰(2010)在分析晚明江南经济发展的区域性差异时发现,江南某些地区文学昌盛、礼仪修明,另有地区则是奢侈性消费推动商业化迅速发展,从而造成该地区经济发展的不平衡性。

(二)江南文化的内涵解读和现代阐释

刘士林(2007)认为,江南文化是诗性文化,江南城市文化更是把这种诗性提高到一个新的高度。然而伴随传统江南城市向当代长三角城市群过渡和转型,从某种意义上讲,长三角城市群无论是经济比重、城市生态还是文化影响力方面,已经是古代江南城市的退步,长三角发展中的很多内部问题与矛盾都是与文化发展的滞后密切相关的(刘士林,2012)。长三角城市群的建设不只是经济一体化进程,也包括政治、文化、社会在内的全面发展,而长三角区域内历史形成的江南文化传统,理应成为首先需要关注的文化理念和精神资源。刘士林(2010)进一步指出,对于长三角城市群文化发展而言,仅仅意识到文化储量丰厚、传统相关度高是远远不够的,关键是如何在返本开新的基础上实现江南文化的重建与当代转换。只有通过作为长三角地区传统联系机制的江南文化、特别是江南城市文化的当代转型与创新,才能为长三角城市的一体化建设提供必需的文化认同与价值归属。

（三）江南文化的传承与开发

长三角地区特有的人文地理、社会结构及文化传统等,不仅直接参与了江南社会的历史建构,也在更深的层次上影响着它在今天的发展以及在未来的存在。然而从当代江南城市的相关研究看,主要集中在经济社会方面,对这一区域的文化资源与文化发展明显重视不够,有些研究即使涉及文化层面,也主要偏重于对西方消费文化、时尚文化的引进与介绍,明显忽视了对长三角地区的区域文化传统的研究(刘士林,2012)。作为区域文化传统的江南文化越来越成为长三角城市群发展的重要根源,江南文化的传承和开发愈加必要和紧迫。束霞平(2017)讨论了地域文化的现代性转换,他认为,如何将江南城市文化资源又好又快转化为设计产业,对实现城市可持续发展有着重要意义。因此,这不仅需要转变开发利用的理念,而且还要注重文化资源转变为文化资本的原则、方式以及途径。张骏等人(2013)则从江南文化的视角切入区域旅游吸引力研究,从江南山水文化、人文文化和人居文化的角度建构起自然环境因子、人文景观因子和社会生活因子构成的旅游吸引力体系,并在此基础上提出山水城市、拼贴城市、宜居城市建设的目的地旅游吸引力发展策略。

三、研究意义

从上述研究中不难看出,江南文化是我国特有的宝贵区域文化资源,然而江南文化的系统性研究仍显薄弱,尽管近十年来学者们从历史文化、艺术设计、社会经济等多个层面进行了考察和讨论,但是深入挖掘、考究和利用江南文化资源,进而发挥其对区域经济社会的推动作用仍显有限。因此,在准确把握江南文化内涵基础上,详细梳理、科学评估并创新性开发和利用现有江南文化资源,从而有效融入长三角一体化发展的宏大战略,是摆在政府和学界面前的重要议题。

本研究在长三角区域江南文化场馆和企业的实地考察和深入调研基础上,了解江南文化的发展现状和主要特征,并构建科学合理的评价指标体系对长三角城市文化发展水平进行综合测度,进而提出江南文化发展的优化策略和提升路径。研究意义主要体现在以下几个方面。

(1)扩展江南文化理论研究。长三角城市文化发展评价指标体系的构建及水平综合测度,为进一步开发江南文化资源提供理论指导,为政府精准施策提供理论支持。

(2)科学把握江南文化演变状况,助推江南文化品牌的打造和弘扬。

(3)充分发挥区域文化资源优势,共促长三角区域一体化发展。

(4)准确诊断江南文化发展困境,破解江南文化发展瓶颈。

第二章 长三角城市文化竞争力评价体系与指标分析

第一节 指标体系与评价模型

一、指标体系结构

立足长三角地区沪苏浙皖三省一市城市文化发展的实际,课题组认为通过城市文化竞争力的角度,可以比较准确地把握与客观地反映长三角地区沪苏浙皖三省一市文化发展的实际进程与发展水平。结合城市文化竞争力的内涵与特征,通过相关研究文献梳理与影响因素识别,本研究认为城市文化竞争力是由主客观多种因素综合作用形成的一个动态发展过程。为进一步测度长三角地区沪苏浙皖三省一市城市文化竞争力的发展水平,本文将城市文化竞争力指标归纳为以下五个方面:文化支持力、文化吸引力、文化接待力、文化利用力和文化消费力,共涵盖 37 个具体指标,见表 2-1。

第一类,文化支持力。主要反映城市居民进行休闲文化消费的宏观环境,包括人均地区生产总值、城市化率、第三产业占地区生产总值比重、高等院校数量、高校学生数量、人均住房面积、城市公共交通客运量、城镇居民每百户电脑拥有量、城镇居民每百户彩电拥有量,是城市文化竞争力发展的先决条件。

表 2－1 江南文化竞争力指数指标体系

一级指标	二级指标	三 级 指 标	单位	变量	属性
文化支持力	经济发展水平	人均地区生产总值	元	X1	正向
		城市化率	％	X2	正向
		第三产业占地区生产总值比重	％	X3	正向
	教育发展水平	高等院校数量	所	X4	正向
		高校学生数量	万人	X5	正向
	住房与交通	人均住房面积	平方米	X6	正向
		城市公共交通客运量	万人次	X7	正向
	家庭休闲设备	城镇居民每百户电脑拥有量	台	X8	正向
		城镇居民每百户彩电拥有量	台	X9	正向
文化吸引力	文化设施	图书馆数	个	X10	正向
		博物馆数	个	X11	正向
		国家重点文物保护单位数	个	X12	正向
		文化市场经营机构总数	个	X13	正向
	娱乐设施	影/剧院数	个	X14	正向
		体育馆数	个	X15	正向
		咖啡馆数	个	X16	正向
		酒吧数	个	X17	正向
	公园和景区	城市公园数	个	X18	正向
		4A级以上景区数	个	X19	正向
		主题公园数	个	X20	正向
文化接待力	接待人次	每百人藏书量	册	X21	正向
		博物馆参观总人次	万人次	X22	正向
		观影人次	万人次	X23	正向
		艺术表演团体国内演出观众人次	万人次	X24	正向
	旅游人次	国内游客人次	万人次	X25	正向
		入境游客人次	万人次	X26	正向
		艺术表演团体演出场次	次	X27	正向

（续表）

一级 指标	二级 指标	三 级 指 标	单位	变量	属性
文化 利用力	产业规模	文化产业增加值	亿元	X28	正向
		文化产业占地区生产总值比重	％	X29	正向
	产业收入	电影票房总收入	万元	X30	正向
		旅游总收入	亿元	X31	正向
文化 消费力	消费结构	恩格尔系数	％	X32	负向
		居民文化消费占总支出比重	％	X33	正向
	消费能力	人均可支配收入	元	X34	正向
	消费支出	居民人均文化娱乐消费	元	X35	正向
		人均交通通信费用	元	X36	正向
		人均电影消费	元	X37	正向

第二类，文化吸引力。主要反映城市为满足本地居民和外来游客需求而提供的休闲文化和旅游设施，包括图书馆数、博物馆数、国家重点文物保护单位数、文化市场经营机构总数、影/剧院数、体育馆数、咖啡馆数、酒吧数、城市公园数、4A级以上景区数、主题公园数，是城市文化竞争力发展的内在驱动。

第三类，文化接待力。主要反映城市接待本地居民和外来游客的规模水平，包括每百人藏书量、博物馆参观总人次、观影人次、艺术表演团体国内演出观众人次、国内游客人次、入境游客人次、艺术表演团体演出场次，是城市文化竞争力发展的重要表征。

第四类，文化利用力。主要反映当前城市文化产业发展规模，包括文化产业增加值、文化产业占地区生产总值比重、电影票房总收入、旅游总收入，是城市文化竞争力发展的关键动力。

第五类，文化消费力。主要反映城市居民生活质量和文化消费结构，包括恩格尔系数、居民文化消费占总支出比重、人均可支配收入、居民人均文化娱乐消费、人均交通通信费用、人均电影消费,这是城市居民文化生活品质的体现,是城市文化竞争力发展的核心内容。

二、评价方法

（一）数据标准化处理

本研究所有指标口径概念均与国家统计局制定的城市基本情况统计制度保持一致,以保证评价结果的客观公正性。按照评价指导思想与评价原则要求,所有指标分为两类:一是正向指标,即指标数据越大,评价结果越好;二是负向指标,即这类指标的数值与评价结果呈反向影响关系,指标数值越大,评价结果就越差。本报告中"恩格尔系数"属于此类。本研究对负向指标进行一致化处理,转换成正向指标,具体采用如下公式:

$$X' = \frac{1}{x}(x > 1)$$

并对所有负向指标的 X 数据进行变化,统一为正向指标。

（二）指标赋权方法

在以往相关研究文献中,计算权重通常采用主观判断法和客观分析法,前者通过对专家评分结果进行数学分析实现定性到定量的转化,后者则通过提取统计数据本身的客观信息来确定权重。主观判断法对先验理论有很强的依赖性,受调查者往往以某种先验理论或对某种行为的既定认识来确定指标权重,所以使用主观判断法会造成指标选取和权重确定上的主观性和随意性,从而降低综合评价分析的科学性。客观分析法是通过对评价指标数据本身的客观信息进行提取分析,从而确定权重大小,其特点是客观性强,但忽略了专家经验在确定权重中应用的重要性,赋权结果有时说服力不强。

　　本指标体系中指标数量较多,数据信息量较大,为避免数据处理的失真,本文主要按照客观分析法,依靠可得性客观数据,并运用基于客观数据分析的"差异驱动"原理,对长三角 27 个城市的文化相关变量进行赋权,目的在于消除人为因素的影响,提高评价的科学性,将指标变量数列的变异系数记为:

$$V_j = S_j / \bar{X}_j$$

其中,

$$\overline{X}_j = \frac{1}{27} \sum_{i=1}^{27} X_{ij}$$

$$S_j = \sqrt{\frac{1}{27} \sum_{i=1}^{27} (X_{ij} - \overline{X}_j)^2}$$

$(i=1, 2, 3, \cdots, 27; j=1, 2, 3, \cdots, 37)$

由此,变量的权重为:

$$\lambda_j = V_j / \sum_{j=1}^{37} V_j \qquad (2-1)$$

三、评价模型

　　变量集聚是简化文化竞争力评价指标体系(Culture Competitiveness Index,简称 CCI)的有效手段,即指数大小不仅取决于独立变量的作用,也取决于各变量之间形成的集聚效应。非线性机制整体效应的存在,客观上要求文化支持力(CS)、文化吸引力(CA)、文化接待力(CR)、文化利用力(CU)和文化消费力(CC)全面协调发展,产生协同作用。

　　本评价指标根据柯布道格拉斯函数式构建如下评价模型:

$$CCI = CS_j^a + CA_j^b + CR_j^c + CU_j^d + CC_j^e \qquad (2-2)$$

式中，a、b、c、d、e 分别表示文化支持力、文化吸引力、文化接待力、文化利用力和文化消费力的偏弹性系数。从式(2-2)中可以看出，该函数体现的是城市文化竞争力各变量指标之间的非线性集聚机制，强调了文化竞争力各指标协调发展的重要性。

在指标数据处理上，由于评价指标含义不同，各指标量纲处理差异比较大，所以不能直接使用各指标数值进行评价。为了使数据具有可比性，采用最大元素基准法对指标数据进行无量纲处理，将实际能力指标值转化为相对指标，即：

$$Y_{ij} = X_{ij} / \max_{\substack{1 \leqslant j \leqslant 37 \\ 1 \leqslant i \leqslant 27}} [X_{ij}]$$

经过处理后的城市文化竞争力评价模型为：

$$CCI = \sum_{j=1}^{9} Y_{ij}^a + \sum_{j=10}^{20} Y_{ij}^b + \sum_{j=21}^{27} Y_{ij}^c + \sum_{j=28}^{31} Y_{ij}^d + \sum_{j=32}^{37} Y_{ij}^e \qquad (2-3)$$

总体而言，文化竞争力评价指标的非线性组合评价法具有以下特点：一是强调了文化竞争力评价指标变量间的相关性及交互作用；二是着眼于系统性观点，突出了评价变量中较弱变量的约束作用，充分体现了文化竞争力水平的"短板效应"，即文化竞争力水平就像37块长短不同的木板组成的木桶，木桶的盛水量取决于长度最短的那块木板；第三，因采用了指数形式，导致变量权重的作用不如线性评价法明显，但对于变量的变动却比线性评价法更为敏感。

四、研究对象与数据来源

（一）研究对象

本报告的研究对象包括长三角地区1个直辖市(上海)、3个省会城市

（南京、杭州、合肥）和 23 个地级市，共计 27 个城市。

选择这 27 个城市的原因在于，一是 2019 年 12 月由中共中央、国务院印发的《长江三角洲区域一体化发展规划纲要》，明确提出以上海、杭州、南京和合肥等 27 个城市为长三角一体化发展的中心区，并通过 27 个城市辐射带动长三角地区高质量发展，作为长三角城市未来发展的重点。因此，这 27 个城市潜力巨大，应该引起高度关注。二是考虑到数据的可获得性和全面性。三是考虑数据的连续和纵向比较性。

（二）数据来源

为了确保研究结果的客观性、权威性，本研究数据均来自《中国统计年鉴》《中国城市统计年鉴》《中国第三产业统计年鉴》《中国文化与文物统计年鉴》《上海统计年鉴》《江苏统计年鉴》《浙江统计年鉴》《安徽统计年鉴》《江苏文化统计年鉴》《安徽文化统计年鉴》等江浙皖地区各地级市对应的统计年鉴，以及各省、市、自治区国民经济和社会发展统计公报等国家和省级有关管理部门公开出版或发布的统计数据。部分缺失数据以相邻年份值替代。

第二节　综合评价

一、城市文化竞争力排名与特征

根据对文化支持力、文化吸引力、文化接待力、文化利用力和文化消费力五个方面，共计 37 个指标相关数据的统计与分析，得出了长三角地区 27 个城市 2019 年文化竞争力指数的综合结果。其中，上海、杭州、南京、苏州和宁波位列前 5 位，表明这 5 座城市文化竞争力综合发展水平在长三角地区名列前茅。除上海外，江苏与浙江各占据两个名额。这一排名也与上述城市在长三角地区的社会经济发展排名相符合,体现了经济与文化互动发展的和谐特征。而合肥作为安徽省的省会城市则排名第 6位。需要引起注意的是,排名后 5 位的城市依次是宣城、安庆、铜陵、池州和滁州,全部来自安徽省,从社会经济发展水平来讲,相对滞后于江浙两省,这一发展现状值得深思。见图 2-1。

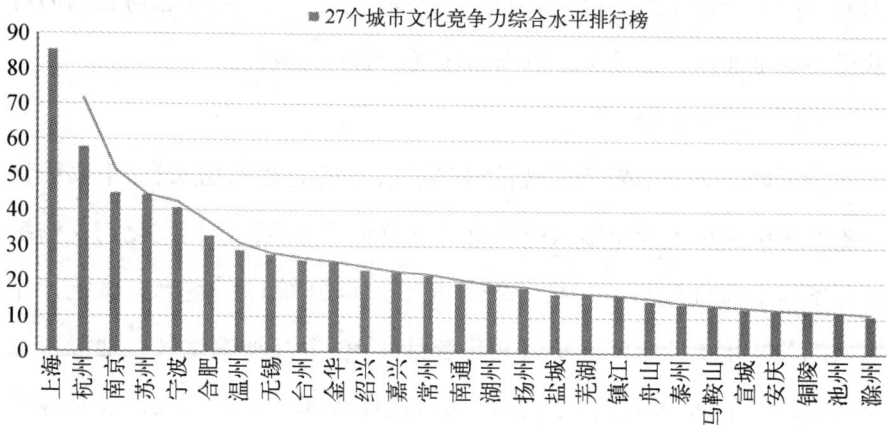

图 2-1　长三角 27 个城市文化竞争力综合水平

二、城市文化竞争力特征

从文化竞争力的综合评价可以看出,2019 年长三角城市文化竞争力水平呈现如下特征。

第一,从整体发展水平看,上海、杭州、南京、苏州和宁波排名前 5 位,表明其文化竞争力水平位居长三角地区前列,这与上述城市在该地区的社会经济发展排名基本吻合,体现了经济与文化互动发展的和谐格局。合肥、温州、无锡、台州、金华在文化竞争力指数评价排名中均位居前十,表明这些城市文化发展的和谐性、均衡性比较显著,因此能够成为长三角地区文化发展的领先城市。而铜陵、池州和滁州则位列综合排名的后 3位,均位于安徽省,反映了这 3 个城市在文化竞争力发展的整体性方面还存在诸多不足。

第二,从单个城市之间的比较看,长三角地区城市之间的文化竞争力水平发展差距非常显著,排名第一的上海文化竞争力发展指数远超其他城市。例如,排名第一的上海与位列末尾的滁州,从文化竞争力指数测度值来看,两者的差距将近 7.8 倍。由此可见,要完全实现长三角地区城市之间文化竞争力指数的协调发展目标依然任重道远。

第三,从省域格局看,浙江省整体文化竞争力水平较高,安徽省文化竞争力水平发展相对滞后,安徽省内大部分城市的文化竞争力排名水平均比较靠后,同时这一现象也表明经济水平发展在一定程度上影响城市文化竞争力发展程度。

第四,从城市级别看,27 个城市中,直辖市上海和省会城市(杭州、南京、合肥)排名较为靠前,另外苏州和宁波虽然不是省会城市,但是由于自身经济条件好,除了在文化支持力指标外,文化竞争力指数的其他各项排名均高于合肥这一省会城市。尤其值得注意的是,苏州的 5 个方面的指标排名均居于前 5 位。

第五,从城市规模看,排在第一位的上海为超大型城市,排名第二位的杭州为大型城市,排名第三位的南京为特大型城市,而排名后三位的铜陵、池州和滁州均为小城市。这表明,城市规模与文化竞争力发展水平相关,也是影响城市文化竞争力指数高低的重要因素。

第三节　分类评价

一、分类指标权重

从文化竞争力指数评价的五个一级指标的权重看,文化吸引力指数权重最高(36.72%),其后依次是文化接待力(26.57%)、文化支持力(17.91%)、文化利用力(13.05%),文化消费力的权重最低(5.75%)。显然,在城市文化发展过程中,城市的文化吸引力指数对城市文化竞争力的影响力最大,也反映出文化娱乐设施和公园景区建设对文化的发展发挥出很重要的促进作用。与此同时,文化消费力指标对文化竞争力的作用相对较小,实际上反映出当前国家发改委正在推进的促进消费的举措非常及时,能够有效提升居民的消费意识与文化生活品质。见图2-2。

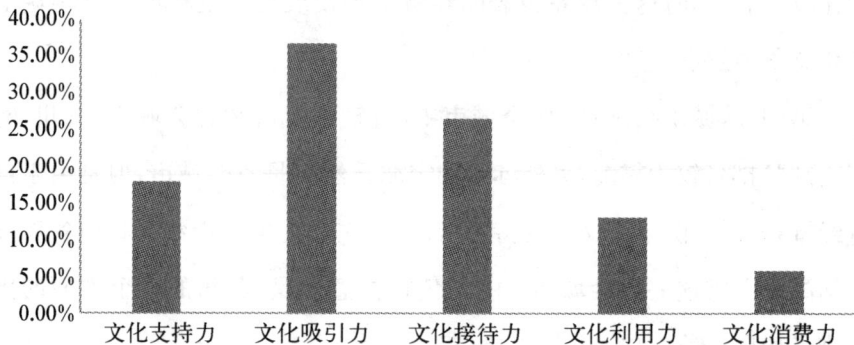

图2-2 长三角27个城市文化竞争力五大指标权重

二、分类指标分析

(一)文化支持力

文化支持力是促进文化竞争力发展的先决条件。从文化支持力分类指数看,上海、南京、杭州、合肥和苏州排名前5位,表明上述城市在经济、教育、住房等方面优势明显,为文化竞争力发展奠定了扎实的基础。而滁州、铜陵、安庆、池州和宣城则位列后5位,表明经济、教育等方面的发展相对薄弱,一定程度上制约了上述城市文化竞争力水平的发展,同时也反映出安徽省的文化发展水平整体偏低。见图2-3。

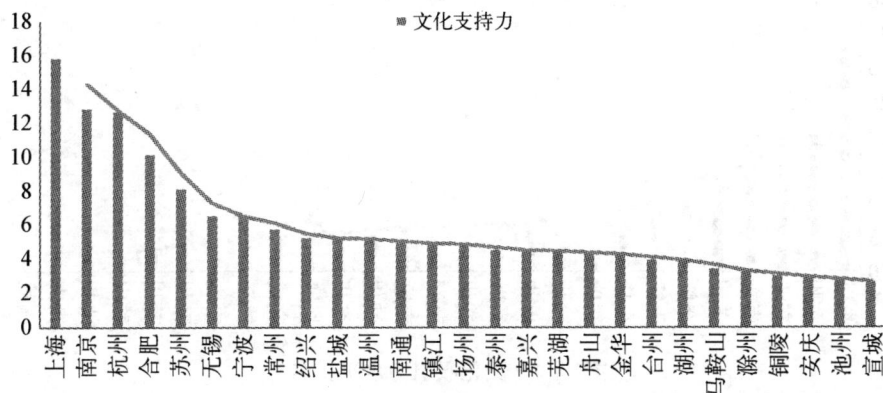

图 2-3　文化支持力水平排名

（二）文化吸引力

城市的文化、娱乐、旅游等设施是重要的文化消费场所,文化吸引力是城市文化发展的内在驱动。在文化吸引力分类指数排名中,上海、杭州、宁波、南京和苏州排在前 5 位,表明这 5 个城市的休闲娱乐和文旅融合发展结构相对成熟,文化产业发展的整体性优势比较明显。需要指出的是,排名第 1 位的上海的指数值与第 2 位的杭州差距明显,折射出该类指数发展的失衡性。而滁州、马鞍山、池州、舟山和铜陵位居后 5 位,排名后 5 位的城市有 4 个属于安徽省,虽然安徽本身文化资源丰富,拥有徽州文化、淮河文化、皖江文化、庐州文化等,但由于经济发展状况较差,导致文化娱乐设施建设处于薄弱环节,影响了城市的文化吸引力指标排名。见图 2-4。

（三）文化接待力

文化接待力水平是城市文化竞争力发展成效的重要表征。从文化接待力分类指数排名看,上海、杭州、温州、苏州和台州排名前 5 位。其中需要指出的是,排名第 1 位的上海远高于排名第 2 位的杭州,反映出上海这一国际城市的优势地位。温州和台州之所以排名较高主要是这两个城市

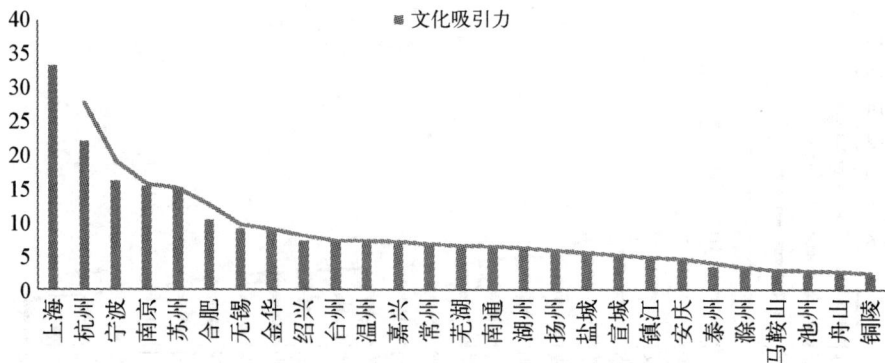

图 2-4　文化吸引力水平排名

的艺术团体表演演出场次较多。而安庆、泰州、镇江、宣城和滁州处于排名的后 5 位,一定程度上反映出这 5 座城市的接待能力总体不尽如人意,是城市整体文化竞争力发展的短板。见图 2-5。

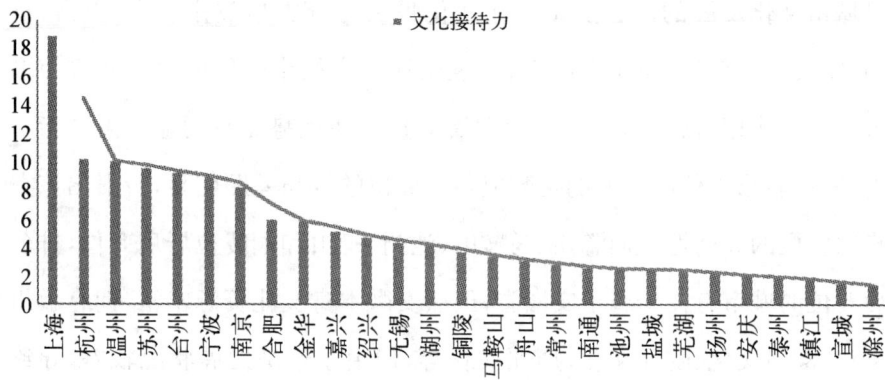

图 2-5　文化接待力水平排名

（四）文化利用力

文化产业规模、产业增加值是城市文化发展的关键支撑。从文化利用力分类指数排名看,上海、杭州、苏州、南京和宁波排名在前 5 位,上述城市由于本身具有的文化产业发展优势,文化产业规模得以良性发展。而滁州、安庆、芜湖、铜陵和马鞍山位居后 5 位,上述城市文化利用力评价指数相对较弱,与当地经济本身发展薄弱有密切关系。

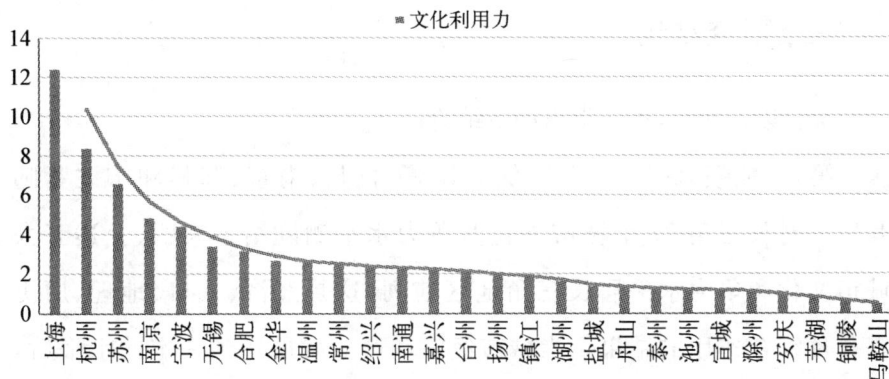

图 2-6　文化利用力水平排名

（五）文化消费力

城市居民的消费支出结构、恩格尔系数、人均消费性支出等是反映文化竞争力水平的关键指标。从文化消费力分类指数排名看,苏州、上海、宁波、常州和无锡排名前5位,反映出上述城市休闲娱乐和文旅市场繁荣,居民用于文化相关的综合性消费能力较强,表明上述城市居民的生活满足感较强,整体消费能力较强。而宣城、池州、盐城、滁州和安庆位于排名后5位,表明以上城市居民用于文化娱乐消费的支出较少,间接反映出安徽省整体的消费能力较落后,是文化竞争力发展过程中一个突出瓶颈因素。见图2-7。

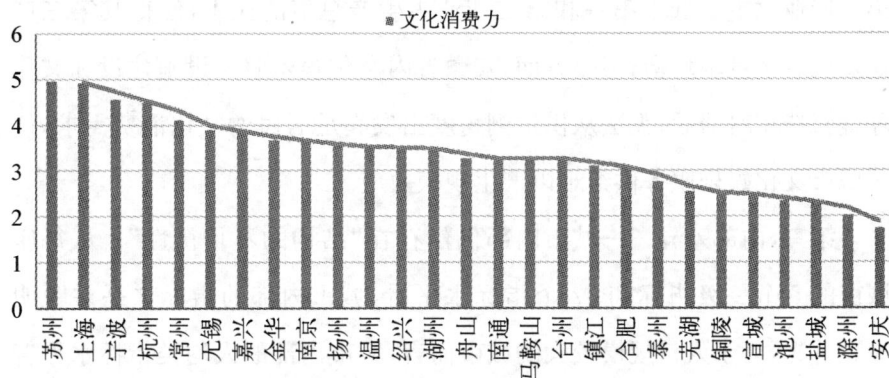

图 2-7　文化消费力水平排名

三、研究结论

综合以上研究,可以得出如下结论。

第一,独领风骚——上海优势显著,杭州、南京、苏州和宁波紧随其后。对长三角27个城市文化竞争力水平测度结果表明,上述五大城市文化竞争力水平居长三角地区前列,这是经济、人口、地理、历史等条件综合作用的结果。当城市经济和产业发展达到一定的水平后,城市发展的形态开始从生产向生活转变,当前以上海为首的大城市正在朝着这个方向改变。城市的文化娱乐服务设施规模不断扩大,居民对美好生活的向往和追求意愿更加强烈,最终表现为居民文化生活休闲化趋势越来越显著。按照大城市的发展趋势,本研究认为,随着社会经济的发展,未来的城市将会有更加多样化的文化娱乐设施、更加人性化的文化氛围、更加场景化的文化格调,这些元素都会丰富城市文化底蕴。

第二,省际差异——安徽省8个城市整体发展比较落后。位于东部沿海的上海、浙江和江苏的大部分城市地理优势显著。安徽省的城市发展速度较慢,主要原因在于:一方面,安徽大部分城市产业转型速度较慢,第三产业比重远低于第一和第二产业占生产总值的比重,使得其第三产业发展迟缓且不均衡;另一方面,安徽省内文化娱乐服务设施建设和文化环境营造相对滞后,无法从供给侧角度出发满足居民的文化消费需求,使得城市文化娱乐服务供给难以产生规模效应。

第三,内部差异——城市内部仍然存在"结构的不均衡性"。从每座城市的5个一级指标和37个指标水平看,城市内部的指标水平差距明显。首先,对于人口规模较大的城市而言,城市内部的人均类指标水平普遍较低,人口规模较小城市内部的人均类指标水平较高,规模类指标则相反。其次,每座城市内部的优劣性指标都不同,比如上海,尽管文化竞争力水平综合排名第一,但其内部的人均住房面积排名为 27 个城市的最后 1 位;再比如南京的入境游客人数排名在第 10 位,作为江苏省的省会城市,其对外吸引力却不是很强。可见,城市内部的不均衡性现象仍然比较突出,这会影响文化竞争力水平的整体提升。文化竞争力是一个综合性、系统性的发展过程,指标内部的协调性会促使城市文化竞争力发展处于良性状态。因此,促进城市内部的经济、交通、服务、设施、消费等指标的和谐发展,是促进城市从生产形态走向生活形态的必要手段,也是打造城市文化品牌的重要保证。

第四,增速提质、服务生活——文化竞争力从规模增长转向质量增长。城市文化的发展最终要服务于居民的生活,因此建立在居民需求基础上的城市发展更能影响城市的文化吸引力。如今,一些城市建设刻意追求现代化的文化设施,规模性的指标是上去了,但这样的城市发展理念却忽视了人的生活便利性、生活兴趣点。城市的文化建设也是如此,我们应该更关注城市的文化建设是否满足了本地居民的需求。居民进入城市生活,在获得工作机会的同时,也更希望自己、子女等能够享受到文化学习与体验的机会。但事实上,很多群体可能只是看到城市中"高大上"的文化设施,却无法享用它们,"小而美"的文化设施却很少,或者不便利。因此,规划布局城市的文化娱乐设施,让普通老百姓都能够享受、获取,才是文化竞争力发展的真正要义。

第五,形态转变、美化运动——文化竞争力的提升将成为体现城市文化吸引力的关键。通过研究,课题组认为,文化竞争力发展的根本目的在于提升城市文化生活品质、满足居民追求美好生活的需求。通过文化发展推动宜居城市建设,服务市民高品质生活,已成为各城市的共同追求。可以预见,随着长三角一体化国家战略的实施,长三角地区的文化竞争力水平将会在高质量发展、均衡发展方面增速提质,将会更好地服务于城市高品质生活。从发展实践看,城市文化娱乐功能的全面优化与完善,将成为新型城镇化进程中各城市重点推进的民生任务。目前多个城市已开展了文化空间的更新与改造、社区文化的营造等提升居民美好生活的举措。可以预见,未来长三角地区文化发展路径将会从"商旅文融合"模式转向"商娱文体居一体化"模式,这是提升城市文化吸引力和竞争力的关键举措。

第四节　五个维度单项指标分析

一、文化支持力

文化支持力指标主要反映城市居民进行休闲文化消费的宏观环境,包括人均地区生产总值、城市化率、第三产业占地区生产总值比重、高等院校数量、高校学生数量、人均住房面积、城市公共交通客运量、城镇居民每百户电脑拥有量、城镇居民每百户彩电拥有量,这是江南文化竞争力发展的先决条件。

（一）经济发展水平

第一,人均地区生产总值。人均地区生产总值是观察城市发展重要的经济指标之一,也是衡量居民生活水平的一个重要标准,还可用作测度居民文化消费能力的一个客观指标。根据长三角27座城市人均地区生产总值的实际状况进行排序,可以看清楚该地区城市人均地区生产总值分布的一个基本格局,苏州、无锡、南京、常州、杭州名列前5位。其中前4位的均为江苏省城市,江苏省省会城市南京位列第3位,浙江省省会城市杭州位列第5位,上海位列第6位(见图2-8)。

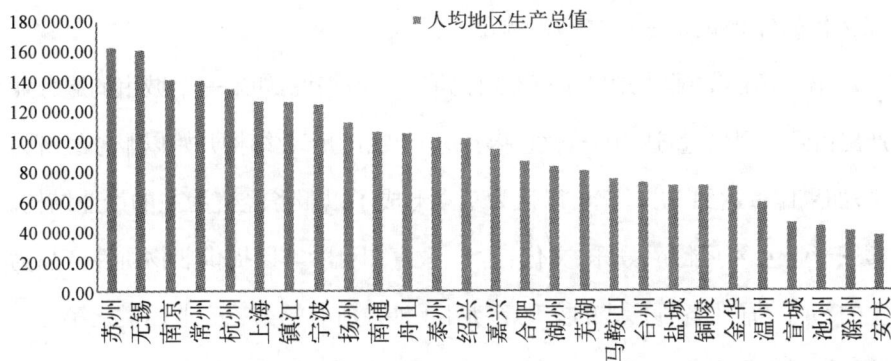

图 2-8　长三角 27 个城市人均地区生产总值排名一览图　单位：元

第二，城市化率。城市化水平在一定意义上反映了城市规模不断扩大的过程，涵盖了经济规模、人口规模和用地规模三个方面。自改革开放以来，我国城市化水平的发展已取得长足进步。在 2017 年，长三角 27 座城市的城市化率的均值为 64.55%，其中城市化率达到 70% 以上除上海和江浙皖三省的省会城市（南京、杭州、合肥）外，还有无锡、苏州、宁波和常州，共计 8 座城市（见图 2-9）。

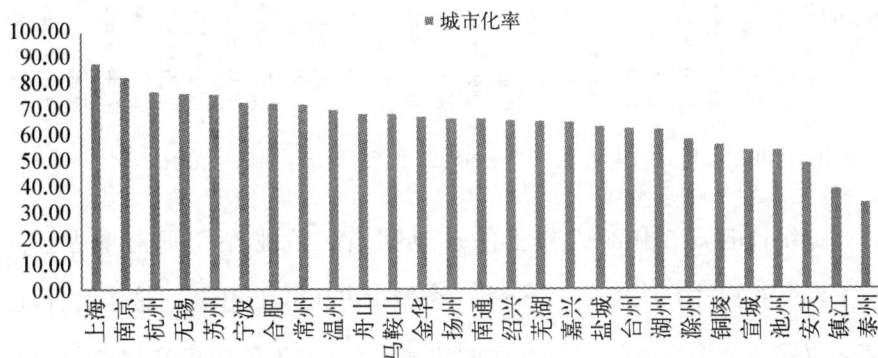

图 2-9　长三角 27 个城市城市化率排名一览图　单位：%

一般情况下，由于城市文化服务的主体是本地居民，所以城市化水平的提升成为推动城市文化综合均衡发展的重要因素。此外，农村及外来人口大量导入，城市常住人口数的不断递增，对城市文化设施的配置与传统文化的保护也是一个严峻的挑战。

第三,第三产业占地区生产总值比重。一般来说,如果一个城市的服务业产出占到 GDP 总量达 50％,就意味着这个城市的产业结构开始以服务经济为主;如果比重达到 60％,就可以认为基本形成了以服务经济为主的产业结构。第三产业包含了旅游、娱乐、文化、艺术、教育和科学等以提供非物质性产品为主的部门。居民各种形式的文化活动几乎涉及所有的第三产业门类。第三产业的发展为居民文化活动的发展创造了条件,而居民文化活动的深入也促进了第三产业的优化发展。根据统计材料,各城市第三产业占地区生产总值比重分布见图 2-10。其中上海、杭州、南京、温州和舟山位居前 5 名。

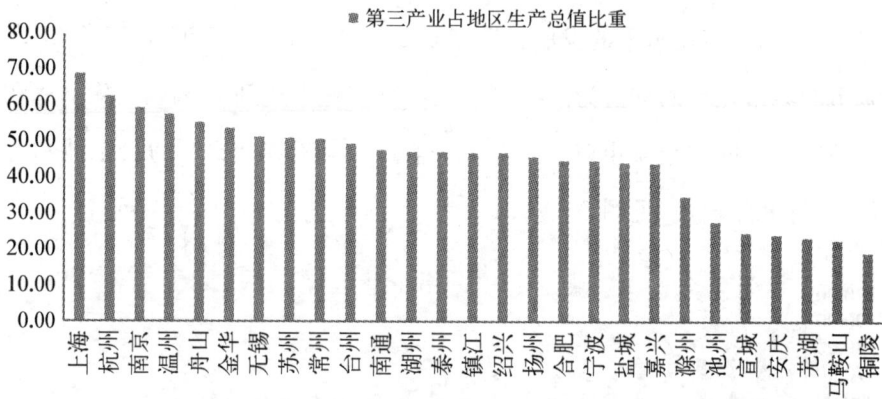

图 2-10 三角 27 个城市第三产业占地区生产总值比重排名一览图 单位：％

据统计的城市中 2017 年已有 9 个城市第三产业占 GDP 总量达 50％以上,约占总数的 33.3％。另外有 7 个城市占比低于 40％。总体上看,近年来以服务经济为主的第三产业的快速发展,也为各城市文化产业的发展奠定了扎实的基础。

(二)教育发展水平

第一,高等院校数量。衡量一所城市的综合实力,不仅要看经济总量、基础建设等硬性指标,还要看教育水平、人才数量等软性的指标。大学作为衡量一座城市教育的最重要因素,对城市文化水平的提高具有重要的作用。根据统计资料,各地区高等院校数量分布如下,上海、合肥、南京、杭州和苏州排名前5位。可以看出,排名第1的为直辖市上海,其次为三省的省会城市,表明省会城市的教育资源水平优势明显,高校数量远远高于其他城市(见图2-11)。

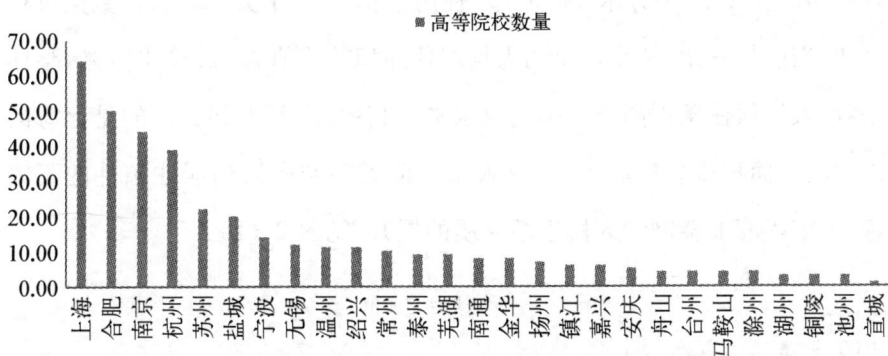

图2-11 长三角27个城市高等院校数量排名一览图 单位:个

第二,高校学生数量。一个城市的大学生的数量在一定程度上反映了城市的人才储备。根据统计数据可以看出,高校学生数量排名与高等院校数量排名结果相似,见图2-12。排名前5位的同样为南京、上海、合肥、杭州和苏州这5个城市。

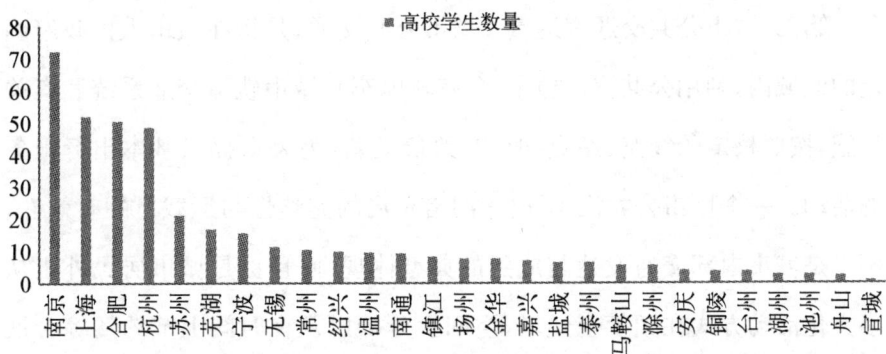

图2-12 长三角27个城市高校学生数量排名一览图 单位:万人

（三）住房与交通

第一，人均住房面积。人均住房面积的多少是构成居民家庭生活幸福程度和文化生活满意度的重要内容。居住条件的改善既是城市居民对基本的住宿环境得以保障，获得心理安全性的反映，也是居民对日常休闲文化生活满意度追求的物质支撑载体。据公布数据显示，2016 年全国人均住房面积 40.8 平方米，城镇人均住房面积 36.6 平方米。根据数据分析可知，当前长三角 27 个城市的人均居住面积的均值为 42.09 平方米，整体来看，人均居住条件高于全国均值水平。其中，需要引起关注的是上海的人均居住面积排名最后 1 位，反映出当前大型城市人均居住条件的不完善，一定程度上会制约人民生活品质的提升，见图 2-13。

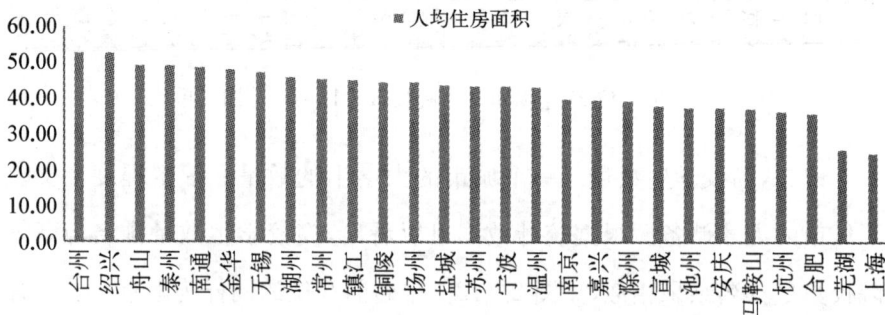

图 2-13　长三角 27 个城市人均住房面积排名一览图　单位：平方米

第二，城市公共交通客运量。城市公共交通，是指在城市人民政府确定的区域内，利用公共汽（电）车（含有轨电车）、城市轨道交通系统和有关设施，按照核定的线路、站点、时间、票价运营，为公众提供基本出行服务的活动。一个城市公共汽车、电车网络布局的完整性与运载量的有效性，不仅是城市内部交通发达与成熟的典型体现，而且更是城市居民外出从事文化活动方式在频度上递增、空间上延伸以及在时间上节约的综合展现。轨道交通是城市内部一种重要的交通形式，一般包括地铁、轻轨、磁悬浮、单轨和有轨电车等。城市轨道交通系统具有大容量的运输能力、高速性及准时性等特点。根据对现有的城市公共交通数据的统计,乘客接待情况如图 2 - 14 所示。

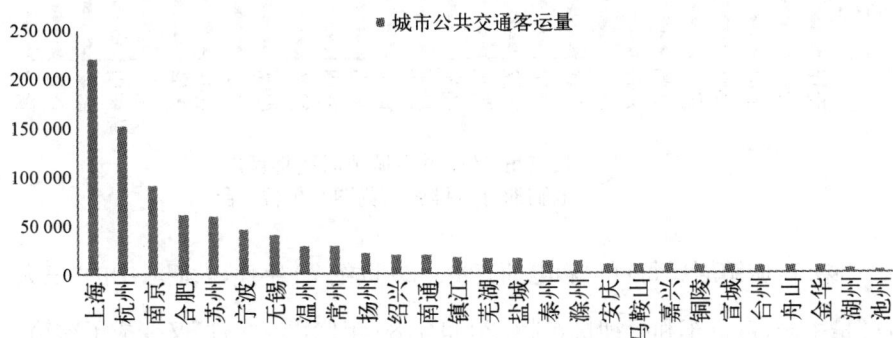

图 2 - 14　长三角 27 个城市公共交通客运量排名一览图　单位:万人次

从中可以看出,位于前 5 位的城市有上海、杭州、南京、合肥和苏州。其中上海和杭州的客运量远高于其他城市,从一个侧面反映出大型城市公共交通所承受的巨大压力。由于城市规模的不同,各个城市承担的客运数量存在很大的差距。但可以肯定的是,随着更多的城市推进轨道交通建设,城市交通的便捷度会进一步完善。

（四）家庭休闲设备

第一,城镇居民每百户电脑拥有量。每百户家庭电脑拥有量是指每百户家庭的家用电脑拥有量,这与经济的发展、经济活跃程度、城镇居民人均可支配收入、城镇人口的数量和人民的受教育程度有着密切的关系。随着中国经济的可持续发展、人民群众收入水平以及受教育程度的不断提高,越来越多的家庭拥有私家电脑。从数据分析可以看出,27 个城市城镇居民每百户电脑拥有量排名前 5 位的城市为无锡、盐城、上海、苏州和安庆。从图 2 - 15 中可以看出,城镇居民电脑拥有量看起来分布较为平均。

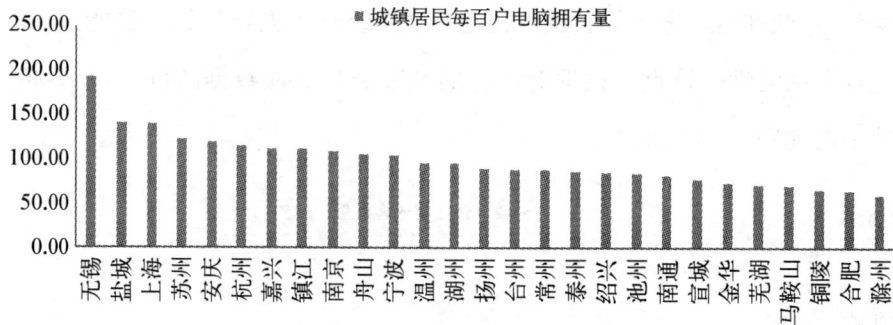

图 2-15　长三角 27 个城市城镇居民每百户
电脑拥有量排名一览图　单位：台

　　第二，城镇居民每百户彩电拥有量。20 世纪 70 年代，人们心中的"三大件"是手表、自行车和缝纫机，到了 20 世纪 80 年代，"三大件"又变成了冰箱、彩电和洗衣机。这些耐用消费品，构成了我们舒适生活的要件。从数据分析看，27 个城市城镇居民每百户彩电拥有量排名前 5 位的城市为湖州、杭州、镇江、苏州和嘉兴。上海排名第 12 位，南京排名第 16 位，合肥排名 24 位。反映出大型城市对于彩电的需求没有小型城市那么高。可能由于大型城市文化娱乐活动较为丰富和多样化，对个性化文化设施需求较高（见图 2-16）。

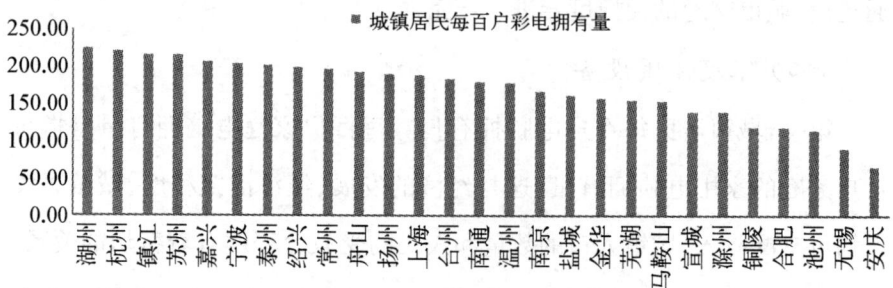

图 2-16　长三角 27 个城市城镇居民每百户
彩电拥有量排名一览图　单位：台

　　从数据分析可以看出，我国城市居民家庭彩电拥有量之间的差距非常小，是涉及居民文化消费能力指标中差距最小的，充分表明在基本的休闲方式中，城市居民家庭几乎处于同一发展阶段。应该看到，我国城市有线电视和网络电视工程的建设与推广，以及居民家庭住宿条件的改善，都极大地缩小了地区之间的发展差距。

二、文化吸引力

文化吸引力主要反映城市为满足本地居民和外来游客需求而提供的休闲文化和旅游设施，包括图书馆数、博物馆数、国家重点文物保护单位数、文化市场经营机构总数、影/剧院数、体育馆数、咖啡馆数、酒吧数、城市公园数、4A级以上景区数、主题公园数，这是江南文化竞争力发展的内在驱动。

（一）文化设施

第一，图书馆数。图书馆是城市休闲文化产业服务体系的组成部分。图书馆有保存人类文化遗产、开发信息资源、参与社会教育等职能，也是供大众阅览图书文献的地方。各城市图书馆数量统计如下：芜湖、马鞍山、滁州、上海和宣城位居前5名，绍兴、常州、嘉兴、湖州和舟山位居后5名，见图2-17。

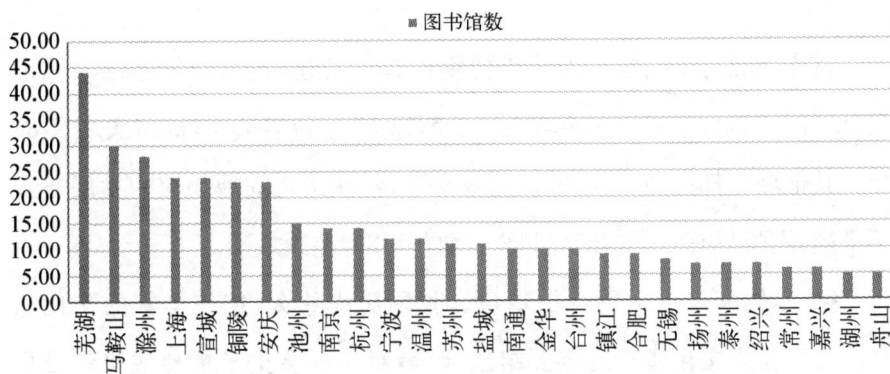

图 2-17　长三角 27 个城市图书馆数排名一览图　单位：个

需要指出的是，社会经济比较发达的南京、杭州、合肥等省会城市在图书馆数量配置方面没能进入前5名，安徽的省会城市合肥排名第19

位,应引起有关部门重视,但是安徽其他地级市整体排名情况比较好,前5位的城市中有4个城市属于安徽省。

第二,博物馆。博物馆是城市文化产业服务体系的组成部分。一般认为,博物馆是征集、典藏、陈列和研究代表自然和人类文化遗产的实物的场所,通常是一座城市的文化地标。博物馆是非营利性的文化服务机构,通常对社会公众免费开放,用以满足居民和游客的学习、教育和娱乐目的。各城市博物馆数量统计如下:上海、杭州、无锡、南京和宁波位列前5位,绍兴、盐城、马鞍山、池州和铜陵位居后5位,见图2-18。

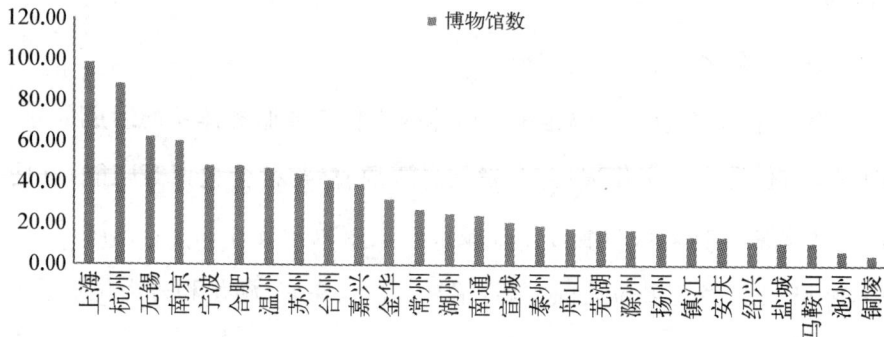

图2-18 长三角27个城市博物院数排名一览图 单位:个

首先,从总体上看,我国城市博物馆数量普遍较少,与发达国家城市拥有的博物馆数量相比差距较大。上海以98个位居第一,杭州次之有88个。其他城市都在80个以下。比较来看,各城市之间博物馆的发展非常不平衡,铜陵只有5个,几乎只是上海的1/20,差距悬殊。

第三,国家重点文物保护单位。我国历史悠久,拥有丰富的文化遗产。文物作为文化遗产的重要组成部分,对于社会主义精神文明建设具有深远的意义。根据《中华人民共和国文物保护法》第十三条的规定,中国国务院所属的文物行政部门(国家文物局)在省级、市、县级文物保护单位中,选择具有重大历史、艺术、科学价值者确定为全国重点文物保护单位,或者直接确定为全国重点文物保护单位,并报国务院核定公布。因此,国家重点文物保护单位是具有重大历史、艺术、科学等价值的不可移动的文物,不仅是文化有形实体的体现,同时也传递了一座城市无形的历史文化,具有较高的价值内涵。一个城市国家重点文物保护单位的拥有量从一个方面客观地反映了该地区的历史文化资源的丰度,也从侧面体现了该地区的精神文化建设水平,这是城市文化资源建设的重要基础。各城市国家重点文物保护单位统计数据如下,南京、杭州、宁波、绍兴和上海位列前5位,马鞍山、舟山、滁州、盐城和铜陵位居后5位,见图2-19。

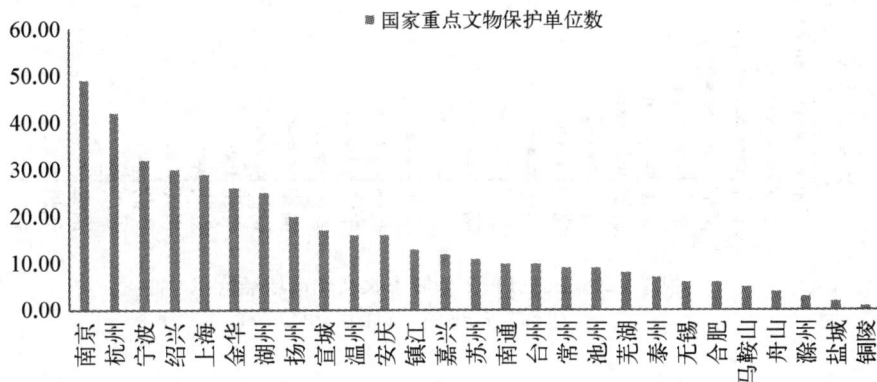

图2-19　长三角27个城市国家重点文物保护
单位数排名一览图　单位:个

数据显示,南京以49个的优势位居第一,与南京作为我国六朝古都的历史地位高度吻合。更为难得的是,历史上的南京并没有因为朝代的更替而发生大规模的破坏,使得南京比其他的历史古都保存了数量更多和价值更大的文物古迹。紧随其后的杭州也是在我国不同历史时期发挥重要影响的城市,有着非常深厚的历史文化积淀。

第四,文化市场经营机构总数。文化市场经营机构主要包括:娱乐场所、互联网上网服务营业场所(网吧)、非公有制艺术表演团体、非公有制艺术表演场馆、经营性互联网文化单位、艺术品经营机构、演出经纪机构。

文化市场经营机构数能够反映一座城市文化市场的繁荣活跃程度。从数据分析看,苏州、杭州、上海、南京和金华名列前 5 位,芜湖、安庆、铜陵、池州和马鞍山位列后 5 位。数据显示,前 5 位城市的文化市场经营机构总数均在 2 000 个以上,后 5 位的城市均属于安徽省,表明安徽省整体文化市场发展程度较低,尤其需要关注的是马鞍山的文化市场经营机构数量仅为 47 个,见图 2-20。

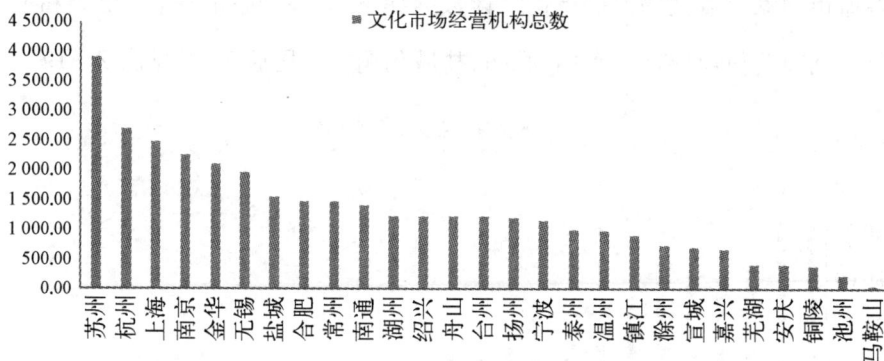

图 2-20 长三角 27 个城市长文化市场经营
机构总数排名一览图 单位:个

(二)娱乐设施

第一,影/剧院数。剧场/影院是城市文化产业服务体系的组成部分,也是城市居民和外来游客从事文化娱乐活动的重要场所,还是多元文化沟通的载体与桥梁,并在一定程度上代表了一个城市文化娱乐设施发展的水平。通过梳理可以发现,上海、杭州、南京、宁波和台州位居前 5 位,扬州、镇江、马鞍山、池州和滁州位居后 5 位。

从统计数据看,上海以 302 个的数量遥遥领先,杭州以 189 个紧随其后,而南京以 112 个位列第 3 位。其余 24 个城市剧场/影院数量都低于100 个,其中有 9 个城市的剧场/影院数量少于 10 个。对这些城市而言,今后围绕剧场/影院的建设工作还是相当繁重的,见图 2-21。

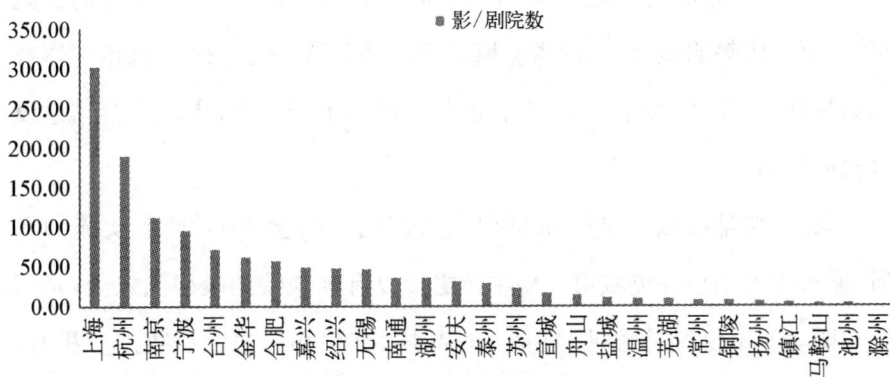

图 2-21 长三角 27 个城市影/剧院数排名一览图 单位：个

第二,体育馆数。体育馆是室内进行体育比赛、体育锻炼或者举办演唱会的建筑。体育馆按使用性质可分为比赛馆和练习馆两类;按体育项目可分为篮球馆、冰球馆、田径馆等;按体育馆规模可分为大、中、小型,一般按观众席位多少划分,中国现把观众席超过 8 000 个的称为大型体育馆,少于 3 000 个的称为小型体育馆,介于两者之间的称为中型体育馆。有时,体育馆也作为演艺中心进行各种表演活动。从数据分析来看,上海、宁波、合肥、杭州和苏州位列前 5 位,扬州、池州、铜陵、滁州和泰州位列后 5 位,见图 2-22。

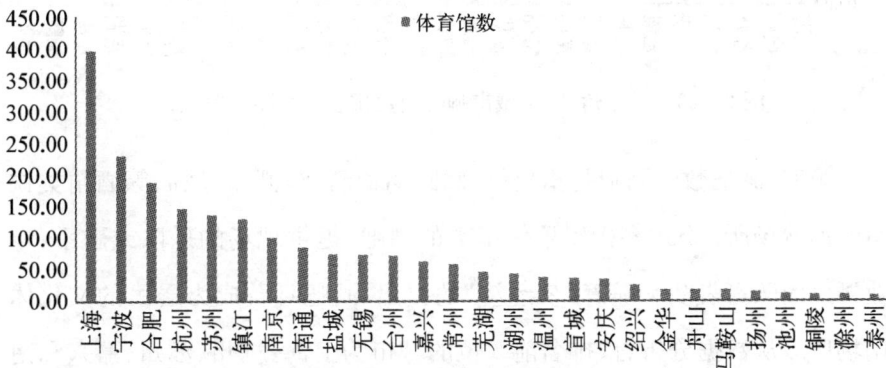

图 2-22 长三角 27 个城市长体育馆数排名一览图 单位：个

从统计数据看,上海以 395 个位居榜首,并且高出排名第 2 位的宁波很大一截,优势明显,江苏的省会城市南京排名第 7 位。27 个城市中体育馆数量低于 100 的城市有 20 个。由此可以看出,当前城市间体育馆建设规模差距明显。

第三,咖啡馆数。咖啡馆是现代人们用于聚会休闲、商务交流的场所,盛行于大中小各类城市。咖啡馆之所以有其独特的吸引人之处,是因为它贩卖的不仅仅是咖啡,更是一种品质、文化和思想。从数据分析看,排名前 5 位的城市依次为上海、杭州、苏州、南京和宁波,而位于后 5 位的是宣城、芜湖、安庆、铜陵和池州。从中可以看出,上海以 7 839 个咖啡馆的优势位列第 1 位,是排名第 2 位的杭州咖啡馆数量的 2.77 倍。需要注意的是,安徽省省会城市合肥咖啡馆的数量仅有 858 个,排名第 8 位,并且排名后 7 位的城市均属于安徽省,见图 2 - 23。

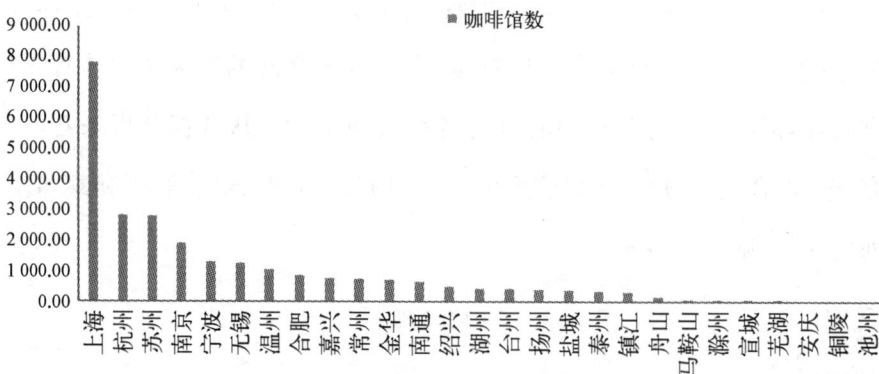

图 2 - 23 长三角 27 个城市咖啡馆数排名一览图 单位:个

第四,酒吧数。酒吧是指提供啤酒、葡萄酒、洋酒、鸡尾酒等酒精类饮料的消费场所。Bar 多指娱乐休闲类的酒吧,提供现场的乐队或歌手、专业舞蹈团队等表演。随着"夜经济"的提出,酒吧日益成为居民的文化休闲场所。从数据分析看,排名前 5 位的城市为上海、杭州、苏州、嘉兴和南京,排名后 5 位的城市有安庆、滁州、镇江、铜陵和池州。安徽省的省会城市合肥排名第 13 位,酒吧数量仅为 278 个。27 个城市中,酒吧数量低于 100 的城市有 9 个。表明当前酒吧在很多地方还不是很普遍,居民的文化休闲活动与习惯存在差异,见图 2 - 24。

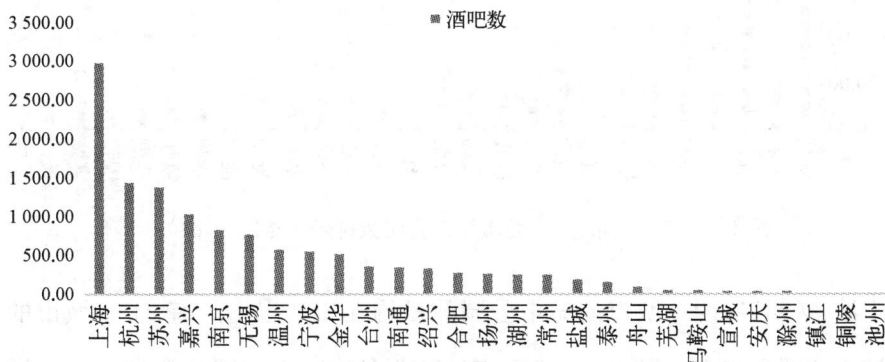

图 2 - 24　长三角 27 个城市酒吧数排名一览图　单位:个

(三) 公园和景区

第一,城市公园数。城市公园一般是指由城市管理部门修建并经营的作为自然观赏区和供公众休息游玩的公共区域,具有改善城市生态、防火、避难等作用,体现公共属性。在城市发展过程中,城市公园已经成为当地居民从事户外游憩活动的主要场所,同时具有兼顾为外来游客提供旅游观光服务的功能,是城市文化休闲资源的重要组成部分。对 27 座城市相关城市公园资料的统计,杭州、上海、苏州、南京和宁波排名前 5 位,芜湖、铜陵、宣城、马鞍山和安庆排名后 5 位,见图 2 - 25。

从数据看,排名首位的杭州城市公园数量高达 245 个,上海位居其后有 243 个,这两个城市具有雄厚的经济基础,在城市生态文明建设方面也一直走在前列,同时这些地区居民生活水平相对较高,居民日常文化休闲需求较为成熟,有助于推动城市公园的建设与发展。随后的苏州、南京、

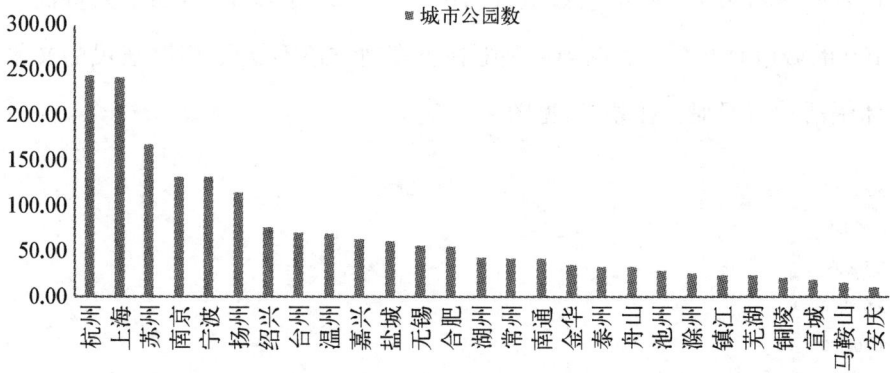

图 2-25　长三角 27 个城市城市公园数排名一览图　单位：个

宁波、扬州，这四个城市的城市公园数量均在 100 以上。有 21 个城市的城市公园数在 100 以下。一般而言，绝大多数城市公园从资源属性上讲属于人造性资源，是由政府管理部门出资建造的公共性文化休闲活动场所。因此，从一定程度上，城市公园个数的多少与当地经济发展水平、城市发展目标和居民的文化休闲需求等息息相关。

第二，4A 级以上景区数。在国家旅游局颁布的《旅游景区水平等级的划分与评定》中规定，旅游景区是指具有参观游览、休闲度假、康乐健身等功能，具备相应旅游服务设施并提供相应旅游服务的独立管理区，该管理区应有统一的经营管理机构和明确的地域范围，包括风景区、文博院馆、寺庙观堂、旅游度假区、自然保护区、名胜古迹、主题公园、旅游度假村、森林公园、地质公园、湿地公园、游乐园、动物园、植物园及工业、农业、经贸、科教、军事、体育、文化艺术等各类旅游景区[①]。根据目前的相关规定，我国旅游景区采用 A 级划分标准，可分为五级，从高到低依次为 5A、4A、3A、2A 和 1A 级。在 4A 级及以上景区中，规定要求在旅游交通、游览条件与设施、旅游安全、邮电服务、旅游购物、经营管理、资源和环境保

① 中华人民共和国国家旅游局.《旅游景区水平等级的划分与评定》(修订)(GB—T17775—2003).

护、旅游资源吸引力、市场吸引力、接待能力以及游客满意度方面都具有较高的水准。对 27 座城市有关 4A 级以上景区统计数据整理如下,上海、杭州、苏州、宁波和无锡位居前 5 位,泰州、马鞍山、铜陵、滁州和舟山位居后 5 位,见图 2-26。

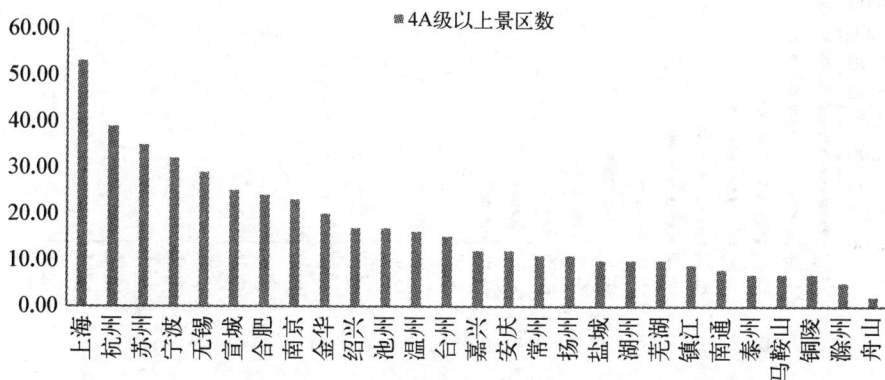

图 2-26　长三角 27 个城市 4A 级以上景区数排名一览图　单位:个

资料表明,在 4A 级以上景区方面,上海有 53 家,说明上海的旅游景区资源优势比较显著,也从侧面揭示出上海之所以成为我国重要旅游目的地城市的重要原因。杭州、苏州和宁波各拥有 30 余家 4A 级以上 A 级景区。有 7 个城市拥有数量在 10 个以下,表明反映了这些城市在旅游业发展方面与领先城市相比存在着不小的差距。

第三,主题公园数。主题公园是一种以游乐为目标的模拟景观的呈现,它的最大特点就是赋予游乐形式以某种主题,围绕既定主题来营造游乐的内容与形式。园内所有的建筑色彩、造型、植被游乐项目等都为主题服务,共同构成游客容易辨认的特质和游园的线索。主题公园是现代旅游业在旅游资源的开发过程中所孕育产生的新的旅游吸引物,是自然资源和人文资源的一个或多个特定的主题,采用现代化的科学技术和多层次空间活动的设置方式,集诸多娱乐内容、休闲要素和服务接待设施于一体的现代旅游目的地。对27座城市有关主题公园的统计数据整理如下，宁波、上海、杭州、合肥和芜湖位于前5位，有8座城市主题公园数量为0，见图2-27。

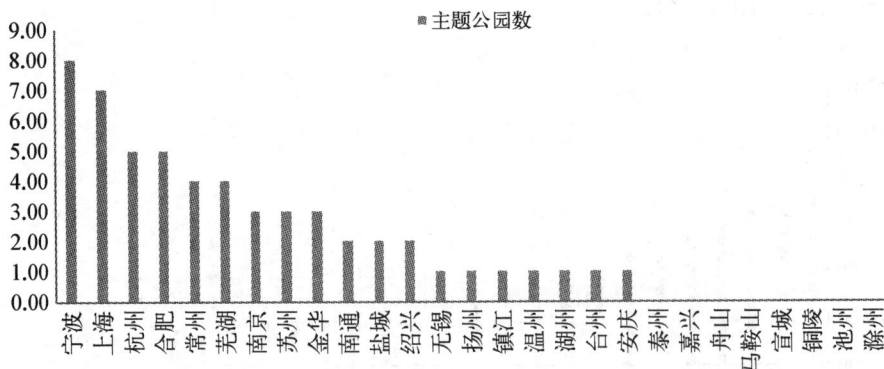

图2-27 长三角27个城市主题公园数排名一览图 单位：个

资料表明，宁波主题公园数量最多为8家，上海有7家，其次为杭州和合肥均为5家。其余城市数量均在5家以下。主题公园的建设需要具有强大的经济及基础，良好的区位优势和市场条件，所以一般都选择在发展情况较好的城市。

三、文化接待力

文化接待力主要反映城市接待本地居民和外来游客的规模水平，包括每百人藏书量、博物馆参观总人次、观影人次、艺术表演团体国内演出观众人次、国内游客人次、入境游客人次、艺术表演团体演出场次，这是江南文化竞争力发展的重要表征。

（一）接待人次

第一，每百人藏书量。建设图书馆，就是给城市一个活的灵魂，让阅读有效地进入民众的日常生活，提炼和升华城市精神的同时也改善这个城市的道德气候,因而图书馆的数量、每百人藏书量,是衡量一个文明城市最重要的指标之一。长三角 27 个城市每百人藏书量统计如下:铜陵、马鞍山、芜湖、上海和嘉兴位居前 5 位,扬州、南通、合肥、泰州和盐城则位居后 5 位。需要指出的是,南京、杭州、合肥三座省会城市经济发展水平排位比较靠前,但每百人藏书量排名却未能进入前 5 位,并且合肥排位倒数第 3 位,值得引起有关管理部门的高度重视,见图 2-28。

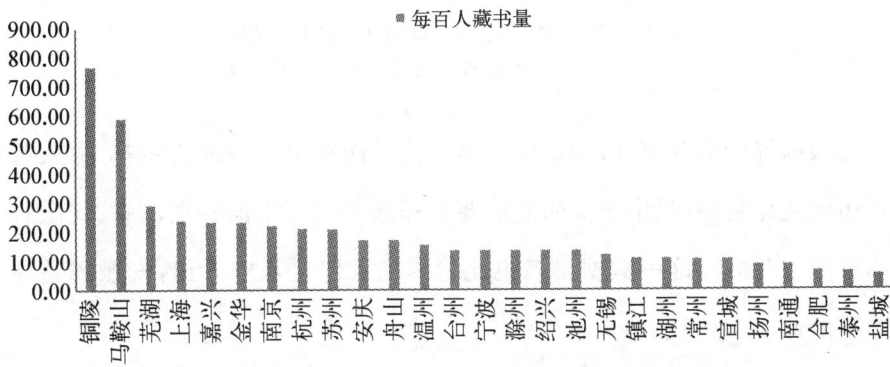

图 2-28 长三角 27 个城市每百人藏书量排名一览图 单位:册

第二,博物馆参观总人次。博物馆作为征集、典藏、陈列和研究代表自然和人类文化遗产实物的场所,其存在目的是为公众提供知识、教育及欣赏服务。毫无疑问,供应文化是博物馆的核心功能。事实上,博物馆往往与其所在地的经济生活密不可分,因为其不仅回馈于当地经济——创造需求和文化供给、制造就业岗位、拉动旅游业及相关行业发展等,而且也得益于当地经济——交通等公共配套设施、政府财政支持等。大多数博物馆为非营利性组织,但门票、版权、巡展等项目又在为博物馆创造着相当规模的收入,博物馆也必须面对和处理大量开支。长三角 27 个城市博物馆参观总人次统计如下:南京、上海、合肥、杭州和嘉兴位居前 5 位,铜陵、池州、安庆、宣城和舟山位居后 5 位,见图 2-29。

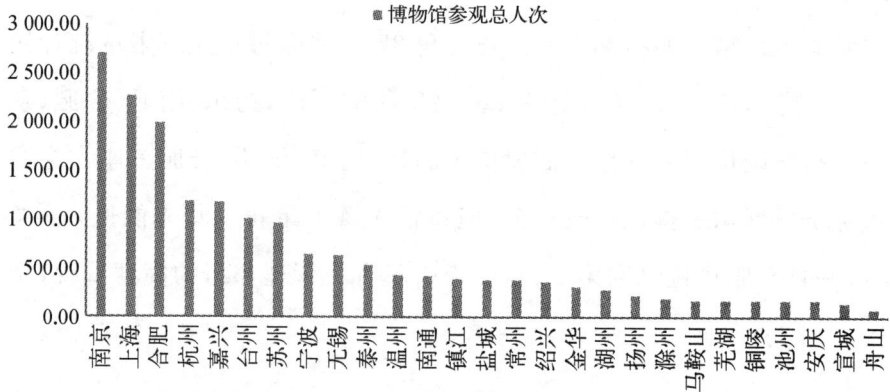

图 2-29 长三角 27 个城市博物馆参观总
人次排名一览图 单位：万人次

根据统计信息可知,南京位居第 1 位。南京是我国四大古都之一、首批历史文化名城,是中华文明的重要发祥地之一。上海和浙江省、安徽省两省的省会城市这一数据排名也比较靠前。但是从中看出,安徽省整体水平偏低。

第三,观影人次。电影无疑是近年来最普遍的娱乐消费方式之一。国内用来衡量一部电影市场成绩的标准通常是票房,但单部影片的票价并不固定,而且考虑到通货膨胀的情况,每个时代的经济水平也是不同的,因此,如果仅用票房作衡量标准并不客观。相比之下,从观影人次角度衡量其实更能直观看到一部影片所触及的人群数量。长三角 27 个城市观影人次统计如下:上海、杭州、苏州、南京和宁波位居前 5 位,池州、安庆、滁州、马鞍山和舟山位居后五位,见图 2-30。

根据统计信息来看,上海以 8 288.95 万人次位居第 1 位,是位于第 2 位的杭州的 2.19 倍,两者之间差距明显。位居后 5 位的除舟山外,均为安徽省的城市,应该引起重视。有 14 座城市的观影人次在 1 000 万人次以下。

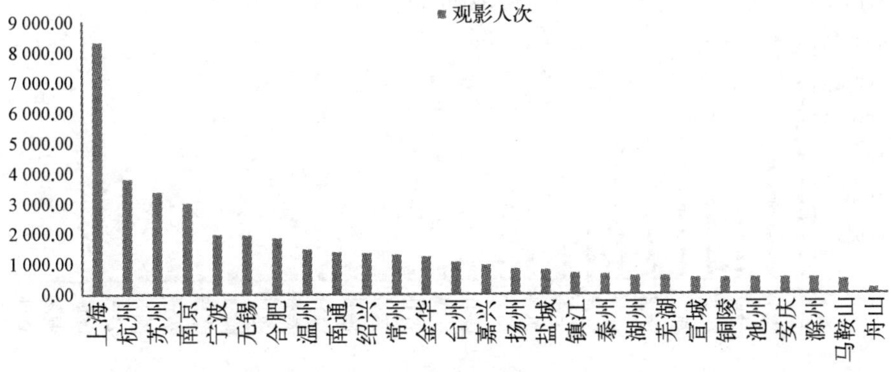

图 2 - 30 长三角 27 个城市观影人次排名一览图 单位：万人次

第四，艺术表演团体国内演出观众人次。艺术表演团体指由文化部门主办或实行行业管理（经文化市场行政部门审批或已申报登记并领取相关许可证），专门从事表演艺术等活动的各类专业艺术表演团体，含民间职业剧团，如话剧团、方言话剧团、滑稽剧团、儿童剧团、歌剧团、舞剧团、歌舞剧团、歌舞团、曲艺团、杂技团、马戏团、木偶剧团、皮影剧团等，以及由若干剧种组成的综合性专业艺术表演团体。不包括群众业余文艺表演团体。各类专业艺术表演团体，除部队系统外，均应统计。该指标主要反映全国专业艺术表演团体发展规模水平。江南 27 座城市的统计数据结果如下：台州、温州、金华、绍兴和杭州排名前 5 位，湖州、安庆、宣城、铜陵和镇江排名后 5 位，见图 2 - 31。台州的艺术表演团体国内演出观众人次远远高于排名第 2 位的温州。

（二）旅游人次

第一，国内游客人次。国内旅游者人次，是指我国大陆居民和在我国常住 1 年以上的外国人、华侨、港澳台同胞离开常住地，在境内其他地方的旅游设施内至少停留一夜，最长不超过 6 个月的人数。国内旅游者人次通常成为衡量一座城市接待国内旅游者能力的直接指标。各城市统计

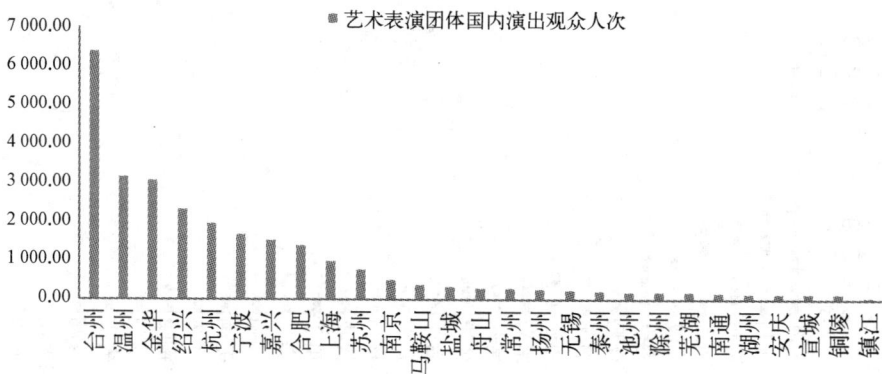

图 2-31　长三角 27 个城市艺术表演团体国内演出
观众人次排名一览图　单位：万人次

数据如图 2-32 所示。上海、杭州、苏州、南京和合肥排名前 5 位，宣城、盐城、泰州、滁州和铜陵排名后 5 位。

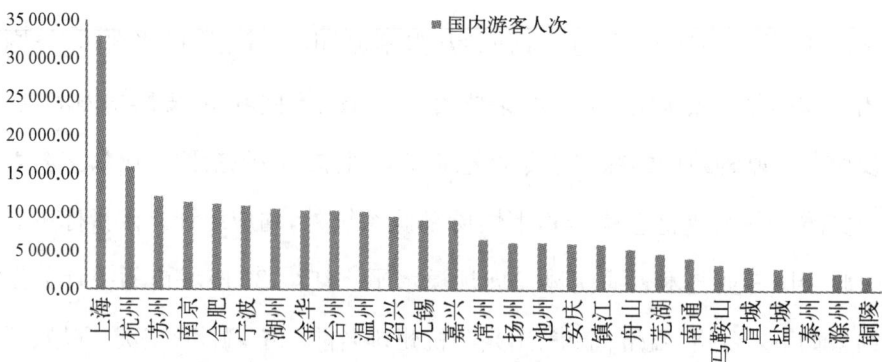

图 2-32　长三角 27 个城市国内游客人次排名一览图　单位：万人次

从各城市接待国内旅游者人数规模看，大致可以分成以下几个层次。第一层次是上海，年接待国内游客人数在 3 亿人次以上。第二层次是杭州、苏州、南京、合肥、宁波、湖州、金华、台州、温州，年接待国内游客人数在 1 亿人次以上。第三层次是绍兴、无锡、嘉兴、常州、扬州、池州、安庆、镇江、舟山，年接待国内游客在 5 000 万人次以上。其余 8 座城市为第四层次，年接待国内游客低于 5 000 万人次以下。

第二,入境游客人次。入境旅游人次是指来中国(大陆)观光、度假、探亲访友、就医疗养、购物、参加会议或从事经济、文化、体育、宗教活动,且在中国(大陆)的旅游住宿设施内至少停留一夜的外国人、港澳台同胞等游客的数量。入境旅游人次是反映一座城市接待国外旅游者能力的直接指标。倘若从城市文化功能的外向型特征出发,综合反映了城市文化产业满足外来游客的文化及其他相关需求的能力。各城市接待入境旅游者人次统计如下：排名前 5 位的城市有上海、杭州、宁波、苏州和温州,排名后 5 位的城市有镇江、扬州、盐城、泰州和铜陵,见图 2-33。

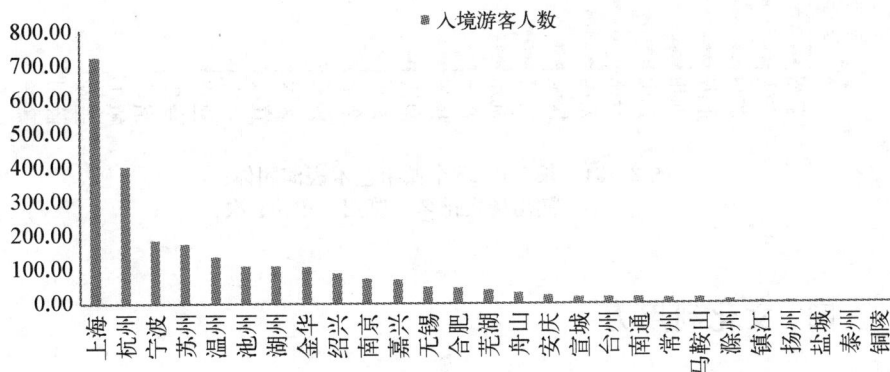

图 2-33　长三角 27 个城市入境游客人次排名一览图　单位：万人次

从总体来看,东部沿海地区接待入境游客人数较多。上海优势明显,体现了上海作为国内最大的工商业城市和亚太地区重要的经济中心城市在旅游市场中的影响力。江苏省的省会城市南京和安徽省的省会城市合肥排名均不是很乐观,南京排名第 10 位,合肥排名第 13 位。同时应注意小型城市的对外吸引能力应当加强。

（三）艺术表演团体演出场次

长三角 27 座城市艺术表演团体演出场次统计数据如下,温州、宁波、苏州、上海和湖州排名前 5 位,绍兴、镇江、芜湖、滁州和嘉兴排名后 5 位。可以看出,上海作为国际化大都市、经济社会高度发达的城市,艺术表演团体演出场次排名仅为第 4 位,杭州、南京、合肥三座省会城市排名也比较靠后。人文底蕴丰厚的城市应当注重此类文化建设与推广,见图 2-34。

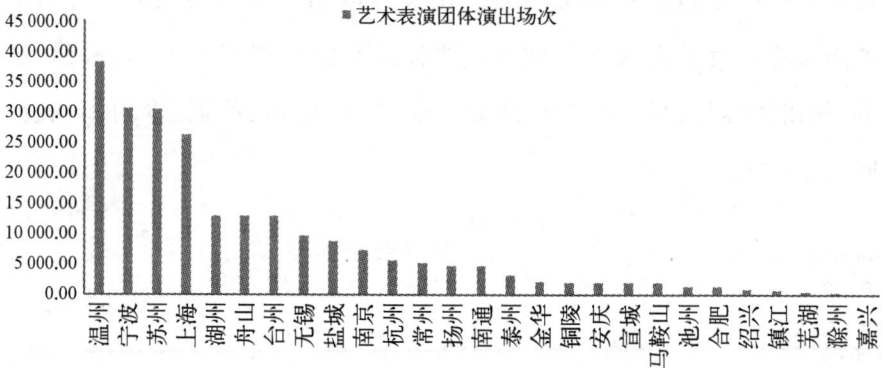

图 2-34 长三角 27 个城市艺术表演团体
演出场次排名一览图 单位:次

四、文化利用力

文化利用力主要反映当前城市文化产业发展规模,包括文化产业增加值、文化产业占地区生产总值比重、电影票房总收入、旅游总收入,这是长三角城市文化竞争力发展的关键支撑。

(一)产业规模

第一,文化产业增加值。文化产业增加值是指一定时期内单位文化产值的增加值。我国文化产业发展经历了从萌芽期、快速扩张期、全面提升期,据统计,自 2012 年至 2017 年间,全国文化产业增加值呈逐年上升趋势,从 1.8 万亿元增加到近 3.5 万亿元,占地区生产总值的比重从 2012 年的 3.48% 增加到 2017 年的 4.2%。文化产业的发展,不但促进经济结构的转型,还成为推动就业和收入增长的主要动力。长三角27座城市各城市文化产业规模统计数据如下,上海、杭州、苏州、南京和宁波位居前5位,安庆、芜湖、马鞍山、池州和铜陵位居后5位,见图2-35。

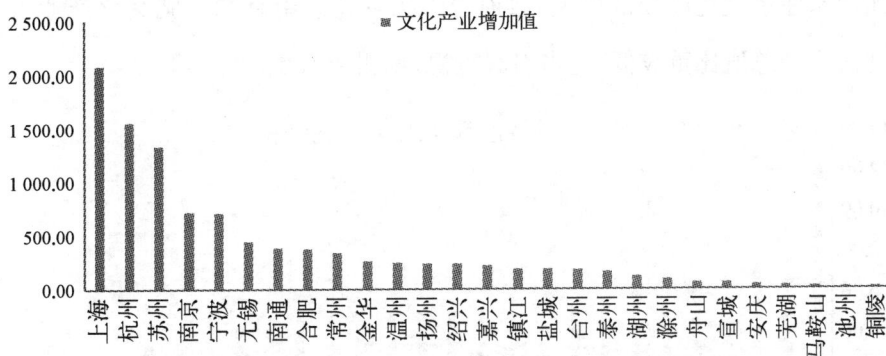

图 2-35　长三角 27 个城市文化产业增加
值排名一览图　单位:亿元

从文化产业增加值的规模来看,可以将 27 个城市的文化产业增加值分成五个层次:第一个层次,有上海 1 个城市,文化产业增加值在 2 000 亿元以上;第二个层次,包括杭州和苏州 2 个城市,文化产业增加值在 1 000 亿元以上;第三个层次,包括南京和宁波 2 个城市,文化产业增加值在 500 亿元以上;第四个层次,包括无锡、南通、合肥、常州、金华、温州、扬州、绍兴、嘉兴、镇江、盐城、台州、泰州、湖州 14 个城市,文化产业增加值在 100 亿元以上;其余 8 个城市属于第五个层次,文化产业增加值在 100 亿元以下。由此可以看出,长三角 27 个城市文化产业增加值水平差异较大,其中安徽省整体文化产业增加值水平不容乐观。

第二,文化产业占地区生产总值比重。据国家统计局发布数据显示,近年来文化及相关产业增加值保持平稳快速增长,占地区生产总值比重稳步上升,在加快新旧动能转换、推动经济高质量发展中发挥了积极作用。长三角27个城市统计数据如下,排名前5位的是杭州、苏州、宁波、金华和上海,而泰州、安庆、铜陵、马鞍山和芜湖位居后5位。据数据显示,杭州以12.4%的比重位居第1位,超出排名第2位的苏州一大截。杭州历来注重文化产业的发展,政府也大力支持。南京和合肥文化产业占地区生产总值比重较低,应当引起重视,见图2-36。

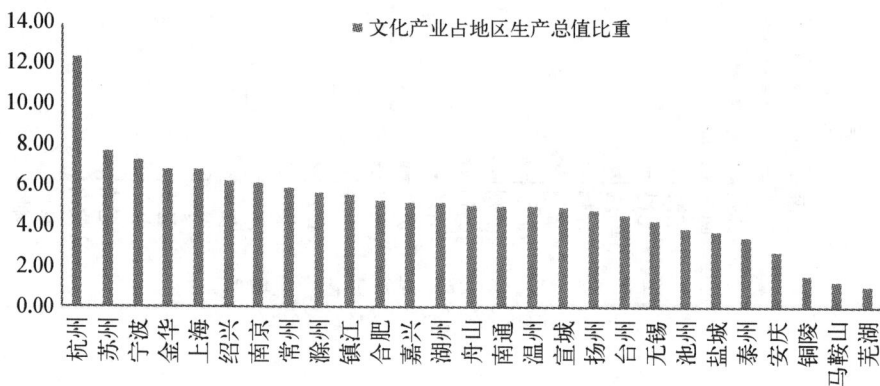

图2-36 长三角27个城市文化产业占地区生产
总值比重排名一览图 单位:%

(二)产业收入

第一,电影票房总收入。电影票房原指电影院售票处,后引申为影院的放映收益或一部电影的影院放映收益情况,后来逐渐有公司专门统计电影的票房,给出更为明确和直观的数据。据业内专家预测,未来5到10年,中国电影将迈向更有质量、发展更快的黄金期。长三角27个城市电影票房总收入数据如下,排名前5位的有上海、杭州、苏州、南京和宁波,而马鞍山、滁州、安庆、舟山和湖州位居后5位,见图2-37。

从数据分析看,上海以349 526.66万元的总收入占据绝对优势,排名第一。其次杭州和南京位居第2、4位。安徽省省会城市合肥排名第7位。排名后6位的城市其中4位属于安徽省。从结果也可以看出,电

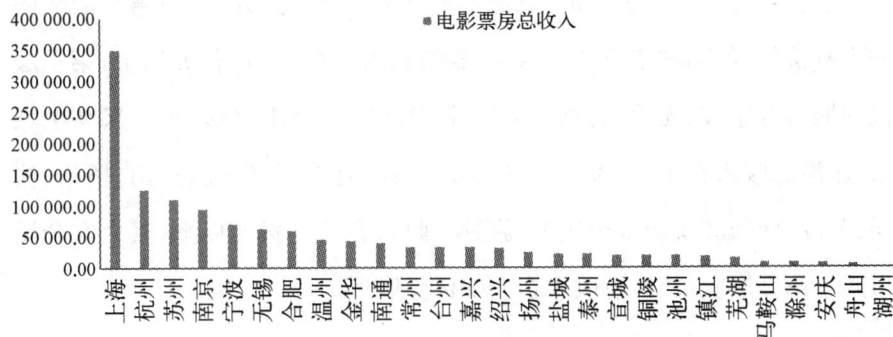

图 2-37 长三角 27 个城市电影票房总收入排名一览图 单位：万元

影票房总收入跟城市的经济发展水平是相匹配的。

第二，旅游总收入。旅游总收入是指一定时期内旅游目的地国家或地区向国内外游客提供旅游产品、购物品和其他劳务所获得的货币收入的总额。这一经济指标综合反映了旅游目的地国家或地区旅游经济的总体规模状况和旅游业的总体经营成果。27 个城市旅游总收入情况如下，排名前 5 位的城市依次为上海、杭州、苏州、南京和宁波，排名后 5 位的城市为盐城、宣城、马鞍山、滁州和铜陵，见图 2-38。

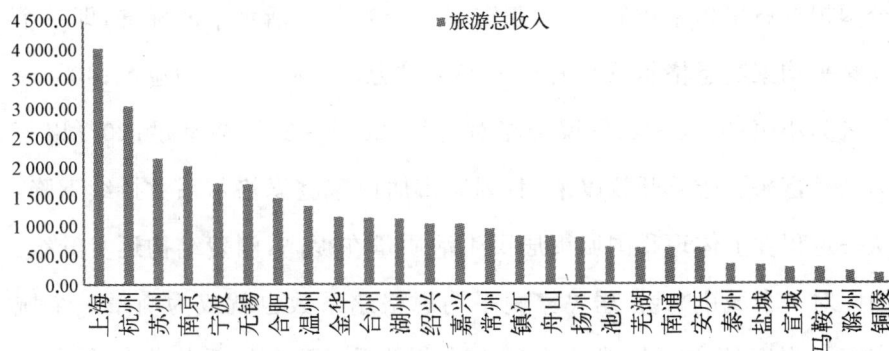

图 2-38 长三角 27 个城市旅游总收入排名一览图 单位：亿元

从指标数据看，由于城市文化吸引力和文化接待力水平存在差异，长三角 27 个城市的旅游总收入情况也存在差距。整体来看，可以将其分为五个层次：第一层次为上海，旅游总收入在 4 000 亿元以上；第二层次的城市有杭州、苏州和南京 3 个城市，旅游总收入在 2 000 亿元以上；第三层次的城市有宁波、无锡、合肥、温州、金华、台州、湖州、绍兴和嘉兴 9 个城市，旅游总收入在 1 000 亿元以上；第四层次有常州、镇江、舟山、扬州、池州、芜湖、南通和安庆 8 个城市，旅游总收入在 500 亿元以上；其余 6 个城市属于第 5 层次，旅游总收入在 500 亿元以下。

五、文化消费力

文化消费力主要反映城市居民生活质量和文化消费结构，包括恩格尔系数、居民文化消费占总支出比重、人均可支配收入、居民人均文化娱乐消费、人均交通通信费用、人均电影消费，这是城市居民文化生活品质的体现，是长三角城市文化竞争力发展的核心内容。

（一）消费结构

第一，恩格尔系数。恩格尔系数主要揭示了居民家庭收入和食品支出之间的演变关系，系数越大，家庭生活越贫困；反之，生活越富裕。联合国根据恩格尔系数的大小，制定了一个划分生活水平的标准，即一个国家平均家庭恩格尔系数大于 60% 为贫穷；50%～60% 为温饱；40%～50% 为小康；30%～40% 属于相对富裕；20%～30% 为富足；20% 以下为极其富裕。改革开放以来，我国城市居民家庭恩格尔系数持续下降，从一定程度上体现我国城市居民生活质量在提高，消费结构逐步升级。因此对一个城市来讲，居民家庭平均恩格尔系数也就成为衡量一个城市富裕程度的主要标准之一。在本报告中，恩格尔系数作为负向指标。根据 27 座城市的统计数据，恩格尔系数排列如下，宁波、上海、南京、金华和苏州最低，而安庆、芜湖、宣城、滁州和池州为最高的 5 位，见图 2-39。

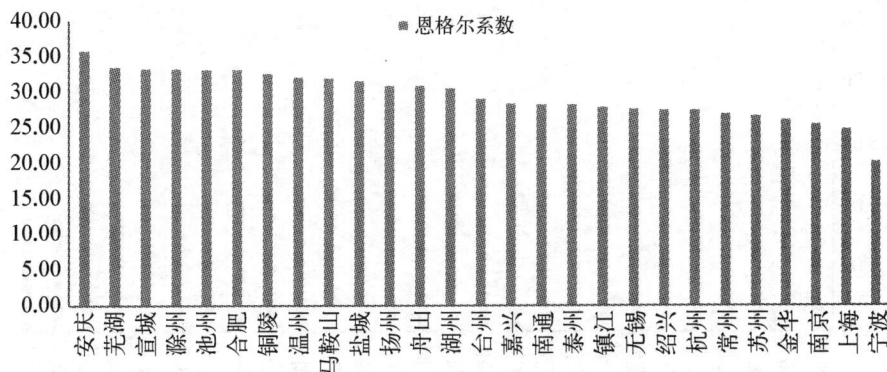

图 2-39　长三角 27 个城市恩格尔系数排名一览图　单位：%

根据联合国的划分标准,在 27 座城市中,有 13 座城市的恩格尔系数处于相对富裕的发展阶段,占总数的 48.1%,其中有 12 座城市低于 35% 的标准。其余 14 座城市的恩格尔系数均处于 20%～30%,处于联合国设定的城市发展的富足阶段。总的看来,经过 40 年来改革开放的发展,我国城市居民生活水平已经获得极大提高,也为居民文化生活质量的提升奠定了重要的经济物质基础。

第二,居民文化消费占总支出比重。这是反映居民生活消费结构变化的一个重要指标,也是反映居民文化生活质量的重要指标。长三角 27 个城市的居民文化消费占总支出比重如下,南京、扬州、镇江、盐城和常州位居前 5 位,嘉兴、安庆、金华、杭州和台州位居后 5 位。需要注意的是,上海排名第 21 位,安徽省省会合肥排名第 8 位,浙江省省会城市杭州排名第 26 位,见图 2-40。

（二）消费能力

本研究主要用人均可支配收入作为衡量消费能力的指标。城市居民人均可支配收入是指居民家庭全部现金收入能用于安排家庭日常生活的那部分收入。一般认为,人均可支配收入是影响居民文化消费最重要的

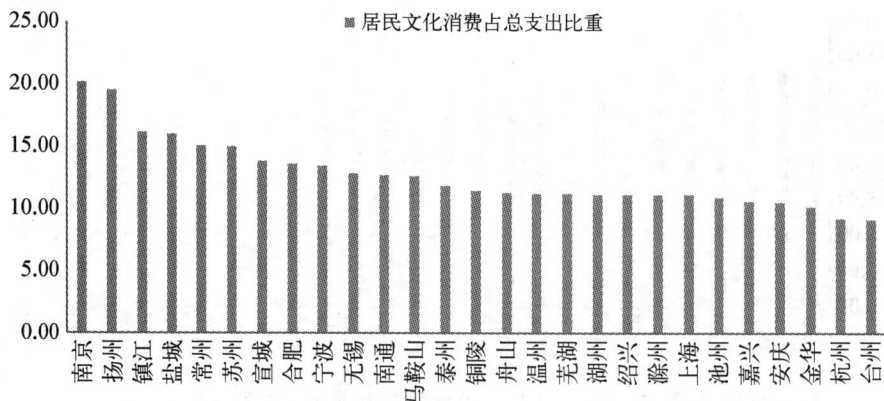

图 2-40　长三角 27 个城市居民文化消费占总
支出比重排名一览图　单位：%

因素。一个城市的人均可支配收入往往可以体现这个城市居民的消费水平，从而对居民文化消费的购买倾向和消费喜好形成影响。从统计数据看，各城市之间居民可支配收入的差距依旧比较明显。其中，上海、苏州、杭州、宁波和南京排名前 5 位，铜陵、泰州、池州、滁州和安庆排名后 5 位，见图 2-41。

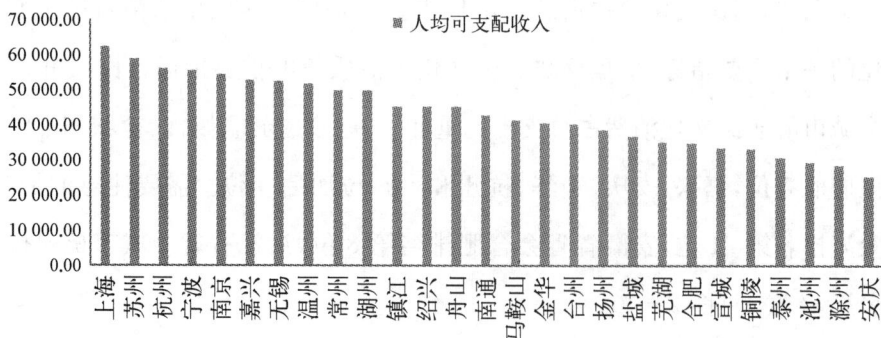

图 2-41　长三角 27 个城市人均可支配
收入排名一览图　单位：元

从具体数据可见，上海以 62 596 元位居第 1 位。人均可支配收入在 50 000 元以上的城市有 8 座，其中，处于 30 000～40 000 元之间的有 16 座城市;30 000 元以下的城市有 3 座,均属于安徽省。

（三）消费支出

第一,居民人均文化娱乐消费。文化娱乐消费支出,是反映居民生活消费结构变化的一个重要指标,也是反映居民文化生活质量,甚至文化生活方式变化的一个重要指标。近年来,居民文化娱乐服务消费支出不断增加,比重不断提高。当然,各城市的经济发展程度不同,消费支出也有差异。从统计数据看,苏州、上海、宁波、扬州和常州位居前 5 位,滁州、宣城、池州、安庆和盐城位居后 5 位,见图 2-42。

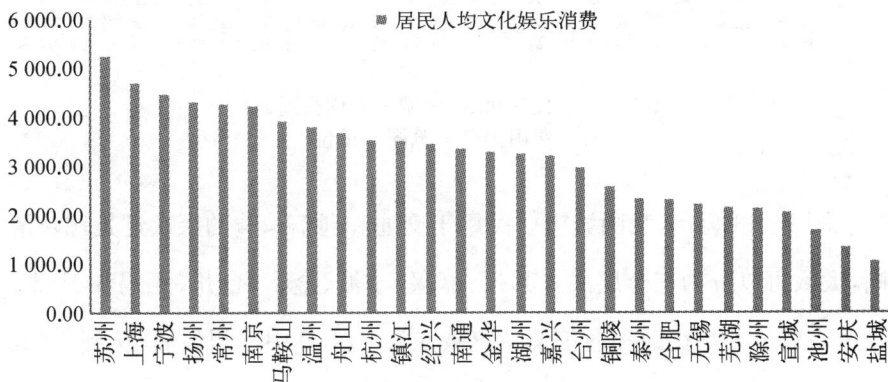

图 2-42　长三角 27 个城市居民人均文化娱乐
消费排名一览图　单位:元

数据显示,苏州市民在文化娱乐消费方面的支出最高,为 5 251 元,独占鳌头。上海位居第 2。这一现象也与这些城市娱乐文化设施众多、娱乐夜生活丰富,以及相关文化产业成熟的大环境相关。同时,各城市间的发展不平衡,据统计,约有 40.7% 的城市居民人均教育文化娱乐服务消费低于 3 000 元,且主要分布在安徽省。

第二,人均交通通信费用。在当代城市中,交通和通信消费已经成为人们日常文化生活中不可或缺的部分。尤其是随着人们社会交往的日益频繁、信息观念的普遍加强,以及现代交通工具和高科技信息产品的迅速发展,居民人均交通和通信消费支出已经日渐增长。从统计数据看,苏州、嘉兴、宁波、金华和台州位居前5位,盐城、铜陵、宣城、滁州和安庆位居后5位,见图2-43。

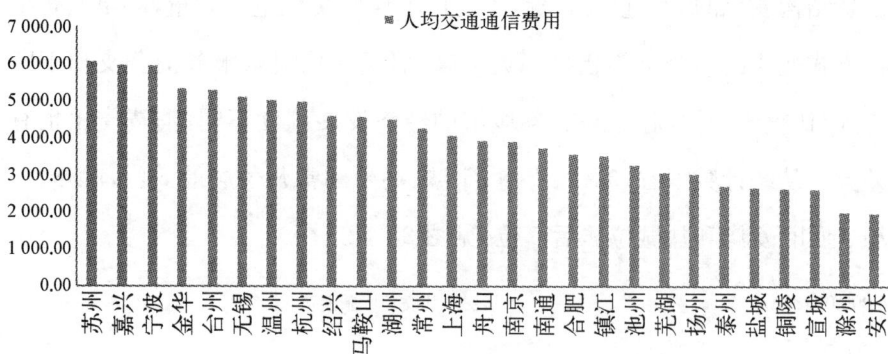

图2-43　长三角27个城市人均交通通信
费用排名一览图　单位:元

图2-43显示,我国城市居民用于交通和通信消费的层次还是比较清晰,大致可以分为三个层次。苏州、嘉兴、宁波、金华、台州、无锡和温州7个城市居民人均交通和通信消费突破5000元,其中苏州最高,达到6025元,杭州、绍兴、马鞍山、湖州、常州和上海居民的消费在4000~5000元之间。两者合计有13座城市,为第一层次,占总数的48.15%。消费在3000~4000元之间的城市有8座,占总数的29.63%。在3000元以下的有6座城市,占总数的22.22%。此外,排名第一的苏州和位居末位的安庆居民的消费相差3倍有余,说明不同城市间居民的消费支出差距较大。

第三,人均电影消费。近年来,中国银幕数量持续迅猛增长,观看电影已成为居民日常文化消费的一种普遍方式。从统计数据看,上海、杭州、苏州、无锡和宁波位居前5位,南京、盐城、镇江。滁州和安庆位居后5位。上海、杭州和苏州的人均电影消费均在100元以上,有13个城市的人均电影消费在 50～100 元之间,有 11 座城市的人均电影消费在 50 元以下,见图 2-44。

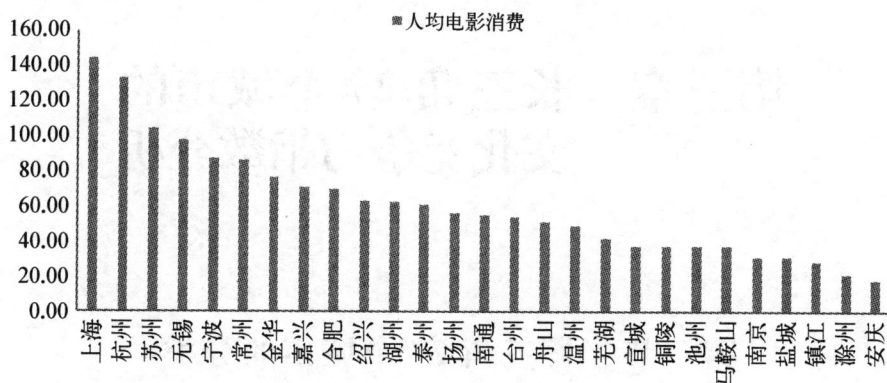

图 2-44　长三角 27 个城市人均电影消费排名一览图　单位:元

第三章　长三角 27 个城市的
文化竞争力指数分析

第一节　长三角 27 个城市的分类

2014 年 11 月 20 日,国务院发布了《关于调整城市规模划分标准的通知》,这一通知对原有城市规模划分标准进行了调整,明确了新的城市规模划分标准以城区常住人口为统计口径,将城市划分为五类七档:城区常住人口 50 万以下的城市为小城市,其中 20 万以上 50 万以下的城市为Ⅰ型小城市,20 万以下的城市为Ⅱ型小城市;城区常住人口 50 万以上 100 万以下的城市为中等城市;城区常住人口 100 万以上 500 万以下的城市为大城市,其中 300 万以上 500 万以下的城市为Ⅰ型大城市,100 万以上 300 万以下的城市为Ⅱ型大城市;城区常住人口 500 万以上 1 000 万以下的城市为特大城市;城区常住人口 1 000 万以上的城市为超大城市。依据这一划分标准,可以将本研究对象的 27 个城市划分为以下五类城市。见表 3-1。

表 3-1　长三角 27 个城市人口规模类型

城市	城区人口 (万人)	综合水平 排名	城市等级 分档	城市等级 分类
上海	2 418.33	1	超大城市	超大型城市
南京	608.62	3	特大城市	特大型城市

（续表）

城市	城区人口 （万人）	综合水平 排名	城市等级 分档	城市等级 分类
杭州	370.91	2	Ⅰ型大城市	大城市
苏州	269.78	4	Ⅱ型大城市	
无锡	221.97	8	Ⅱ型大城市	
合肥	219.93	6	Ⅱ型大城市	
宁波	192.49	5	Ⅱ型大城市	
常州	159.70	13	Ⅱ型大城市	
温州	152.28	7	Ⅱ型大城市	
盐城	121.97	17	Ⅱ型大城市	
南通	116.26	14	Ⅱ型大城市	
扬州	105.85	16	Ⅱ型大城市	
芜湖	105.21	18	Ⅱ型大城市	
绍兴	102.91	11	Ⅱ型大城市	
台州	99.87	9	中等城市	中等城市
泰州	84.11	21	中等城市	
镇江	79.65	19	中等城市	
安庆	65.89	24	中等城市	
马鞍山	58.75	22	中等城市	
金华	57.11	10	中等城市	
湖州	54.20	15	中等城市	
舟山	51.02	20	中等城市	
嘉兴	47.46	12	Ⅰ型小城市	小城市
铜陵	43.89	15	Ⅰ型小城市	
滁州	38.75	27	Ⅰ型小城市	
池州	27.56	26	Ⅰ型小城市	
宣城	26.56	23	Ⅰ型小城市	

第二节　超大城市和特大城市
文化竞争力指数分析

一、超大城市文化竞争力指数分析

超大城市的常住户人口规模在 1 000 万以上,长三角 27 个中符合这一标准的城市是上海市。从城市行政级别看,上海市为直辖市。一般来说,城市人口规模与城市的生活品质高度相关,人口规模越大,城市的文化娱乐资源也越丰富,本部分接下来将分析上海这一超大型城市在 37 个指标属性方面呈现出来的特点。

上海是我国的经济、金融和商业中心,上海的文化被称为"海派文化",既有江南文化的古典与雅致,又有国际大都市的现代与时尚,这种文化风格为上海休闲文化设施的多样性发展奠定了良好的文化基础。从数据分析看,上海 37 个指标水平值区间在 0~6,均值水平是 2.305 2。高于均值水平的指标有 18 个,占指标总数的 49%。具体有高等院校数量、高校学生数量、城市公共交通客运量、博物馆数、影/剧院数、体育馆数、咖啡馆数、酒吧数、城市公园数、主题公园数、博物馆参观总人次、观影人次、国内游客人次、入境游客人次、艺术表演团体演出场次、文化产业增加值、电影票房总收入、旅游总收入。其中,指标水平值最高的是入境游客人次(5.372 8),其次是城市公共交通客运量(4.789 5)。从中可以看出,上海的文化接待力水平、交通客运规模、文化娱乐设施和产业规模、教育能力等指标水平较高,表明上海比较重视国际旅游业的发展和城市交通网络建设,同时游客接待力和吸引力、文化产业投入对提高文化竞争力作用显著。

低于均值水平的指标有 19 个,占指标总数的 51%。分别为人均地区生

产总值、城市化率、第三产业占地区生产总值比重、人均住房面积、城镇居民
每百户电脑拥有量、城镇居民每百户彩电拥有量、图书馆数、国家重点文物
保护单位数、文化市场经营机构总数、4A 级以上景区数、每百人藏书量、艺
术表演团体国内演出观众人次、文化产业占地区生产总值比重、恩格尔系
数、居民文化消费占总支出比重、人均可支配收入、居民人均文化娱乐消费、
人均交通通信费用、人均电影消费。从中可以发现,低于均值水平的指标大
部分为人均意义上的指标,上海的人均文化休闲供给状况不均衡,尚无法
与上海这座国际化大都市在全球的地位相匹配。表明上海的文化建设水
平还需进一步提升,以满足不同群体的需求,见图 3-1。

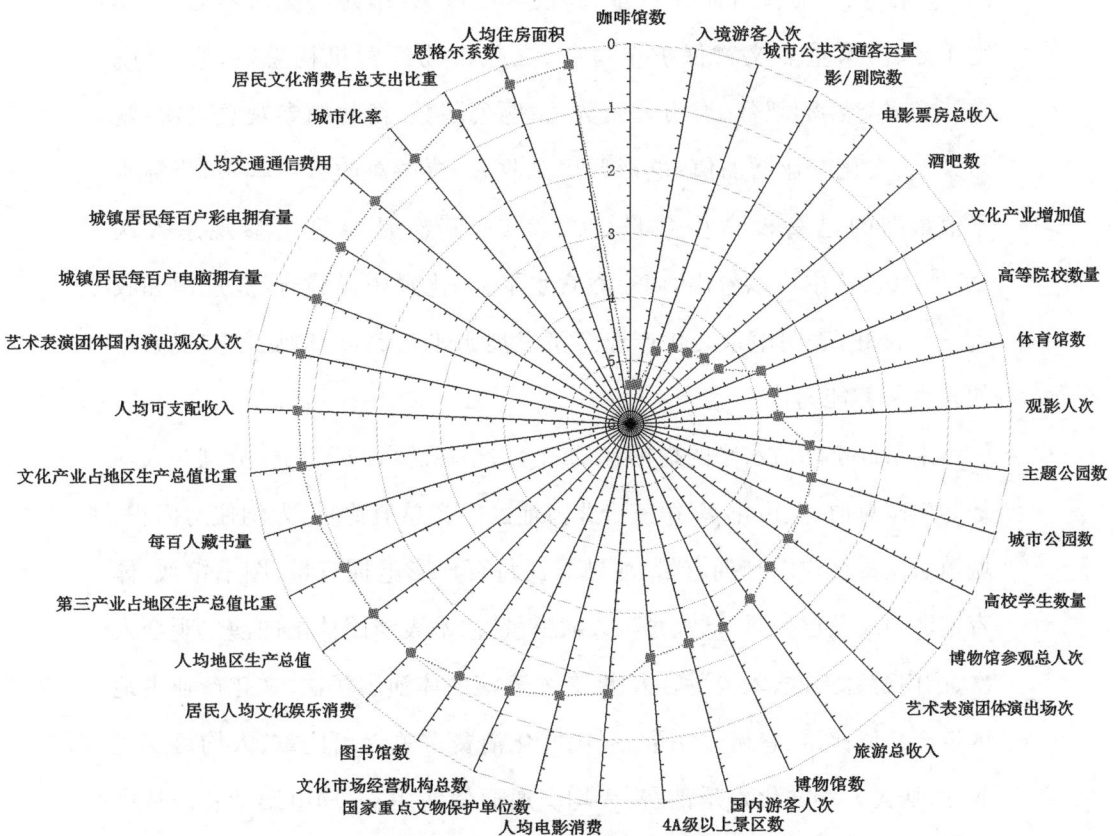

图 3-1　上海 37 个指标水平排列图

二、特大城市文化竞争力指数分析

特大城市的常住人口规模在 500 万以上 1 000 万以下,长三角 27 个城市中符合这一标准的城市是南京市。从城市行政级别看,南京市为省会城市。对南京这一特大城市 37 个指标属性的特征分析如下。

南京作为"六朝古都",在历史上长期是中国南方的政治、经济、文教中心,南京文化又称"金陵文化",历史文化资源丰富,是中国古典文化和风雅文化的代表城市。从数据分析看,南京 37 个指标水平值区间在 0~5,均值水平为 1.210 7。高于均值水平的指标有 16 个,占指标总数的 43%。具体有高等院校数量、高校学生数、城市公共交通客运量、博物馆数、国家重点文物保护单位数、文化市场经营机构总数、影/剧院数、咖啡馆数、酒吧数、城市公园数、主题公园数、博物馆参观总人次、观影人次、文化产业增加值、电影票房总收入、旅游总收入。其中,指标水平值最高的是高校学生数量(4.142 1),其次是博物馆参观总人次(3.501 1)。从中可以看出,南京教育水平、文化娱乐设施、产业规模和收入发展较好,表明南京文化产业经济发展水平较高,同时比较重视高校的教育培养能力。

南京低于均值水平的指标有 21 个,占指标总数的 57%。分别为人均地区生产总值、城市化率、第三产业占地区生产总值比重、人均住房面积、城镇居民每百户电脑拥有量、城镇居民每百户彩电拥有量、图书馆数、体育馆数、4A 及以上景区数、每百人藏书量、艺术表演团体国内演出观众人次、国内游客人次、入境游客人次、艺术表演团体演出场次、文化产业占地区生产总值比重、恩格尔系数、居民文化消费占总支出比重、人均可支配收入、居民人均文化娱乐消费、人均交通通信费用、人均电影消费。从中可以发现,衡量南京文化竞争力的指标中较弱的主要是人均意义上的消费性指标和旅游接待人次,反映出南京人均消费水平较低,对游客的旅游吸引力较弱,见图 3-2。

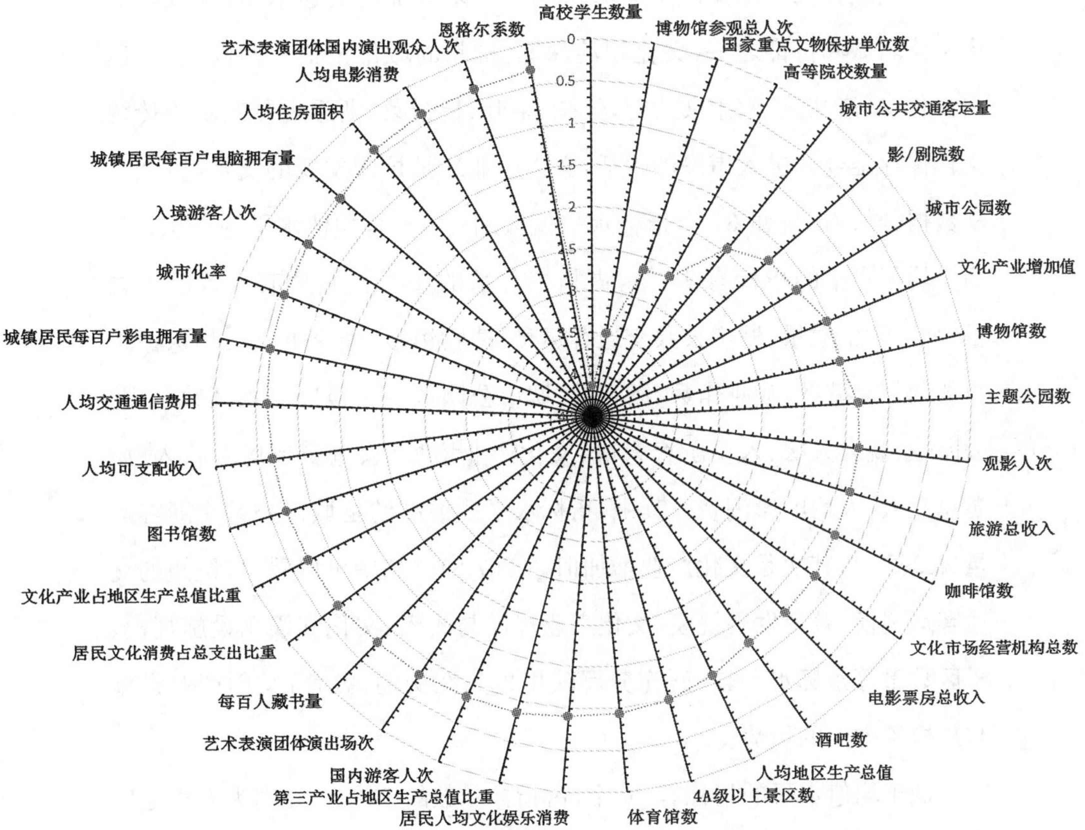

图 3-2 南京 37 个指标水平排列图

第三节 Ⅰ型大城市和Ⅱ型大城市文化竞争力指数分析

一、Ⅰ型大城市文化竞争力指数分析

常住人口规模在 300 万以上 500 万以下的城市为Ⅰ型大城市,符合这一标准的城市为杭州市。从城市行政级别看,杭州市为浙江省的省会。对杭州这一Ⅰ型大城市 37 个指标属性的特征分析如下。

杭州是长三角重要的中心城市和中国东南部的交通枢纽,是我国历史文化名城和古都之一,文化积淀深厚,杭州的城市记忆有西湖文化、运河文化、良渚文化、南宋文化等,丝绸、茶叶、杭帮菜、浙派古琴艺术等传统文化保存至今并进入市民的生活,文创产业还是杭州重要的支柱型产业。从数据分析看,杭州 37 个指标水平值区间在 0~4,均值水平为 1.562 6。高于均值水平的指标有 17 个,占指标总数的 46%。具体有高等院校数量、高校学生数量、城市公共交通客运量、博物馆数、国家重点文物保护单位数、影/剧院数、咖啡馆数、酒吧数、城市公园数、4A 级以上景区数、主题公园数、观影人次、入境游客人次、文化产业增加值、电影票房总收入、旅游总收入、人均电影消费。其中,指标水平值最高的是城市公共交通客运量(3.292 0),其次是文化产业增加值(3.267 8)。从中可以看出,杭州的交通客运规模、教育发展规模、文化产业规模与收入、文化和娱乐设施规模、景区数量等指标水平较好,充分反映出杭州在交通、教育、文创产业设施与规模等方面的优势。

低于均值水平的指标有 20 个,占指标总数的 54%。分别为人均地区生产总值、城市化率、第三产业占地区生产总值比重、人均住房面积、城镇居民每百户电脑拥有量、城镇居民每百户彩电拥有量、图书馆数、文化市场经营机构总数、体育馆数、每百人藏书量、博物馆参观总人次、艺术表演团体国内演出观众人次、国内游客人次、艺术表演团体演出场次、文化产业占地区生产总值比重、恩格尔系数、居民文化消费支出占总支出比重、人均可支配收入、居民人均文化娱乐消费、人均交通通信费用。从中可以发现,杭州低于均值水平的指标主要是人均意义性的指标,人均消费能力有待增强,文化设施建设也应引起重视,见图 3-3。

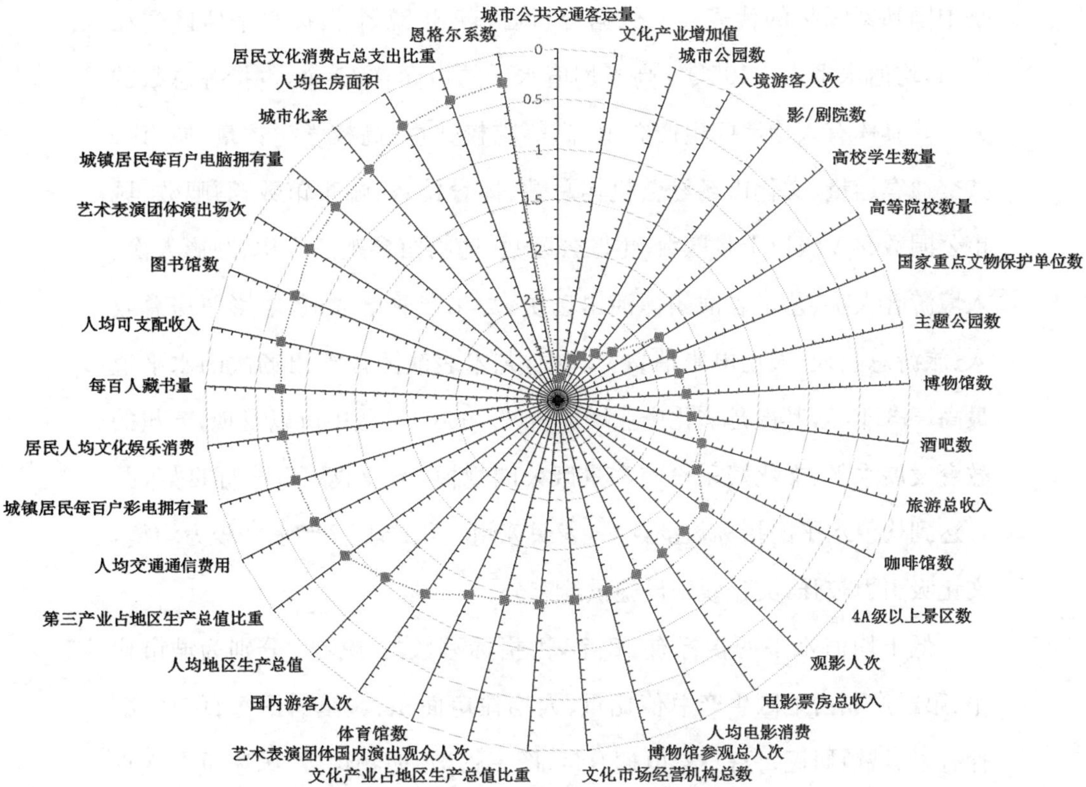

图3-3　杭州37个指标水平排列图

二、Ⅱ型大城市文化竞争力指数分析

常住人口规模为100万以上300万以下的城市Ⅱ型大城市,符合这一标准的城市有苏州、无锡、合肥、宁波、常州、温州、盐城、南通、扬州、芜湖和绍兴11个城市。从城市区域分布看,浙江省有宁波、温州、扬州、绍兴4个城市,江苏省有苏州、无锡、常州、盐城、南通5个城市,安徽省有合肥、芜湖2个城市。从城市行政级别看,11个Ⅱ型大城市只有合肥为省会城市。

（一）苏州

苏州是首批国家历史文化名城,吴文化的发祥地之一,苏州古典园林是中国私家园林的代表。从数据分析看,苏州 37 个指标水平值区间在 0～4,均值水平为 1.195 9。高于均值水平的指标有 19 个,占指标总数的 51%。具体有人均地区生产总值、高等院校数量、高校学生数量、城市公共交通客运量、文化市场经营机构总数、体育馆数、咖啡馆数、酒吧数、城市公园数、4A 级以上景区数、主题公园数、博物馆参观总人次、观影人次、入境游客人次、艺术表演团体演出场次、文化产业增加值、电影票房总收入、旅游总收入、人均电影消费。其中,艺术表演团体演出场次的水平值最高(3.311 8),其次是文化产业增加值(2.796 0)。从中可以发现,苏州的教育发展水平、文化娱乐设施和景区公园规模、产业收入等指标良好,并且达到均值水平的指标数量较多,表明苏州文化产业发展水平较为均衡,文化吸引力较强,文化娱乐设施供给充分。

低于均值水平的指标有 18 个,占指标总数的 49%。分别为城市化率、第三产业占地区生产总值比重、人均住房面积、城镇居民每百户电脑拥有量、城镇居民每百户彩电拥有量、图书馆数、博物馆数、国家重点文物保护单位数、影/剧院数、每百人藏书量、艺术表演团体国内演出观众人次、国内游客人次、文化产业占地区生产总值比重、恩格尔系数、居民文化消费支出占总支出比重、人均可支配收入、居民人均文化娱乐消费、人均交通通信费用。从中可以看出,苏州文化竞争力水平中比较多的指标为人均性消费指标,反映出文化产业的发展与居民消费能力不匹配的现象,见图 3 - 4。

(二) 无锡

无锡是国家历史文化名城,江南文明的发源地之一,有无锡文化“最江南”的说法,拥有鼋头渚、灵山大佛、无锡中视影视基地(三国城、水浒城唐城)等诸多景点。从数据分析看,无锡 37 个指标水平值区间在 0～2,均值水平为 0.740 3。高于均值水平的指标有 16 个,占指标总数的 43%。具

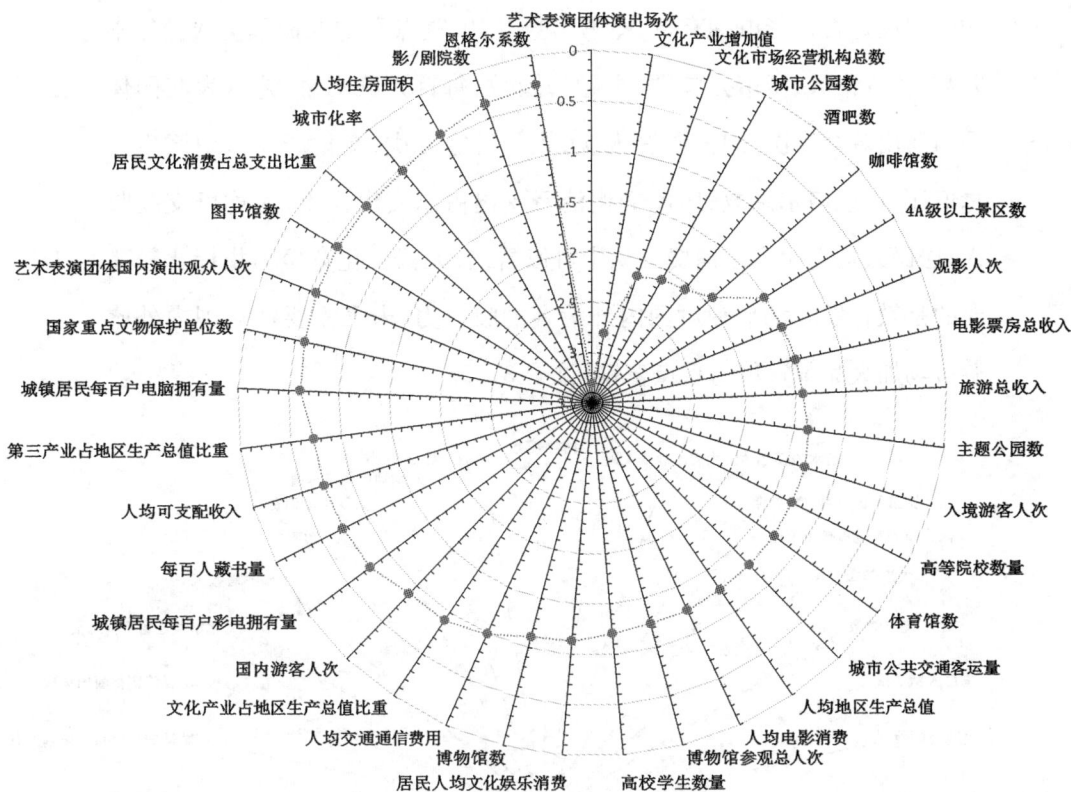

图 3-4　苏州 37 个指标水平排列图

体有人均地区生产总值、城市公共交通客运量、城镇居民每百户电脑拥有
量、博物馆数、文化市场经营机构总数、咖啡馆数、酒吧数、4A 级以上景区
数、博物馆参观总人次、观影人次、艺术表演团体演出场次、文化产业增加
值、电影票房总收入、旅游总收入、人均交通通信费用、人均电影消费。其
中,指标水平值最高的是博物馆数(1.564 3),其次是 4A 及以上景区数量
(1.258 6)。从中可以看出,无锡的部分人均意义的指标、娱乐设施和景区
规模、文化产业规模和收入指标水平较好,表明居民的文化消费意愿较
强,旅游文化资源丰富,文化产业发展结构良好。

　　低于均值水平的指标有 21 个,占指标总数的 57%。城市化率、第三
产业占地区生产总值比重、高等院校数量、高校学生数量、人均住房面积、

城镇居民每百户彩电拥有量、图书馆数、国家重点文物保护单位数、影/剧院数、体育馆数、城市公园数、主题公园数、每百人藏书量、艺术表演团体国内演出观众人次、国内游客人次、入境游客人次、文化产业占地区生产总值比重、恩格尔系数、居民文化消费支出占总支出比重、人均可支配收入、居民人均文化娱乐消费。从中可以看出,无锡文化竞争力指标比较薄弱的是教育发展水平和对国内外游客的吸引力,未来需要针对国内外旅游市场加大品牌宣传与重点营销,见图3-5。

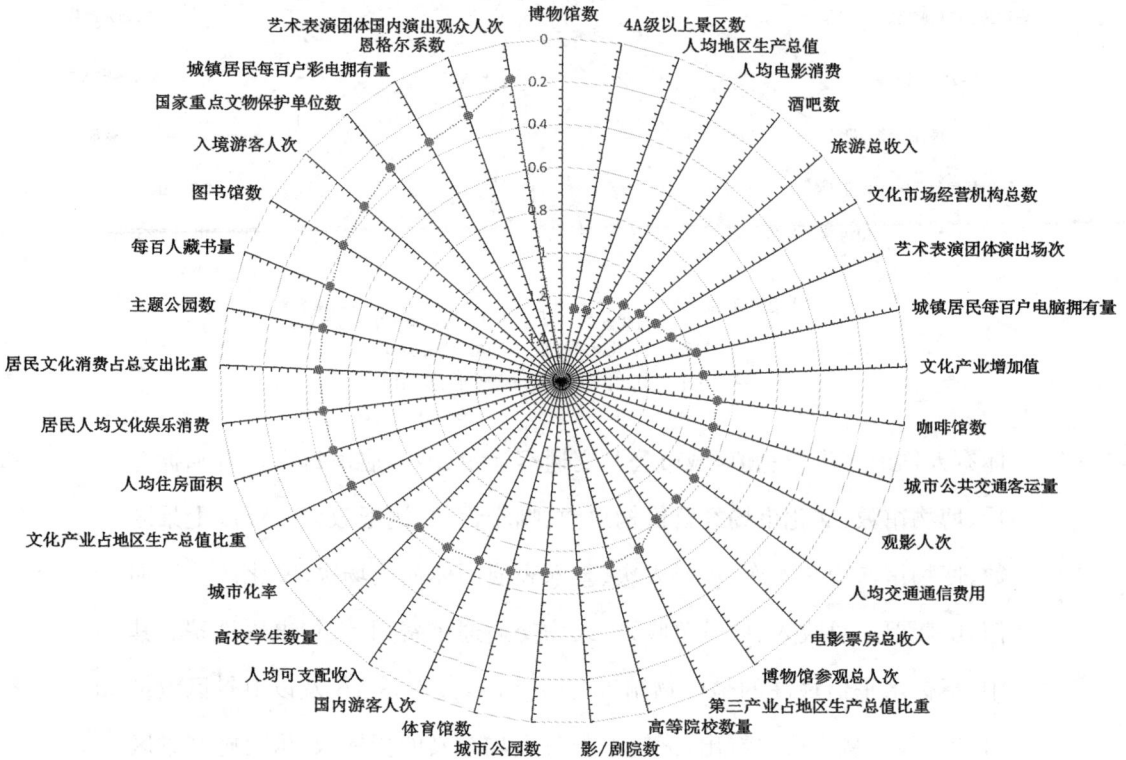

图3-5　无锡37个指标水平排列图

（三）合肥

合肥是国家历史文化名城,近年来在长三角区域一体化发展战略推动下,发展较快,具有2000多年的历史,素有"三国故地,包拯家乡"之称。

从数据分析看,合肥 37 个指标水平值区间在 0~3,均值水平为 0.885 3。高于均值水平的指标有 10 个,占指标总数的 27%。具体有高等院校数量、高校学生数量、城市公共交通客运量、博物馆数、体育馆数、4A 级以上景区数、主题公园数、博物馆参观总人次、艺术表演团体国内演出观众人次、旅游总收入。其中,指标水平值最高的是高等院校数量(2.966 3),其次是博物馆参观总人次(2.575 8)。从中可以看出,合肥的教育发展水平、公共交通建设、景区景点规模指标情况较好。

低于均值水平的指标有 27 个,占指标总数的 73%。分别为人均地区生产总值、城市化率、第三产业占地区生产总值比重、人均住房面积、城镇居民每百户电脑拥有量、城镇居民每百户彩电拥有量、图书馆数、国家重点文物保护单位数、文化市场经营机构总数、影/剧院数、咖啡馆数、酒吧数、城市公园数、每百人藏书量、观影人次、国内游客人次、入境游客人次、艺术表演团体演出场次、文化产业增加值、文化产业占地区生产总值比重、电影票房总收入、恩格尔系数、居民文化消费支出占总支出比重、人均可支配收入、居民人均文化娱乐消费、人均交通通信费用、人均电影消费。从中可以看出,合肥的数据中低于均值水平的指标与其他城市相比明显偏多,主要包括一些人均意义的指标、文化和娱乐设施建设、文化产业规模等指标,表明合肥文化相关产业的供给存在不均衡不充分的问题,文化业态不够丰富,城市的对外吸引力水平、居民文化消费水平也需要提高,见图 3 - 6。

（四）宁波

宁波,国家历史文化名城、中国五大计划单列市之一、现代化国际港口城市,历史文化底蕴浓厚,是典型的江南水乡兼海港城市。从数据分析看,宁波 37 个指标水平值区间在 0~4,均值水平为 1.099 2。高于均值水平的指标有 12 个,占指标总数的 32%。具体有博物馆数、国家重点文物

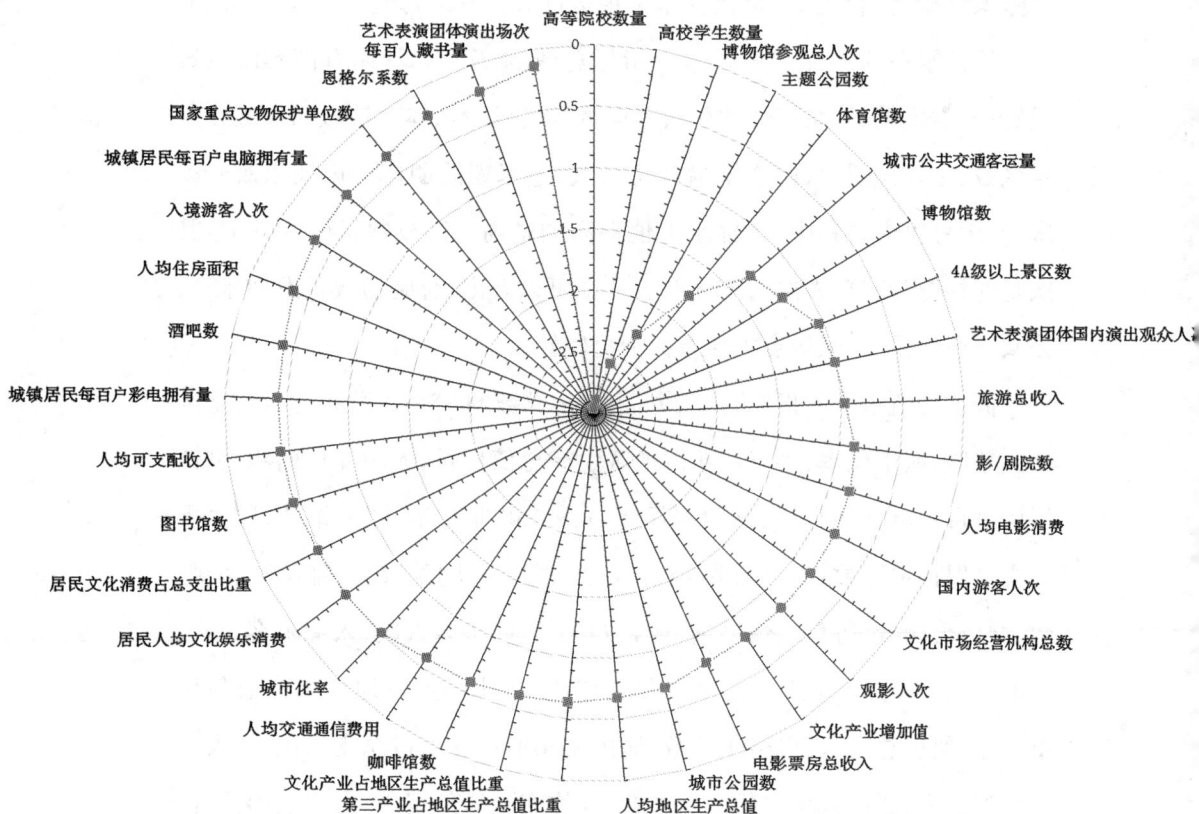

图 3-6　合肥 37 个指标水平排列图

保护单位数、影/剧院数、体育馆数、城市公园数、4A 级以上景区数、主题公园数、艺术表演团体国内演出观众人次、入境游客人次、艺术表演团体演出场次、文化产业增加值、旅游总收入。其中指标水平值最高的是主题公园数(3.630 0),其次是艺术表演团体演出场次(3.340 6)。从中可以看出,宁波在文化竞争力中较好的指标主要集中在景区景点规模、演出场次、旅游规模与收入,这说明宁波具有一定的旅游吸引力。

低于均值水平的指标有 25 个,占指标总数的 68%。分别为人均地区生产总值、城市化率、第三产业占地区生产总值比重、高等院校数量、高校学生数量、人均住房面积、城市公共交通客运量、城镇居民每百户电脑拥有量、城镇居民每百户彩电拥有量、图书馆数、文化市场经营机构总数、咖啡馆数、酒吧数、每百人藏书量、博物馆参观总人次、观影人次、国内游客人次、文化产业占地区生产总值比重、电影票房总收入、恩格尔系数、居民文化消费支出占总支出比重、人均可支配收入、居民人均文化娱乐消费、人均交通通信费用、人均电影消费。从中可以看出，宁波在文化竞争力指标中表现较弱的主要是人均意义的指标、公共交通客运量、娱乐设施和文化产业规模等方面，这充分表现出当前宁波的人均消费水平、娱乐设施建设规模和交通运输的通达性还存在不足，见图 3-7。

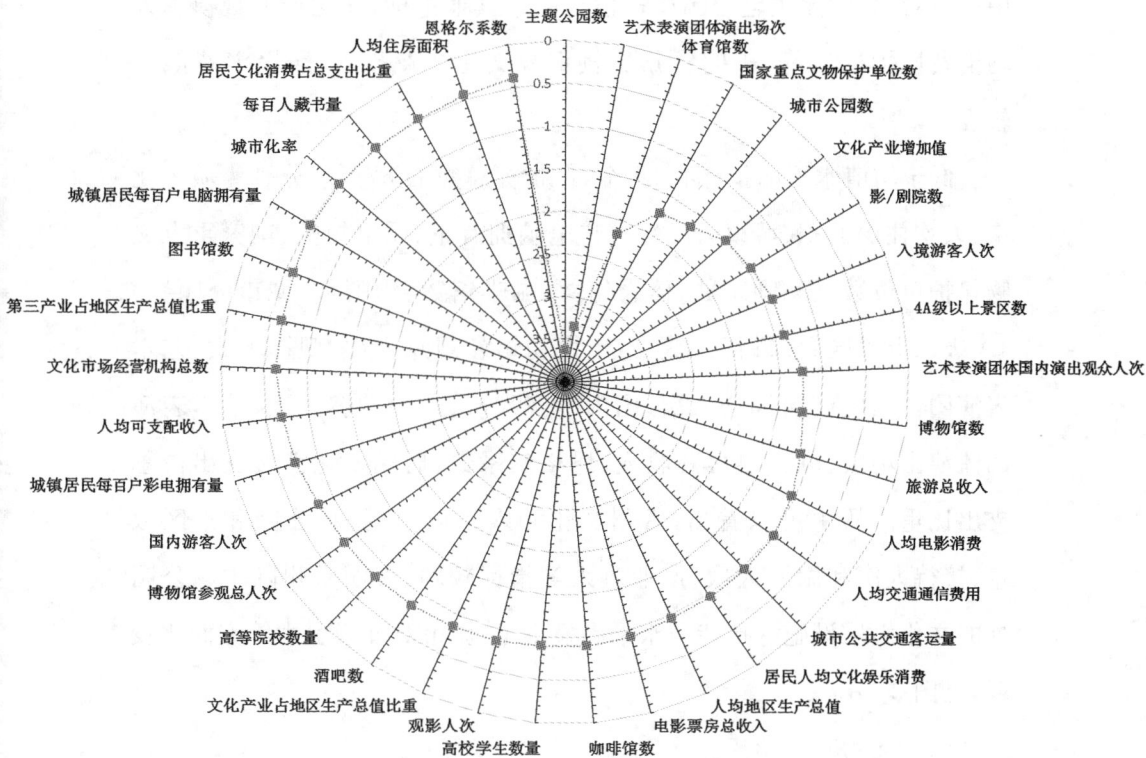

图 3-7　宁波 37 个指标水平排列图

（五）常州

常州是一座有着 3 200 多年历史的文化古城，别称"龙城"，是我国文化旅游名城。从数据分析看,常州 37 个指标水平值区间在 0～2,均值水平为 0.587 9。高于均值水平的指标有 16 个,占指标总数的 43%。具体有人均地区生产总值、第三产业占地区生产总值比重、高等院校数量、高校学生数量、城市公共交通客运量、城镇居民每百户彩电拥有量、博物馆数、文化市场经营机构总数、主题公园数、文化产业增加值、文化产业占地区生产总值比重、旅游总收入、人均可支配收入、居民人均文化娱乐消费、人均交通通信费用、人均电影消费。其中,指标水平值最高的是主题公园数(1.815 0),其次是人均地区生产总值(1.094 8)。从中可以看出,常州主题公园指标值远高于其他指标,文化产业规模和人均消费性指标较好,表明常州比较重视文化产业投入,居民消费能力较强。

低于均值水平的指标有 21 个,占指标总数的 57%。分别为城市化率、人均住房面积、城镇居民每百户电脑拥有量、图书馆数、国家重点文物保护单位数、影/剧院数、体育馆数、咖啡馆数、酒吧数、城市公园数、4A 级以上景区数、每百人藏书量、博物馆参观总人次、观影人次、艺术表演团体国内演出观众人次、国内游客人次、入境游客人次、艺术表演团体演出场次、电影票房总收入、恩格尔系数、居民文化消费支出占总支出比重。从中可以看出,常州文化和娱乐设施规模、公园和景区数量、接待人次和旅游人次、产业收入等指标较弱,表明常州除主题公园外的文化娱乐设施等接待力水平尚显不足,城市对外吸引力等方面比较弱,见图 3-8。

(六)温州

温州,国家历史文化名城,我国东南沿海重要的商贸城市和区域中心城市。从数据分析看,温州 37 个指标水平值区间在 0～5,均值水平为 0.772 0。高于均值水平的指标有 11 个,占指标总数的 30%。具体有第三

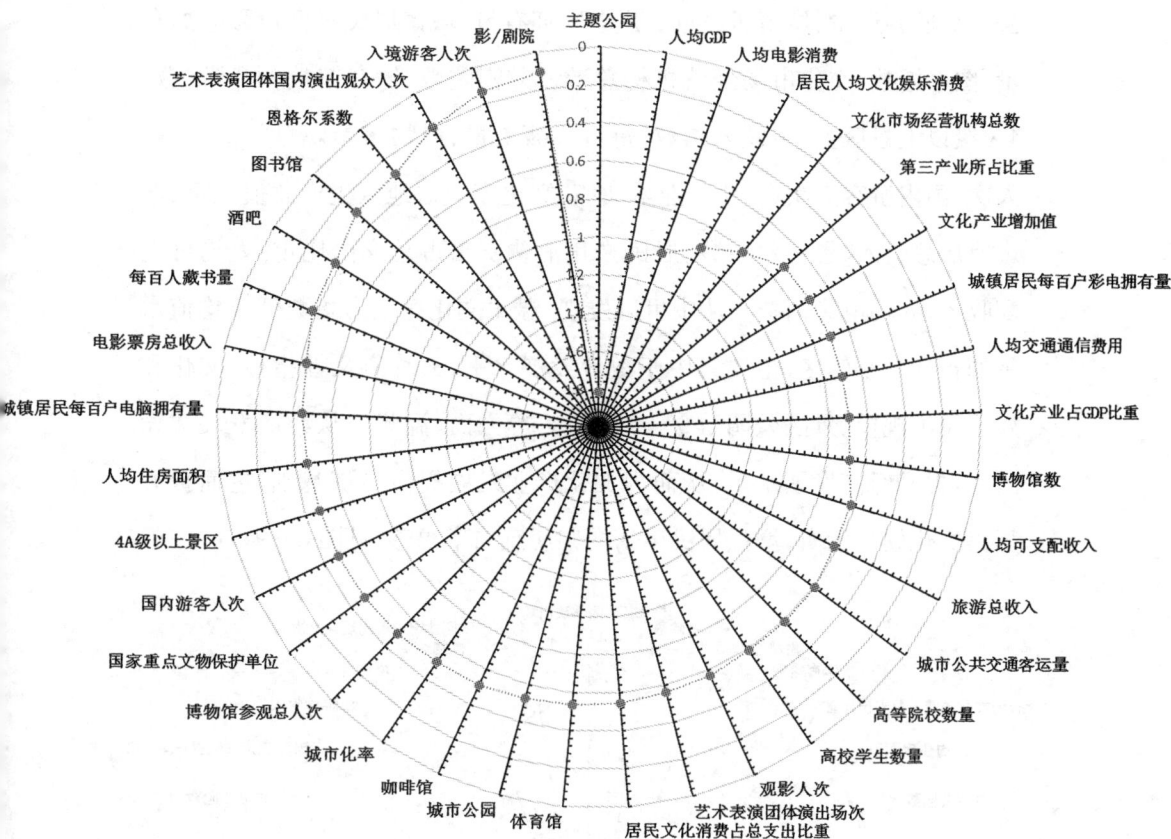

图 3-8　常州 37 个指标水平排列图

产业占地区生产总值比重、博物馆数、国家重点文物保护单位数、酒吧数、城市公园数、艺术表演团体国内演出观众人次、入境游客人次、艺术表演团体演出场次、旅游总收入、居民人均文化娱乐消费、人均交通通信费用。其中,指标水平最高的是艺术表演团体演出场次(4.177 4),其次是艺术表演团体国内演出观众人次(2.305 9)。从中可以看出,温州艺术表演团体演出场次指标值远高于其他指标,入境旅游人次指标水平也较好,表明温州文化艺术表演产业规模和发展较好,能够很大程度上丰富居民的业余生活。

低于均值水平的指标有 26 个,占指标总数的 70%。分别为人均地区生产总值、城市化率、高等院校数量、高校学生数量、人均住房面积、城市公共交通客运量、城镇居民每百户电脑拥有量、城镇居民每百户彩电拥有量、图书馆数、文化市场经营机构总数、影/剧院数、体育馆数、咖啡馆数、4A级以上景区数、主题公园数、每百人藏书量、博物馆参观总人次、观影人次、国内游客人次、文化产业增加值、文化产业占地区生产总值比重、电影票房总收入、恩格尔系数、居民文化消费支出占总支出比重、人均可支配收入、人均电影消费。从中可以发现,温州文化竞争力指数低于均值水平的指标数量较多,主要集中于教育发展水平、人均意义性指标、文化和娱乐设施规模、景区公园数量、产业收入等方面,温州应从经济发展建设入手,提升经济发展水平,从而为文化产业发展提供经济基础,进而提升居民文化娱乐消费,增强居民生活的归属感与幸福感,见图3-9。

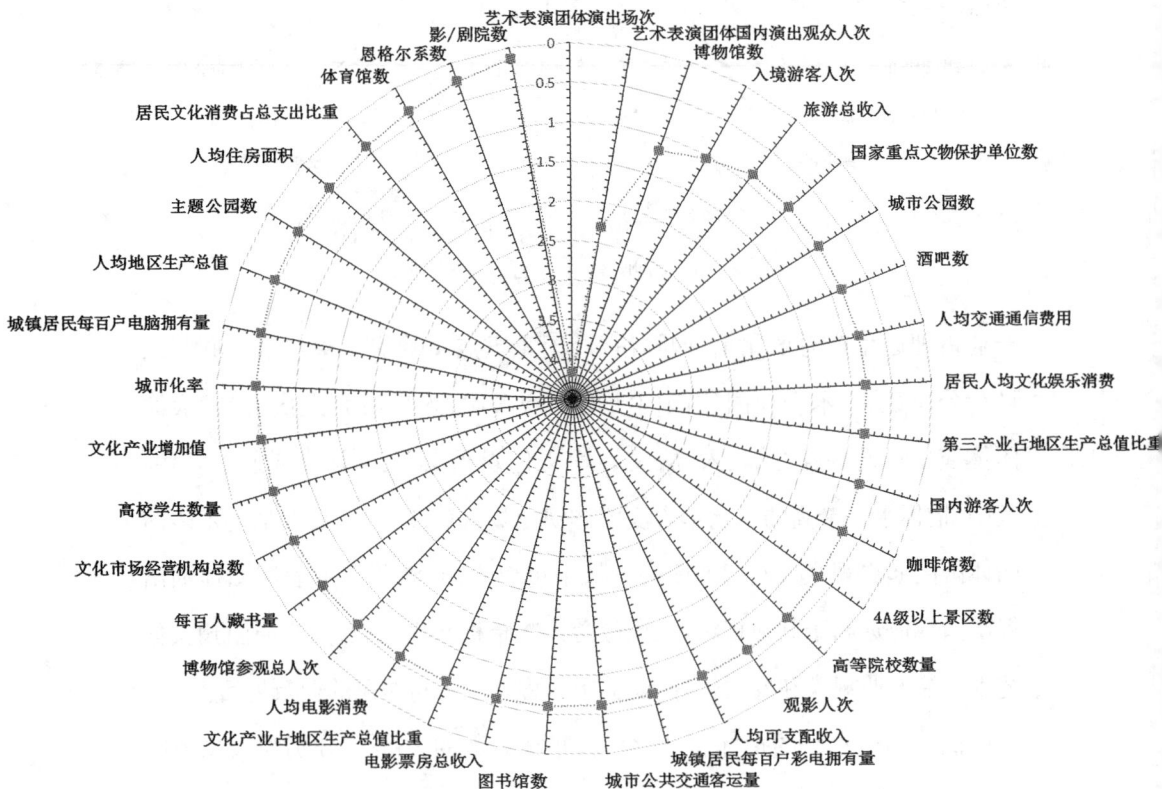

图3-9 温州37个指标水平排列图

（七）盐城

盐城拥有江苏唯一的世界自然遗产——中国黄（渤）海候鸟栖息地，是国家沿海发展和长三角一体化两大战略交汇点。从数据分析看，盐城37 个指标水平值区间在 0～2，均值水平为 0.450 8。高于均值水平的指标有 14 个，占指标总数的 38%。具体有人均地区生产总值、第三产业占地区生产总值比重、高等院校数量、城镇居民每百户电脑拥有量、城镇居民每百户彩电拥有量、图书馆数、文化市场经营机构总数、体育馆数、城市公园数、主题公园数、博物馆参观总人次、艺术表演团体演出场次、居民文化消费支出占总支出比重、人均可支配收入。其中，高等院校数量指标水平值最高（1.186 5），其次是艺术表演团体演出场次（0.951 4）。从中可以发现，盐城文化设施建设规模和人均可支配收入指标水平较好，日常文化娱乐主要依靠电视、电脑。

低于均值水平的指标有 23 个，占指标总数的 62%。分别为城市化率、高校学生数量、人均住房面积、城市公共交通客运量、博物馆数、国家重点文物保护单位数、影/剧院数、咖啡馆数、酒吧数、4A 级以上景区数、每百人藏书量、观影人次、艺术表演团体国内演出观众人次、国内游客人次、入境游客人次、文化产业增加值、文化产业占地区生产总值比重、电影票房总收入、旅游总收入、恩格尔系数、居民人均文化娱乐消费、人均交通通信费用、人均电影消费。从中可以看出，盐城人均消费水平、娱乐设施和景点景区规模、文化利用力和文化接待力水平较低，究其原因是因为城市人口规模较小，导致城市文化产业规模和需求水平都较弱，见图 3-10。

（八）南通

南通是一座现代化港口城市，国家历史文化名城，致力于打造江海文化 IP。从数据分析看，南通 37 个指标水平值区间在 0～1，均值水平

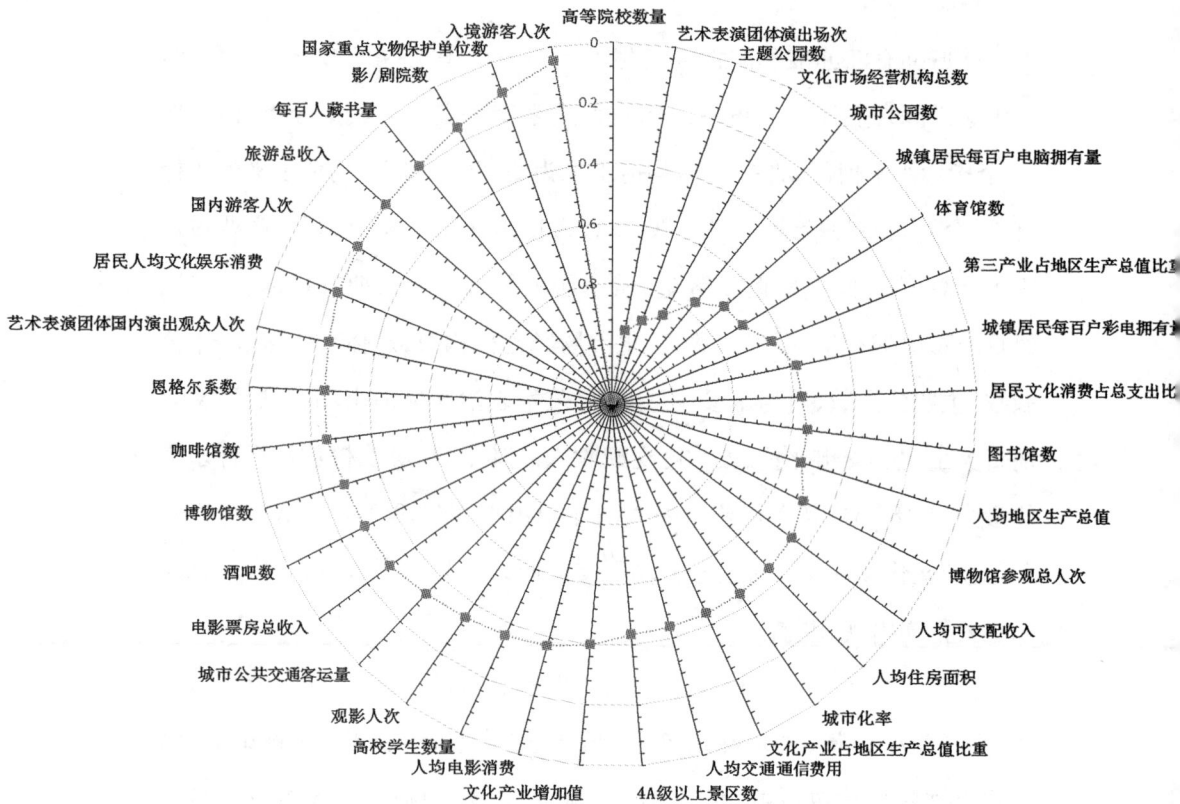

图 3-10　盐城 37 个指标水平排列图

为 0.529 4,高于均值水平的指标有 17 个,占指标总数的 46%。具体有人均地区生产总值、第三产业占地区生产总值比重、城镇居民每百户彩电拥有量、博物馆数、国家重点文物保护单位数、文化市场经营机构总数、影/剧院数、体育馆数、主题公园数、博物馆参观总人次、观影人次、文化产业增加值、文化产业占地区生产总值比重、人均可支配收入、居民人均文化娱乐消费、人均交通通信费用、人均电影消费。其中,主题公园数指标水平值最高(0.907 4),其次是人均地区生产总值(0.825 6)。从中可以看出,南通文化产业规模和居民人均消费性指标情况较好,人均消费水平较高。

低于均值水平的指标有 20 个,占指标总数的 54％。分别为城市化率、高等院校数量、高校学生数量、人均住房面积、城市公共交通客运量、城镇居民每百户电脑拥有量、图书馆数、咖啡馆数、酒吧数、城市公园数、4A 级以上景区数、每百人藏书量、艺术表演团体国内演出观众人次、国内游客人次、入境游客人次、艺术表演团体演出场次、电影票房总收入、旅游总收入、恩格尔系数、居民文化消费支出占总支出比重。从中可以看出,南通的教育发展水平、娱乐设施规模和接待水平等指标较弱,说明南通文化产业发展面临的主要问题是文化娱乐设施与居民消费性需求不匹配,对外吸引力和文化利用力不强,见图 3 - 11。

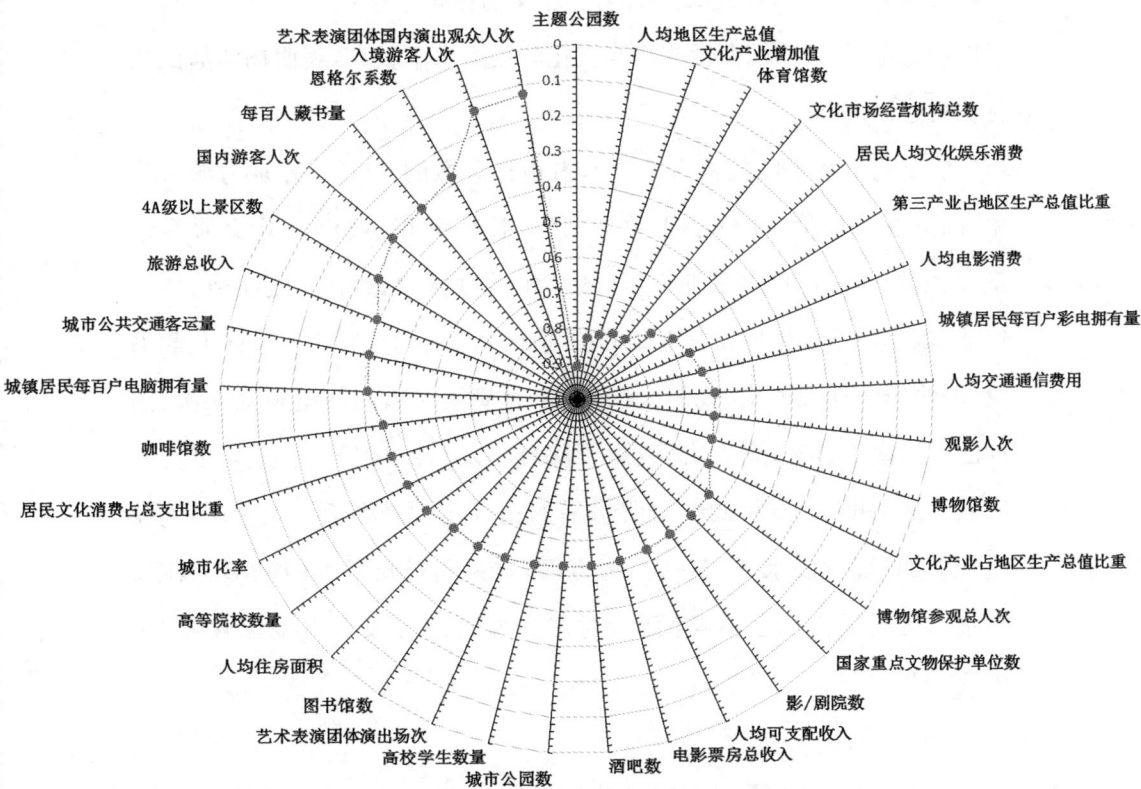

图 3 - 11 南通 37 个指标水平排列图

（九）扬州

扬州是世界遗产城市、首批国家历史文化名城,有"中国运河第一城"的美誉,是南京都市圈紧密城市和长三角城市群城市,拥有独特的地理位置和优越的自然环境。从数据分析看,扬州 37 个指标水平值区间在 0~2,均值水平为 0.495 7。高于均值水平的指标 14 个,占指标总数的 38%。具体有人均地区生产总值、第三产业占地区生产总值比重、城镇居民每百户彩电拥有量、国家重点文物保护单位数、文化市场经营机构总数、城市公园数、艺术表演团体演出场次、文化产业增加值、文化产业占地区生产总值比重、旅游总收入、居民文化消费支出占总支出比重、居民人均文化娱乐消费、人均交通通信费用、人均电影消费。其中指标水平值最高的是城市公园数(1.441 9),其次是国家重点文物保护单位数(1.085 3)。从中可以看出,扬州人均消费性支出与文化利用力水平较高,表明扬州居民文化获得感较强。

低于均值水平的指标有 23 个,占指标总数的 62%。分别为城市化率、高等院校数量、高校学生数量、人均住房面积、城市公共交通客运量、城镇居民每百户电脑拥有量、图书馆数、博物馆数、影/剧院数、体育馆数、咖啡馆数、酒吧数、4A 级以上景区数、主题公园数、每百人藏书量、博物馆参观总人次、观影人次、艺术表演团体国内演出观众人次、国内游客人次、入境游客人次、电影票房总收入、恩格尔系数、人均可支配收入。从中可以发现,低于均值水平的指标主要体现在文化和娱乐设施规模、教育发展水平、接待能力方面,这说明扬州目前的电影、酒吧、咖啡馆等娱乐市场还不够活跃,对国内外的游客吸引力也比较弱,见图 3-12。

（十）芜湖

芜湖自古享有"江东名邑"的美誉,是华东地区重要的工业基地、科教

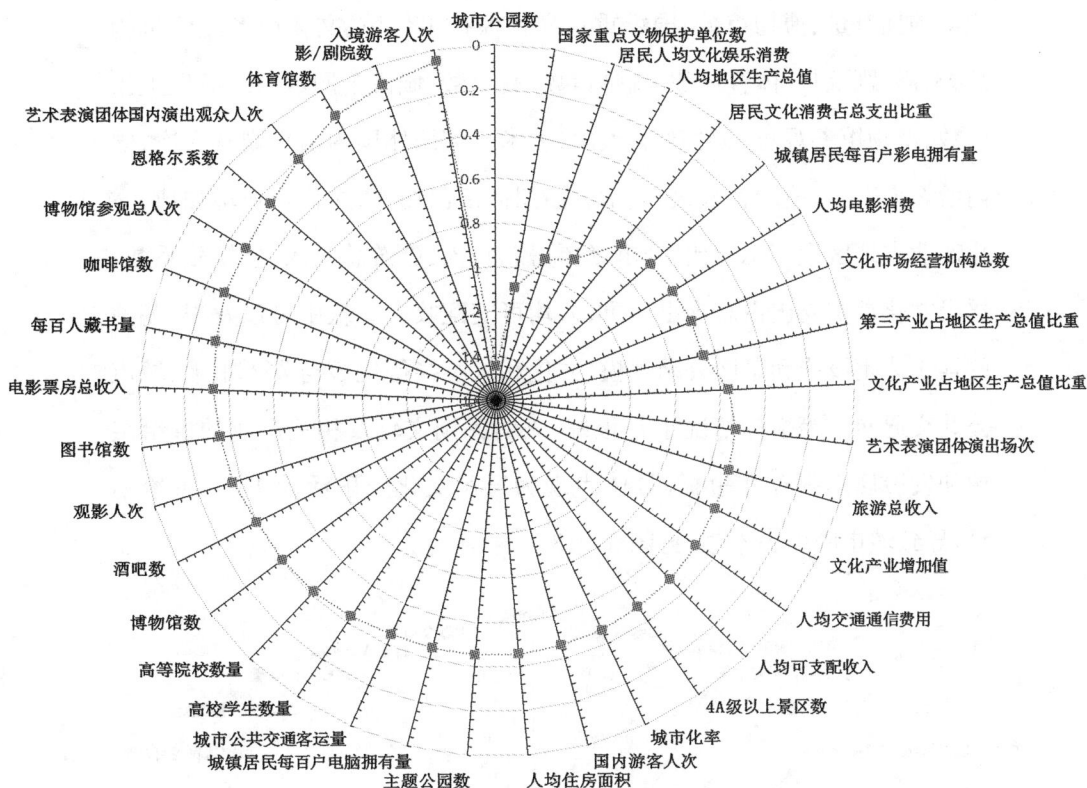

图 3-12 扬州 37 个指标水平排列图

基地和全国综合交通枢纽。从数据分析看,芜湖 37 个指标水平值区间在 0～3,均值水平为 0.450 5。高于均值水平的指标有 11 个,占指标总数的 30%。具体有人均地区生产总值、城市化率、高等院校数量、高校学生数量、城镇居民每百户彩电拥有量、图书馆数、主题公园数、每百人藏书量、居民人均文化娱乐消费、人均交通通信费用、人均电影消费。其中,指标水平值最高的是图书馆数(2.200 8),其次是主题公园数(1.815 0)。从中可以看出,芜湖的教育发展水平、图书馆数、人均消费性指标情况较好,芜湖作为科教基地,表现出当地对教育的重视程度。

低于均值水平的指标有 26 个,占指标总数的 70%。具体有第三产业占地区生产总值比重、人均住房面积、城市公共交客运量、城镇居民每百户电脑拥有量、博物馆数、国家重点文物保护单位数、文化市场经营机构总数、影/剧院数、体育馆数、咖啡馆数、酒吧数、城市公园数、4A 级以上景区数、博物馆参观总人次、观影人次、艺术表演团体国内演出观众人次、国内游客人次、入境游客人次、艺术表演团体演出场次、文化产业增加值、文化产业占地区生产总值比重、电影票房总收入、旅游总收入、恩格尔系数、居民文化消费支出占总支出比重、人均可支配收入。从中可以发现，芜湖的娱乐休闲设施和景区公园规模、文化和旅游接待规模与收入水平、城市公共交通网络等指标情况不是很好，表明芜湖文化及相关产业的供给结构和发展规模都存在短板，具体表现为居民文化娱乐活动单一，供给不足，导致城市吸引力不强，见图 3-13。

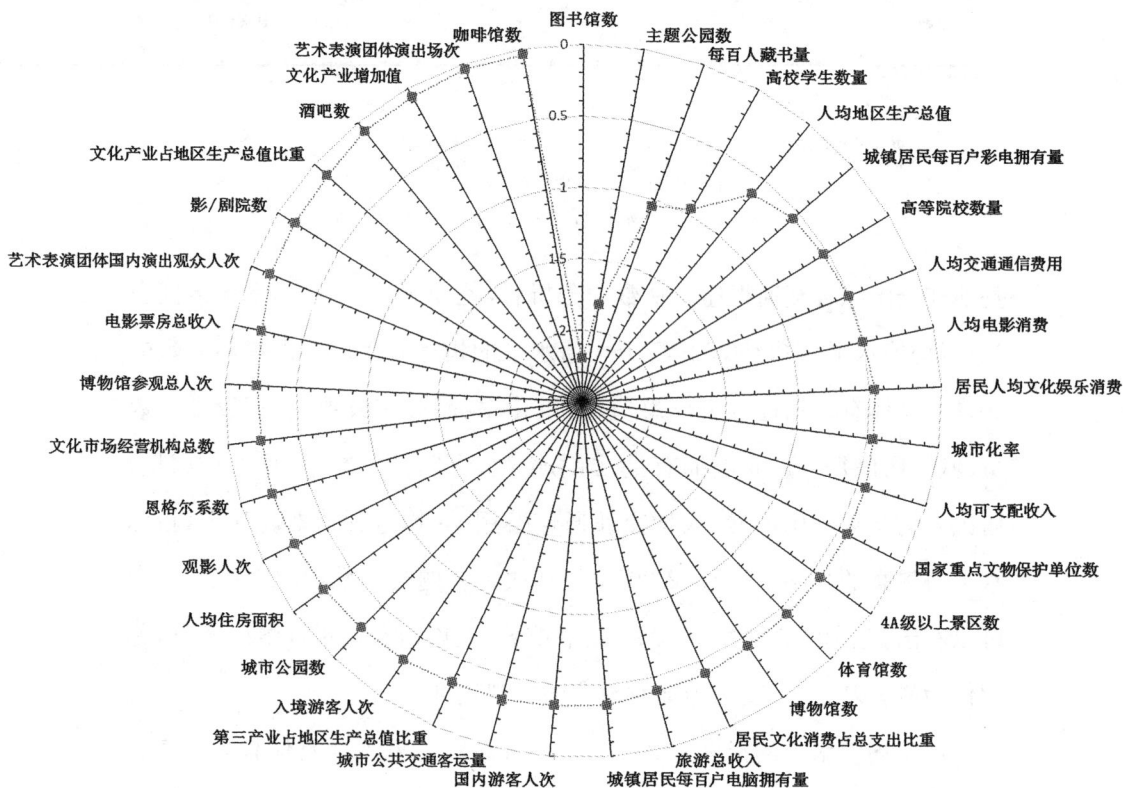

图 3-13　芜湖 37 个指标水平排列图

（十一）绍兴

绍兴,国家历史文化名城,中国民营经济最具活力城市,国务院批复确定的我国具有江南水乡特色的文化和生态旅游城市。从数据分析看,绍兴 37 个指标水平值区间在 0～2,均值水平为 0.625 8。高于均值水平的指标有 18 个,占指标总数的 49%。具体有人均地区生产总值、第三产业占地区生产总值比重、高等院校数量、城镇居民每百户彩电拥有量、国家重点文物保护单位数、文化市场经营机构总数、影/剧院数、城市公园数、4A 级以上景区数、主题公园数、艺术表演团体国内演出观众人次、国内游客人次、入境游客人次、文化产业占地区生产总值比重、旅游总收入、居民人均文化娱乐消费、人均交通通信费用、人均电影消费。其中,指标水平值最高的是艺术表演团体国内演出观众人次(1.689 4),其次为国家重点文物保护单位数(1.627 9)。从中可以看出,绍兴在文化竞争力指标水平中排名较好的指标集中在人均消费性指标、公园和景区数量、旅游接待人次和收入等方面。表明绍兴居民消费能力较强,旅游资源相对较为丰富,城市旅游吸引能力优势明显。

低于均值水平的指标有 19 个,占指标总数的 51%。具体为城市化率、高校学生数量、人均住房面积、城市公共交通客运量、城镇居民每百户电脑拥有量、图书馆数、博物馆数、体育馆数、咖啡馆数、酒吧数、每百人藏书量、博物馆参观总人次、观影人次、艺术表演团体演出场次、文化产业增加值、电影票房总收入、恩格尔系数、居民文化消费支出占总支出比重、人均可支配收入。从中可以看出,绍兴的城市公共交通网络、文化和娱乐设施规模和接待人次等指标情况不是很好,未来应加强文化娱乐设施建设,提高与培养居民文化消费能力和习惯,打造多样化文化娱乐产业发展结构,见图 3 - 14。

综合来看,上述 11 个城市共同特点是城市内部的人均文化消费类指标水平要好于规模类指标水平,这一方面是因为这些城市的人口规模较

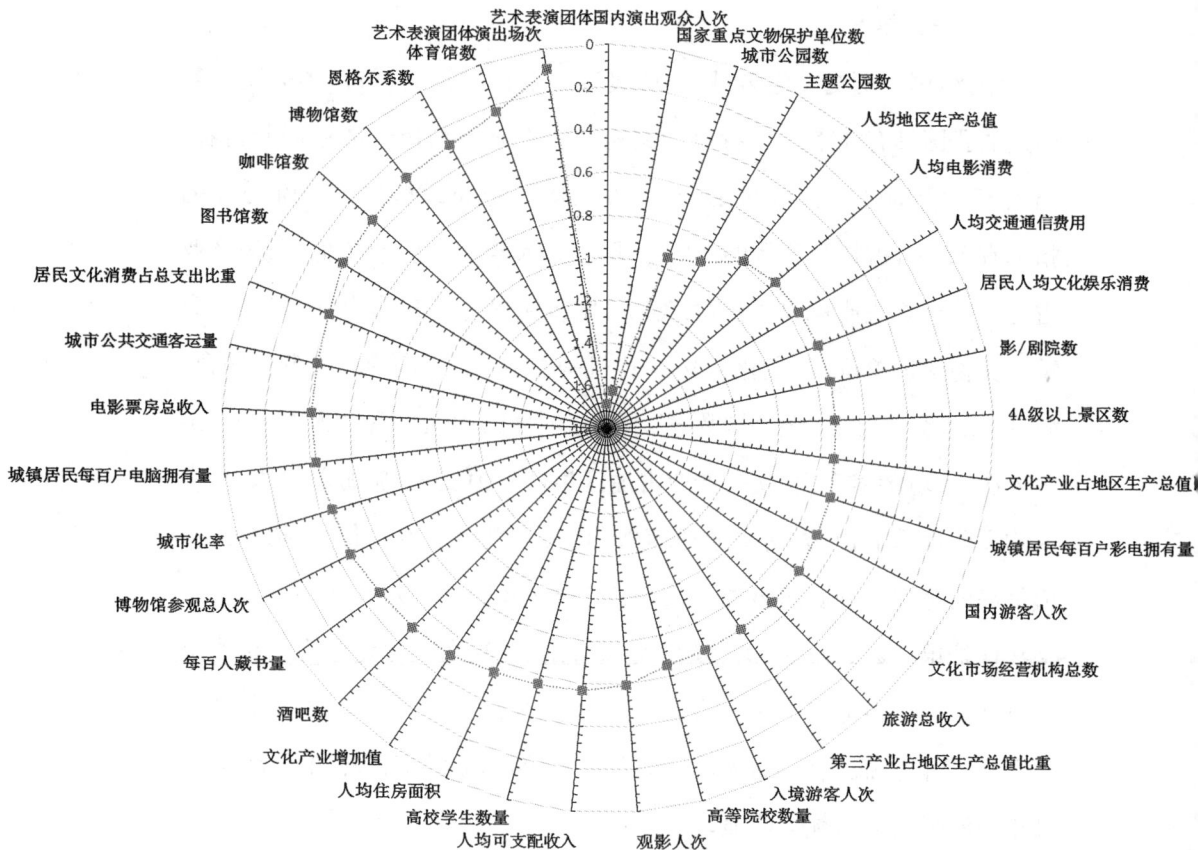

图 3-14　绍兴 37 个指标水平排列图

少,经济发展水平较高,导致人均水平较高;另一方面,说明这些城市居民文化娱乐需求潜力还很大。相关政府应该持续完善文化产业供给体系,深度挖掘城市文化底蕴和完善文化产业服务类型,提倡整体和规模性建设,以期更好地满足居民文化娱乐需求。

第四节　中等城市文化竞争力 指数分析

常住人口规模在 50 万以上 100 万以下的城市为中等城市,符合这一标准的有台州、泰州、镇江、安庆、马鞍山、金华、湖州和舟山 8 个城市。从城市地域分布看,浙江省有台州、金华、湖州、舟山 4 个城市,江苏省有泰州、镇江 2 个城市,安徽省有安庆、马鞍山 2 个城市。从城市行政级别看,上述中等城市均不是省会城市。

一、台州

台州是江南水乡,国务院批复确定的浙江沿海的区域性中心城市和现代化港口城市,是我国优秀旅游城市、最具魅力金融生态城市。从数据分析看,台州 37 个指标水平值区间在 0～5,均值水平为 0.699 0。高于均值水平的指标有 10 个,占指标总数的 27％。具体有第三产业占地区生产总值比重、博物馆数、影/剧院数、城市公园数、博物馆参观总人次、艺术表演团体国内演出观众人次、国内游客人次、艺术表演团体演出场次、旅游总收入、人均交通通信费用。其中指标水平值最高的是艺术表演团体国内演出观众人次(4.659 8),其次是艺术表演团体演出场次(1.412 4)。从中可以发现,台州文化和旅游接待规模水平较高。

低于均值水平的指标有 27 个,占指标总数的 73％。具体为人均地区生产总值、城市化率、高等院校数量、高校学生数量、人均住房面积、城市公共交通客运量、城镇居民每百户电脑拥有量、城镇居民每百户彩电拥有量、图书馆数、国家重点文物保护单位数、文化市场经营机构总数、体育馆数、咖啡馆数、酒吧数、4A 级以上景区数、主题公园数、每百人藏书量、观影人次、入境游客人次、文化产业增加值、文化产业占地区生产总值比重、电影票房总收入、恩格尔系数、居民文化消费支出占总支出比重、人均可支配收入、居民人均文化娱乐消费、人均电影消费。从中可以看出,台州的文化娱乐设施和景区景点规模、文化产业收入和人均消费性指标水平较低,表现出台州居民的文化娱乐活动较少,文化产业供给结构和发展规模方面都存在短板,见图 3-15。

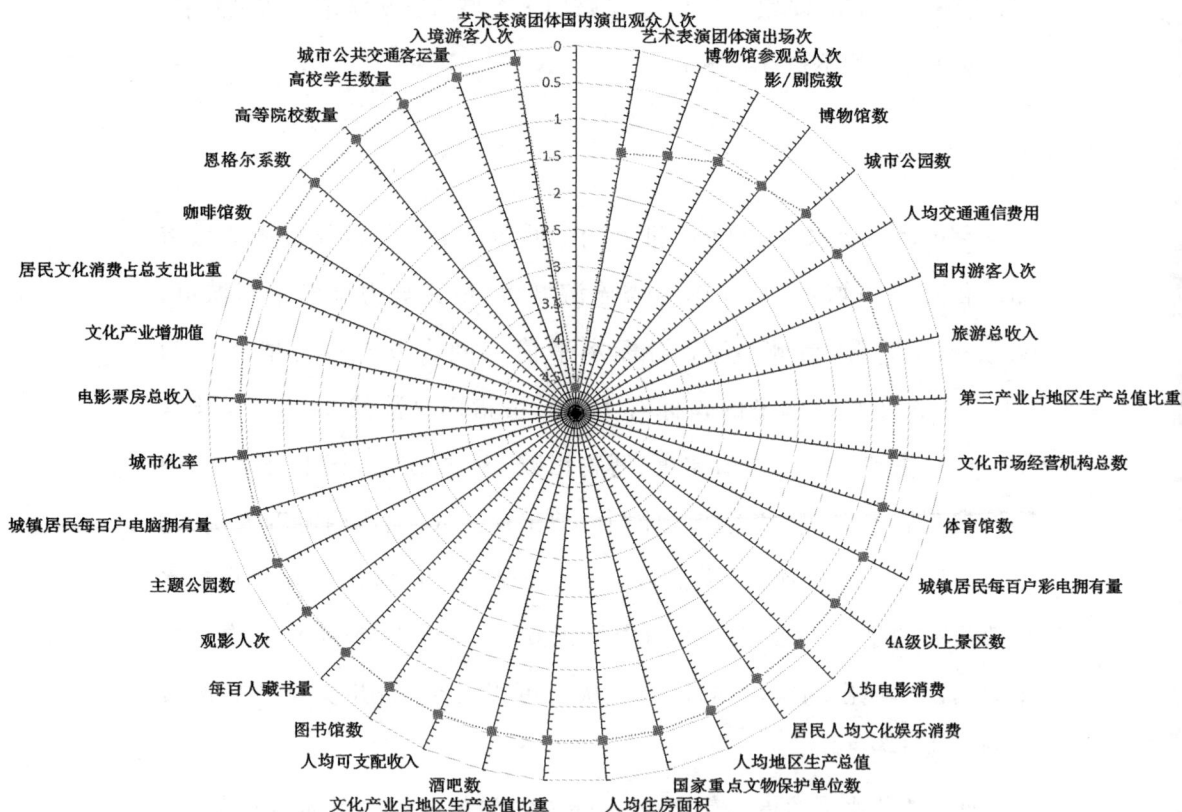

图 3-15　台州 37 个指标水平排列图

二、泰州

泰州是国家历史文化名城,江苏长江经济带重要组成部分。从数据分析看,泰州 37 个指标水平值区间在 0~1,均值水平为 0.377 0。高于均值水平的指标有 18 个,占指标总数的 49%。具体有人均地区生产总值、第三产业占地区生产总值比重、高等院校数量、人均住房面积、城镇居民每百户电脑拥有量、城镇居民每百户彩电拥有量、博物馆数、国家重点文物保护单位数、文化市场经营机构总数、影/剧院数、城市公园数、博物馆参观总人次、文化产业占地区生产总值比重、居民文化消费支出占总支出比重、人均可支配收入、居民人均文化娱乐消费、人均交通通信费用、人均电影消费。其中,指标水平值最高的是人均地区生产总值(0.795 7),其次为人均电影消费(0.732 9)。从中可以看出,泰州文化竞争力水平中较为突出的指标为人均消费水平,表明这座城市的宜居性与居民生活满足感较强。

低于均值水平的指标有 19 个,占指标总数的 51%。分别为城市化率、高校学生数量、城市公共交通客运量、图书馆数、体育馆数、咖啡馆数、酒吧数、4A 级以上景区数、主题公园数、每百人藏书量、观影人次、艺术表演团体国内演出观众人次、国内游客人次、入境游客人次、艺术表演团体演出场次、文化产业增加值、电影票房总收入、旅游总收入、恩格尔系数。从中可以看出,泰州的公共交通网络、文化和娱乐设施规模水平、旅游接待人次规模和文化产业收入发展较弱,反映出泰州缺乏多样性的文化娱乐相关产业的供给体系,一定程度上制约了城市的旅游吸引力和文化竞争力,见图 3 - 16。

三、镇江

镇江是我国长三角地区重要的港口城市,华东地区重要的交通枢纽,国家历史文化名城。从数据分析看,镇江 37 个指标水平值区间在 0～2,均值水平为 0.440 8。高于均值水平的指标有 18 个,占指标总数的 49%。具体有人均地区生产总值、第三产业占地区生产总值比重、高校学生数量、人均住房面积、城镇居民每百户电脑拥有量、城镇居民每百户彩电拥有量、图书馆数、国家重点文物保护单位数、文化市场经营机构总数、体育馆数、主题公园数、博物馆参观总人次、文化产业占地区

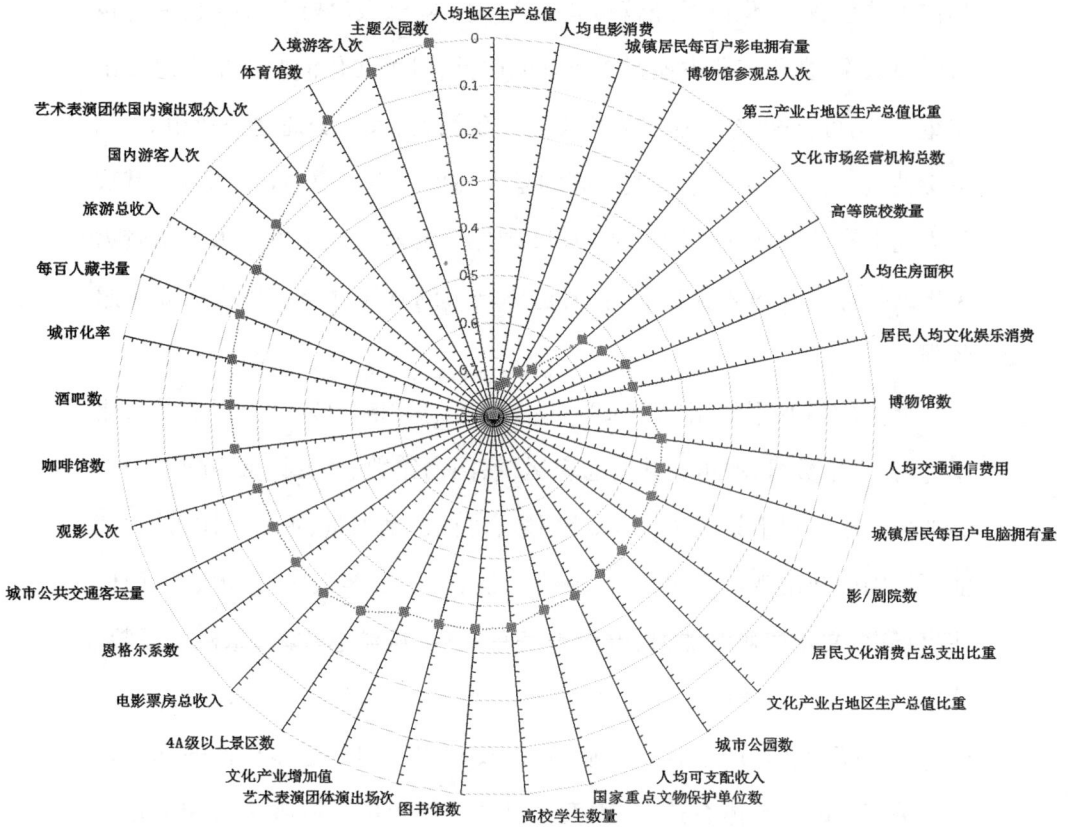

图 3-16 泰州 37 个指标水平排列图

生产总值比重、旅游总收入、居民文化消费支出占总支出比重、人均可支配收入、居民人均文化娱乐消费、人均交通通信费用。其中，指标水平值最高的是体育馆数(1.215 1)，其次是人均地区生产总值(0.982 0)。从中可以看出，镇江的文化设施、娱乐设施和人均消费性指标水平相对靠前。

低于均值水平的指标有 19 个，占指标总数的 51%。分别为城市化率、高等院校数量、城市公共交通客运量、博物馆数、影/剧院数、咖啡馆数、酒吧数、城市公园数、4A 级以上景区数、每百人藏书量、观影人次、艺术表演团体国内演出观众人次、国内游客人次、入境游客人次、艺术表演团体演出场次、文化产业增加值、电影票房总收入、恩格尔系数、人均电影消费。这些指标主要反映的是城市的公共交通、文化娱乐和景区公园等设施规模、接待人次以及文化产业规模。镇江境内有京沪铁路、沪宁高铁、312 国道等通达全国很多主要城市,但在城市内公共交通方面仍有所欠缺。此外镇江在对外吸引力方面较弱,城市现有的娱乐设施规模较小,一定程度上阻碍了城市的文化活力与竞争力,见图 3-17。

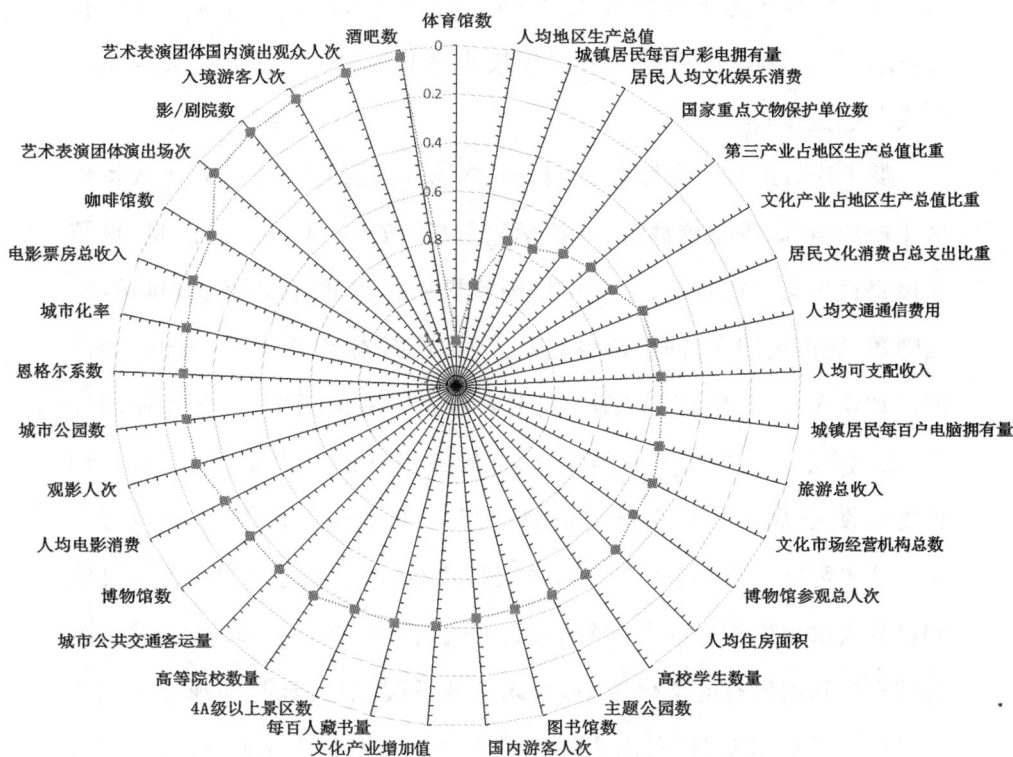

图 3-17 镇江 37 个指标水平排列图

四、安庆

安庆,国家历史文化名城,古皖文化、禅宗文化、戏剧文化和桐城派文化在这里交相辉映,形成独具特色的安庆文化。从数据分析看,安庆 37 个指标水平值区间在 0～2,均值水平为 0.329 1。高于均值水平的指标有 14 个,占指标总数的 38%。具体有城市化率、第三产业占地区生产总值比重、人均住房面积、城镇居民每百户电脑拥有量、图书馆数、博物馆数、国家重点文物保护单位数、影/剧院数、4A 级以上景区数、主题公园数、每百人藏书量、国内游客人次、旅游总收入、居民文化消费支出占总支出比重。其中,指标水平值最高的是图书馆数(1.150 4),其次为国家重点文物保护单位数(0.868 2)。从中可以看出,安庆的文化设施和景区公园规模水平较高,充分说明安庆这座城市文化底蕴丰厚。

低于均值水平的指标有 23 个,占指标总数的 62%。分别为人均地区生产总值、高等院校数量、高校学生数量、城市公共交通客运量、城镇居民每百户彩电拥有量、文化市场经营机构总数、体育馆数、咖啡馆数、酒吧数、城市公园数、博物馆参观总人次、观影人次、艺术表演团体国内演出观众人次、入境游客人次、艺术表演团体演出场次、文化产业增加值、文化产业占地区生产总值比重、电影票房总收入、恩格尔系数、人均可支配收入、居民人均文化娱乐消费、人均交通通信费用、人均电影消费。从中可以看出,安庆在人均意义性指标、教育发展水平、娱乐设施和接待人次规模等方面发展较弱,表明安庆文化产业发展尚不成熟,没能够充分利用现有的文化资源,娱乐产业发展也很薄弱,呈现出文化产业规模水平整体偏弱、对内人均消费水平低、对外吸引能力差的特点,见图 3-18。

五、马鞍山

马鞍山是国务院批复的中国长江中下游地区现代加工制造业基地和

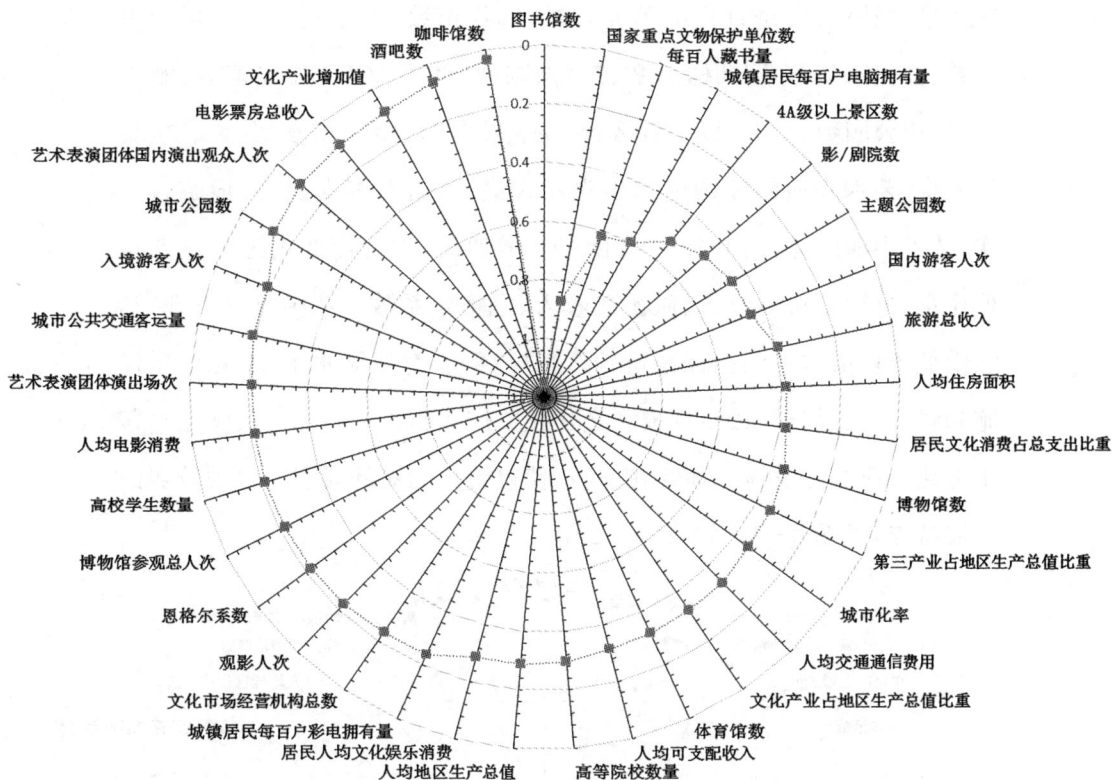

图 3-18 安庆 37 个指标水平排列图

滨江旅游城市。从数据分析看,马鞍山 37 个指标水平值区间在 0~3,均值水平为 0.363 5。高于均值水平的指标有 11 个,占指标总数的 30%。具体有人均地区生产总值、城市化率、人均住房面积、城镇居民每百户彩电拥有量、图书馆数、每百人藏书量、居民文化消费支出占总支出比重、人均可支配收入、居民人均文化娱乐消费、人均交通通信费用、人均电影消费。其中,指标水平值最高的是每百人藏书量(2.113 0),其次是图书馆数(1.500 5)。从中可以看出,马鞍山人均意义性指标水平值普遍较好,表明当地居民的休闲文化消费需求相对旺盛。

低于均值水平的指标有 26 个,占指标总数的 70%。具体为第三产业占地区生产总值比重、高等院校数量、高校学生数量、城市公共交通客运量、城镇居民每百户电脑拥有量、博物馆数、国家重点文物保护单位数、文化市场经营机构总数、影/剧院数、体育馆数、咖啡馆数、酒吧数、城市公园数、4A级以上景区数、主题公园数、博物馆参观总人次、观影人次、艺术表演团体国内演出观众人次、国内游客人次、入境游客人次、艺术表演团体演出场次、文化产业增加值、文化产业占地区生产总值比重、电影票房总收入、旅游总收入、恩格尔系数。从中可以发现,马鞍山低于均值水平的指标数量较多,具体为教育发展水平、文化娱乐设施和景区景点规模、接待规模和文化相关产业收入等指标。反映出马鞍山文化产业综合发展方面存在短板,使得城市的对外吸引力呈现较弱的发展特点,见图3-19。

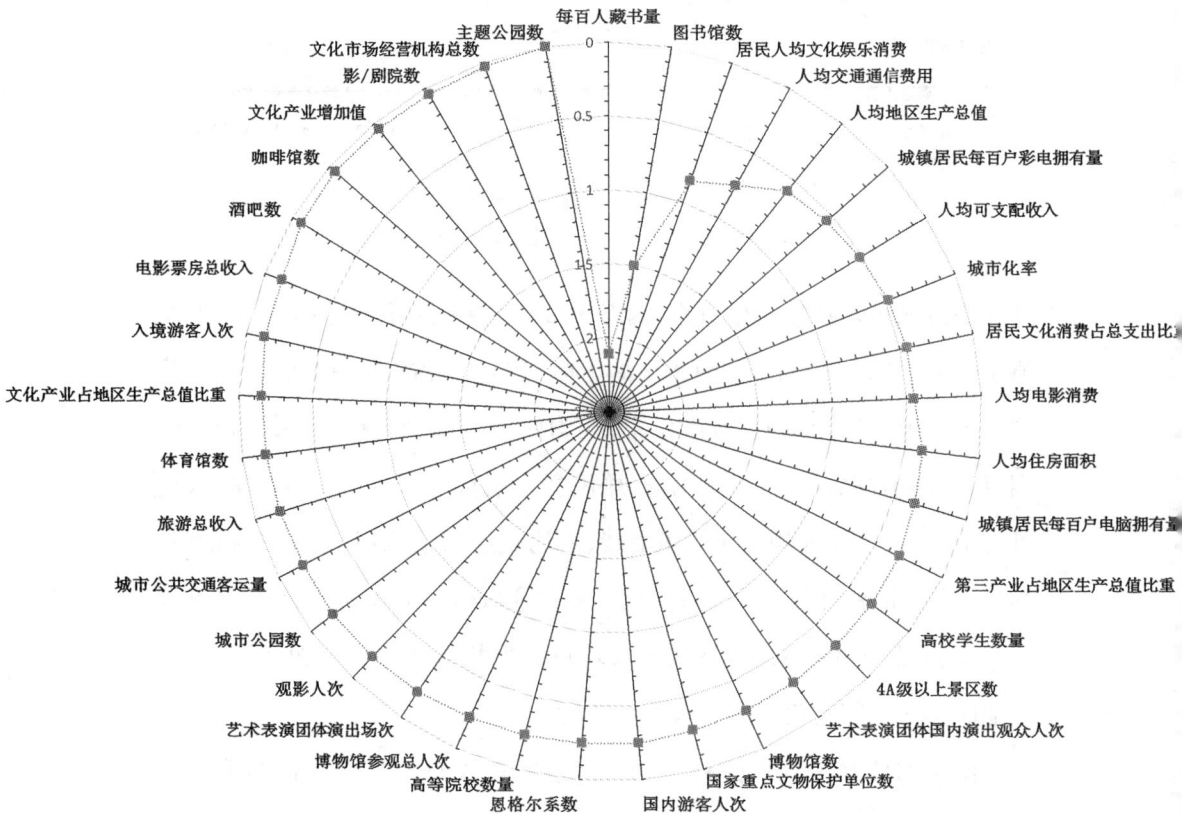

图3-19　马鞍山37个指标水平排列图

六、金华

金华,国家级历史文化名城,因横店影视城闻名。从数据分析看,金华 37 个指标水平值区间在 0～3,均值水平为 0.685 5。高于均值水平的指标有 17 个,占指标总数的 46％。具体有第三产业占地区生产总值比重、博物馆数、国家重点文物保护单位数、文化市场经营机构总数、影／剧院数、酒吧数、4A 级以上景区数、主题公园数、每百人藏书量、艺术表演团体国内演出观众人次、国内游客人次、入境游客人次、文化产业占地区生产总值比重、旅游总收入、居民人均文化娱乐消费、人均交通通信费用、人均电影消费。其中,艺术表演团体国内演出观众人次指标值最高(2.242 2),其次为国家重点文物保护单位数(1.410 9)。从中可以看出,金华的娱乐设施和景区景点规模、文化和旅游接待人次、人均消费指标情况较好,反映出金华的娱乐设施与活动能够基本满足居民需求,居民文化娱乐休闲满足感较强,同时金华的对外旅游吸引力水平也比较高。

低于均值水平的指标数量有 20 个,占指标总数的 54％。分别为人均地区生产总值、城市化率、等院校数量、高校学生数量、人均住房面积、城市公共交通客运量、城镇居民每百户电脑拥有量、城镇居民每百户彩电拥有量、图书馆数、体育馆数、咖啡馆数、城市公园数、博物馆参观总人次、观影人次、艺术表演团体演出场次、文化产业增加值、电影票房总收入、恩格尔系数、居民文化消费支出占总支出比重、人均可支配收入。从中可以发现,金华的教育发展水平、城市公共交通发展能力较弱,表明金华的城市交通发展与当地接待人次规模不匹配,文化产业创收能力也不是很强,见图 3 - 20。

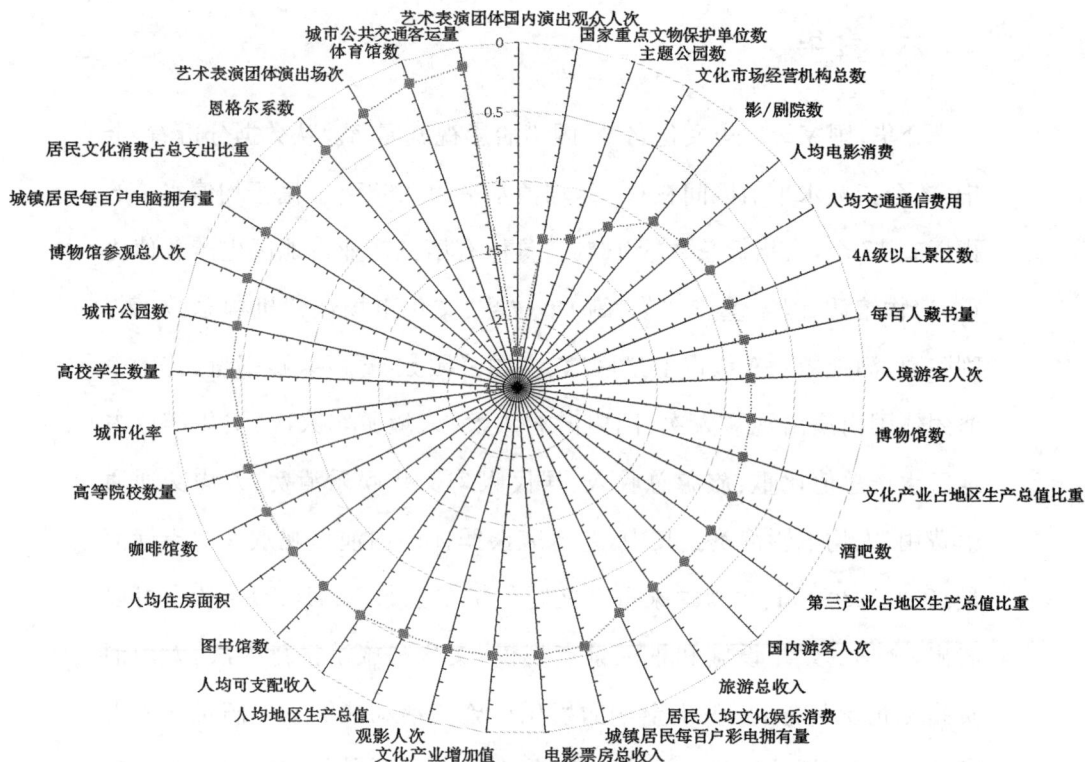

图 3-20　金华 37 个指标水平排列图

七、湖州

湖州是一座有 2 300 多年历史的江南古城,国家历史文化名城。从数据分析可以看出,湖州 37 个指标水平值区间在 0~2,均值水平为 0.517 7。高于均值水平的指标有 17 个,占指标总数的 46%。具体有人均地区生产总值、第三产业占地区生产总值比重、城镇居民每百户彩电拥有量、博物馆数、国家重点文物保护单位数、文化市场经营机构总数、影/剧院数、城市公园数、国内游客人次、入境游客人次、艺术表演团体演出场次、文化产业占地区生产总值比重、旅游总收入、人均可支配收入、居民人均文化娱乐消费、人均交通通信费用、人均电影消费。其中,指标水平值最高的是艺术表演团体演出场次(1.412 4),其次为国家重点文物保护单位数(1.356 6)。从中可以看出,湖州人均消费性指标、文化设施规模、演出场次和旅游接待人次规模等指标较好,充分说明湖州居民生活消费能力较高,城市旅游吸引力较强。

低于均值水平的指标有 20 个,占指标总数的 51%。具体有城市化率、高等院校数量、高校学生数量、人均住房面积、城市公共交通客运量、城镇居民每百户电脑拥有量、图书馆数、体育馆数、咖啡馆数、酒吧数、4A 级以上景区数、主题公园数、每百人藏书量、博物馆参观总人次、观影人次、艺术表演团体国内演出观众人次、文化产业增加值、电影票房总收入、恩格尔系数、居民文化消费支出占总支出比重。从中可以看出,湖州的教育发展水平、城市化进程、娱乐设施建设规模以及文化产业收入情况不容乐观,表明当前湖州的文化娱乐产业(电影、酒吧等)发展不足,产业结构单一,与居民的消费能力不是特别匹配,见图 3-21。

八、舟山

舟山是我国最大的沿海群岛,千岛之城历史悠久,文化底蕴丰厚。从数据分析看,舟山 37 个指标水平值区间在 0~2,均值水平为 0.399 1。高于均值水平的指标有 19 个,占指标总数的 51%。具体有人均地区生产总值、城市化率、第三产业占地区生产总值比重、人均住房面积、城镇居民每百户电脑拥有量、城镇居民每百户彩电拥有量、博物馆数、文化市场经营机构总数、城市公园数、每百人藏书量、国内游客人次、艺术表演团体演出场次、文化产业占地区生产总值比重、旅游总收入、居民文化消费支出占总支出比重、人均可支配收入、居民人均文化娱乐消费、人均交通通信费用、人均电影消费。其中,指标水平值最高的是艺术表演团体演出场次(1.412 4),其次是人均地区生产总值(0.817 7)。从中可以看出,由于人口规模较小,舟山人均意义性指标水平整体偏高,居

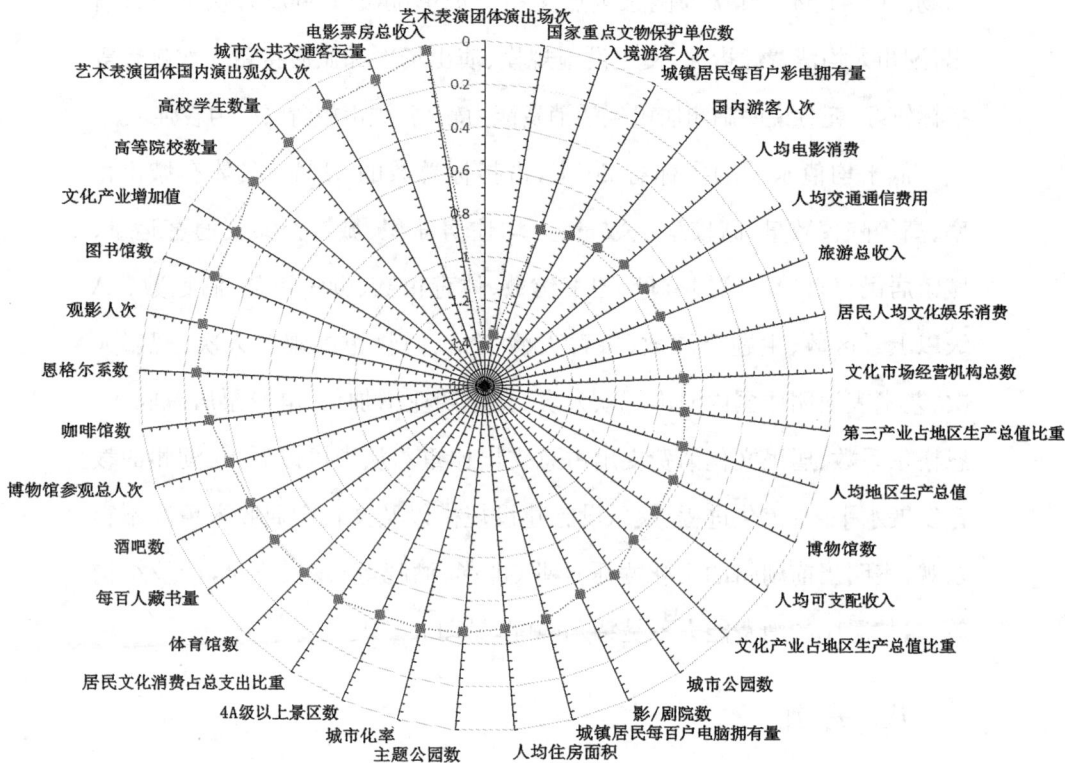

图 3-21　湖州 37 个指标水平排列图

民文化娱乐活动主要为电视、电脑以及观看艺术表演。

低于均值水平的指标数量有 18 个，占指标总数的 49%。具体为高等院校数量、高校学生数量、城市公共交通客运量、图书馆数、国家重点文物保护单位数、影/剧院数、体育馆数、咖啡馆数、酒吧数、4A 级以上景区数、主题公园数、博物馆参观总人次、观影人次、艺术表演团体国内演出观众人次、入境游客人次、文化产业增加值、电影票房总收入、恩格尔系数。从中可以看出，舟山教育发展水平、文化娱乐设施和景区景点规模建设、文化和旅游接待人次的规模和收入等指标水平较低，表明舟山缺乏多样化的休闲文化娱乐供给体系，产业结构单一，从而制约了城市的文化吸引力和文化接待力水平，见图 3-22。

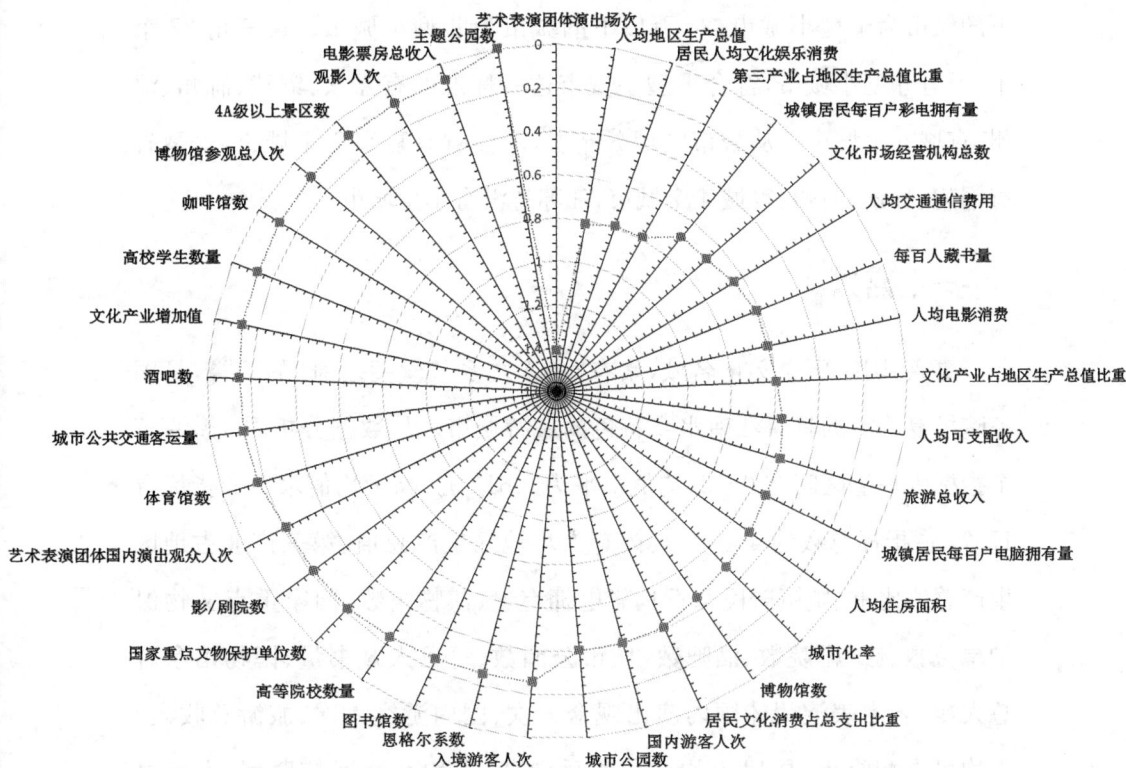

图 3 - 22　舟山 37 个指标水平排列图

从上述 8 个中等城市文化竞争力指数分析看,除台州和安庆外,其他 6 座城市的人均意义的消费性指标水平较好,这与这些城市的人口规模较小有关。8 个中等城市文化水平发展所面临的共同问题是教育发展水平、文化娱乐设施规模和文化接待力水平存在短板,导致城市自身文化资源整合能力较弱,从而城市文化产业发展水平较低、对外吸引力不强,这是中等城市应该关注和改善的重点。

第五节　小城市文化竞争力指数分析

常住人口规模在 50 万以下的城市为小城市,其中 20 万以上 50 万以下的城市为Ⅰ型小城市,20万以下的城市为Ⅱ型小城市。长三角27个中,没有Ⅱ型小城市,符合Ⅰ型小城市这一标准的有嘉兴、铜陵、滁州、池州、宣城5个城市。从城市区域分布看,浙江省有嘉兴1个城市,安徽省有铜陵、滁州、池州、宣城4个城市,江苏省没有小型城市。

一、嘉兴

嘉兴,国家历史文化名城,素有"鱼米之乡""丝绸之府"的美誉,是国务院批复确定的具有江南水乡特色的旅游城市。从数据分析看,嘉兴37个指标水平值区间在0~2,均值水平为0.612 0。高于均值水平的指标有17个,占指标总数的46%。具体有人均地区生产总值、第三产业占地区生产总值比重、城镇居民每百户彩电拥有量、博物馆数、国家重点文物保护单位数、影/剧院数、酒吧数、城市公园数、每百人藏书量、博物馆参观总人次、艺术表演团体国内演出观众人次、国内游客人次、旅游总收入、人均可支配收入、居民人均文化娱乐消费、人均交通通信费用、人均电影消费。其中,酒吧的指标水平值最高(1.538 1),其次为博物馆参观总人次(1.519 6)。从中可以看出,嘉兴文化竞争力水平值较高的指标有文化设施规模、接待人次以及人均消费水平。嘉兴境内的古镇多,南湖、乌镇、西塘三个5A级景区吸引大量国内游客,娱乐休闲场所主要为酒吧,居民的文化娱乐消费能力较强,归属感较强。

低于均值水平的指标数量有20个,占指标总数的54%。具体为城市化率、高等院校数量、高校学生数量、人均住房面积、城市公共交通客运量、城镇居民每百户电脑拥有量、图书馆数、文化市场经营机构总数、体育馆数、咖啡馆数、4A级以上景区数、主题公园数、观影人次、入境游客人次、艺术表演团体演出场次、文化产业增加值、文化产业占地区生产总值比重、电影票房总收入、恩格尔系数、居民文化消费支出占总支出比重。

从中可以发现,嘉兴的教育发展水平、文化产业规模和结构、电影收入和入境游客人次等指标水平较低,表明嘉兴的文化娱乐产业供给能力不足,对外吸引力较弱,见图 3 - 23。

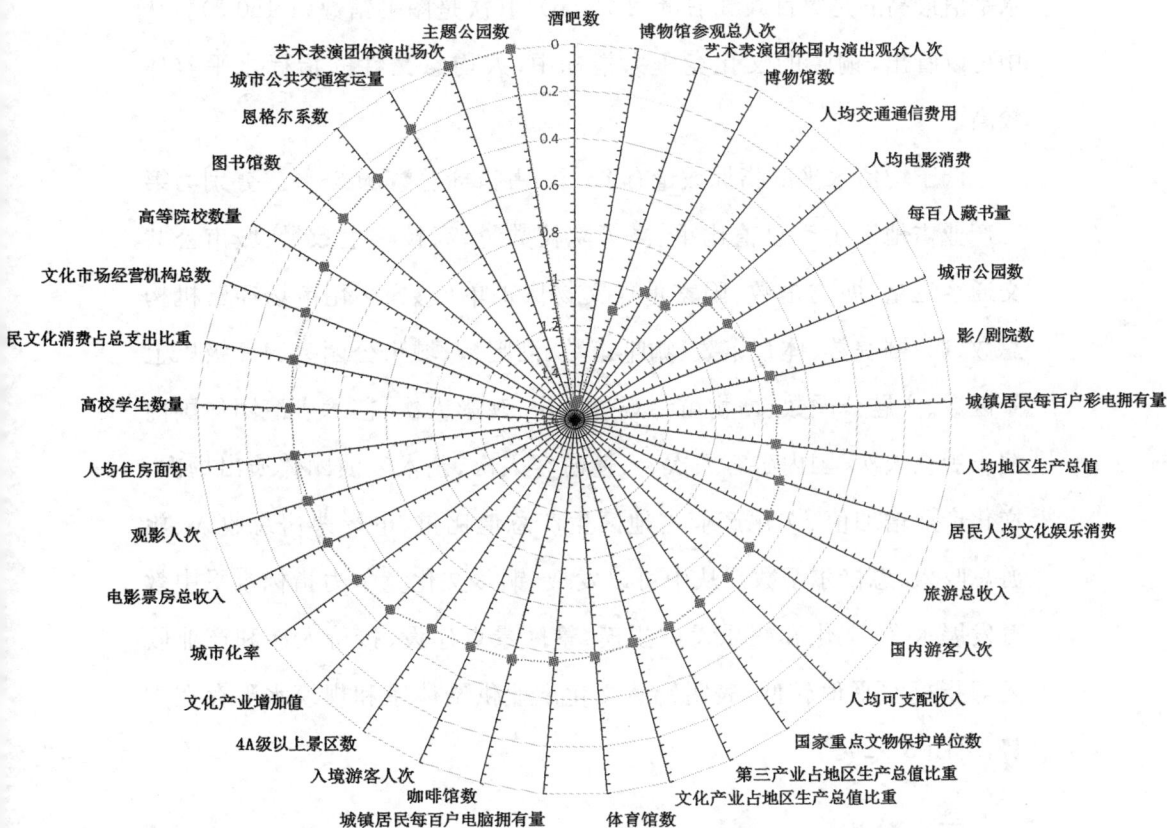

图 3 - 23　嘉兴 37 个指标水平排列图

二、铜陵

铜陵素有"中国古铜都,当代铜基地"之称,铜文化已成为城市文化的核心元素,铜经济已是城市最具特色的强市之基。从数据分析看,铜陵 37 个指标水平值区间在 0~3,均值水平为 0.327 7。高于均值水平的指标有 12 个,占指标总数的 32%。具体有人均地区生产总值、城市化率、人均住房面积、城镇居民每百户电脑拥有量、城镇居民每百户彩电拥有量、图书馆数、每百人藏书量、居民文化消费支出占总支出比重、人均可支配收入、居民人均文化娱乐消费、人均交通通信费用、人均电影消费。其中,指标水平值最高的是每百人藏书量(2.750 6),其次是图书馆数(1.150 3)。从中可以看出,铜陵的文化竞争力指标中,人均意义性的指标水平整体较高。

低于均值水平的指标数量有 25 个,占指标总数的 68%。分别为第三产业占地区生产总值比重、高等院校数量、高校学生数量、城市公共交通客运量、博物馆数、国家重点文物保护单位数、文化市场经营机构总数、影/剧院数、体育馆数、咖啡馆数、酒吧数、城市公园数、4A 级以上景区数、主题公园数、博物馆参观总人次、观影人次、艺术表演团体国内演出观众人次、国内游客人次、入境游客人次、艺术表演团体演出场次、文化产业增加值、文化产业占地区生产总值比重、电影票房总收入、旅游总收入、恩格尔系数。从中可以发现,铜陵文化竞争力指标水平中教育发展水平、文化和娱乐设施规模、景区景点建设、接待人次和产业收入等指标水平值较低,表明铜陵文化产业供给体系和规模水平存在劣势,见图 3-24。

三、滁州

滁州,国家级皖江示范区北翼城市,江淮地区重要的枢纽城市。从数据分析看,滁州 37 个指标水平值区间在 0~2,均值水平为 0.295 8。高于均值水平的指标有 17 个,占指标总数的 46%。具体有人均地区生产总值、城市化率、第三产业占地区生产总值比重、高校学生数量、人均住房面积、城镇居民每百户电脑拥有量、城镇居民每百户彩电拥有量、图书馆数、博物馆数、文化市场经营机构总数、城市公园数、每百人藏书量、文化产业

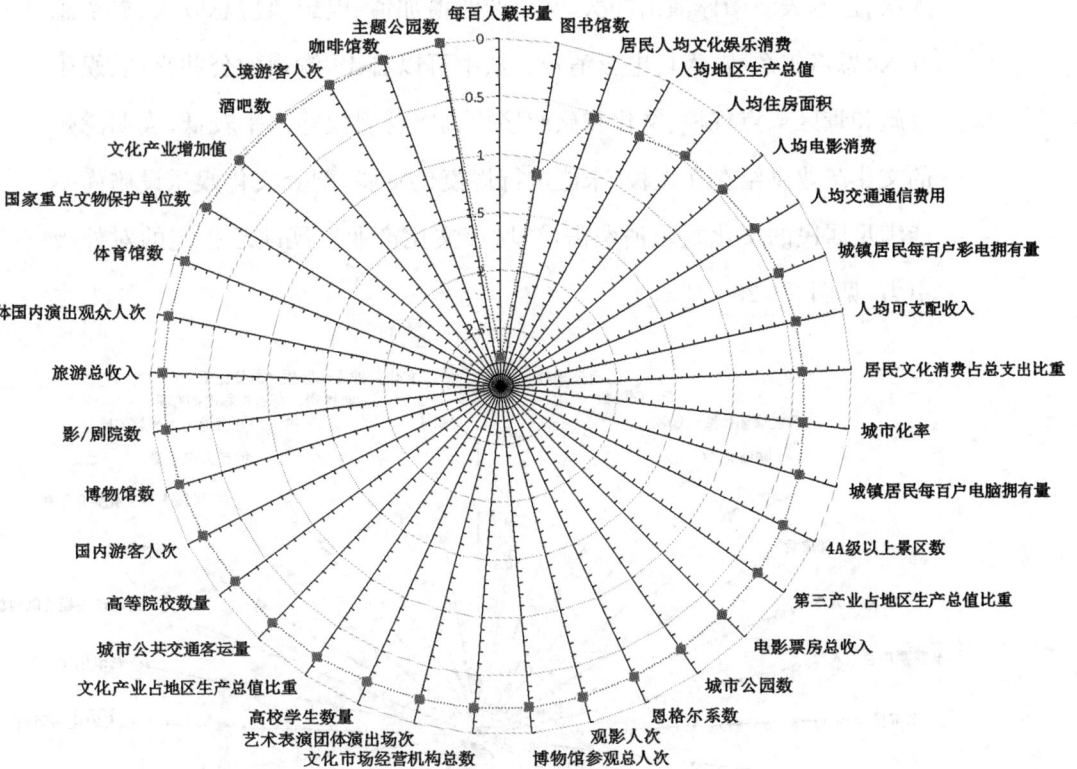

图 3-24 铜陵 37 个指标水平排列图

占地区生产总值比重、居民文化消费支出占总支出比重、人均可支配收入、居民人均文化娱乐消费、人均交通通信费用。其中,指标水平值较高的是图书馆数(1.400 5),其次为文化产业占地区生产总值比重(0.666 6)。从中可以看出,滁州文化竞争力水平中排名靠前的指标主要有人均意义性指标、第三产业发展情况,表明居民的文化娱乐需求相对旺盛,居民生活娱乐主要以电脑、电视为主。

低于均值水平的指标有 20 个,占指标总数的 54%。具体为高等院校数量、城市公共交通客运量、国家重点文物保护单位数、影/剧院数、体育馆数、咖啡馆数、酒吧数、4A 级以上景区数、主题公园数、博物馆参观总人次、观影人次、艺术表演团体国内演出观众人次、国内游客人次、入境游客人次、艺术表演团体演出场次、文化产业增加值、电影票房总收入、旅游总收入、恩格尔系数、人均电影消费。从中可以看出,滁州的公共交通、娱乐设施和景区景点规模、文化和旅游接待人次与规模等水平较低,表明滁州的文化产业供给存在短板,未能进行规模化发展,配套文化娱乐设施尚不能满足居民的文化娱乐消费需求,城市文化产业发展缺乏一定的对外吸引力,见图 3 - 25。

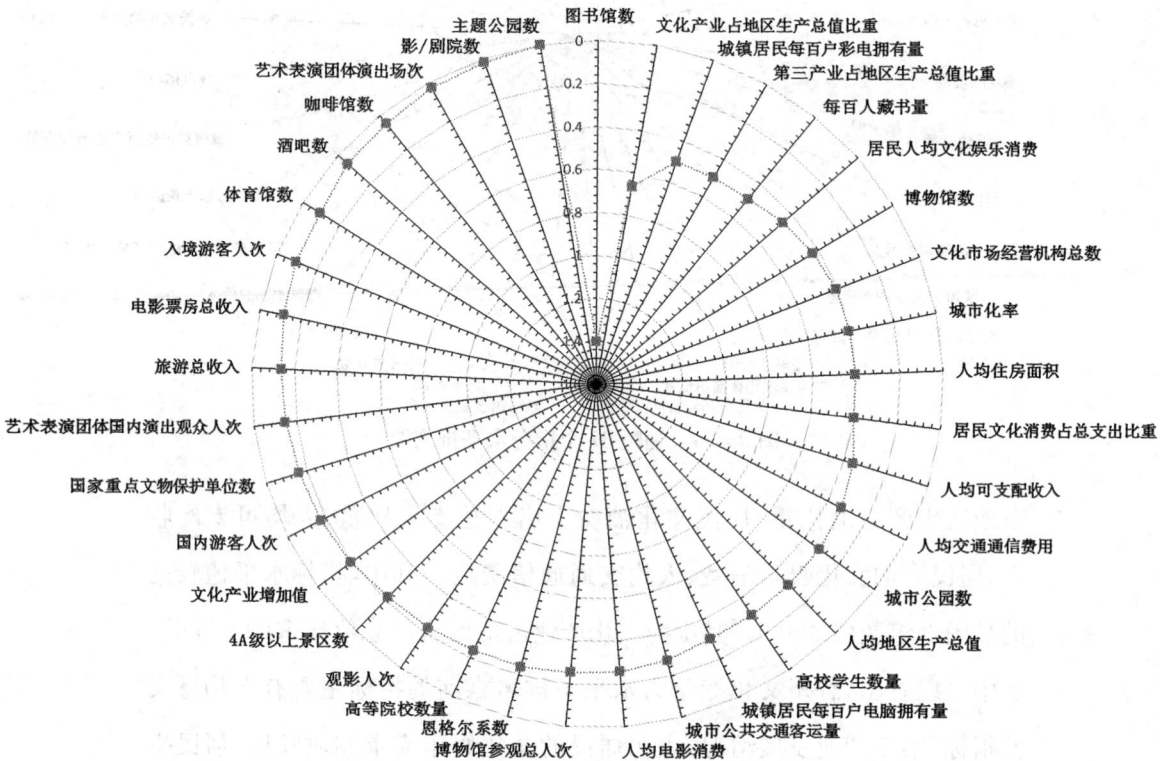

图 3 - 25　滁州 37 个指标水平排列图

四、池州

池州,省级历史文化名城,素有"千载诗人地"之誉,是中国第一个生态旅游经济示范区,安徽省"两山一湖"(黄山、九华山、太平湖)旅游区的重要组成部分。从数据分析看,池州 37 个指标水平值区间在 0～1,均值水平为 0.313 2。高于均值水平的指标有 20 个,占指标总数的 54％。具体有人均地区生产总值、城市化率、第三产业占地区生产总值比重、人均住房面积、城镇居民每百户电脑拥有量、城镇居民每百户彩电拥有量、图书馆数、国家重点文物保护单位数、城市公园数、4A 级以上景区数、每百人藏书量、国内游客人次、入境游客人次、文化产业占地区生产总值比重、旅游总收入、居民文化消费支出占总支出比重、人均可支配收入、居民人均文化娱乐消费、人均交通通信费用、人均电影消费。其中,图书馆数的指标水平值最高(0.750 3),其次为 4A 级以上景区数(0.737 8)。从中可以看出,池州人均意义性指标、景区和公园规模、旅游接待人次水平较高,池州居民文化娱乐活动以电脑、电视、电影为主。

低于均值水平的指标有 17 个,占指标总数的 46％。分别为高等院校数量、高校学生数量、城市公共交通客运量、博物馆数、文化市场经营机构总数、影/剧院数、体育馆数、咖啡馆数、酒吧数、主题公园数、博物馆参观总人次、观影人次、艺术表演团体国内演出观众人次、艺术表演团体演出场次、文化产业增加值、电影票房总收入、恩格尔系数。从中可以发现,池州的教育发展水平、公共交通规模、文化和娱乐设施规模等方面发展存在短板,文化休闲业态不够丰富,供给结构过于单一,城市交通建设的不完善也一定程度上制约了城市的吸引力,见图 3-26。

五、宣城

宣城是我国文房四宝之乡,国家历史文化名城。从数据分析看,宣城 37 个指标水平值区间在 0～2,均值水平为 0.345 5。高于均值水平的指标有 18 个,占指标总数的 49％。具体有人均地区生产总值、城市化率、第三产业占地区生产总值比重、人均住房面积、城镇居民每百户电脑拥有量、

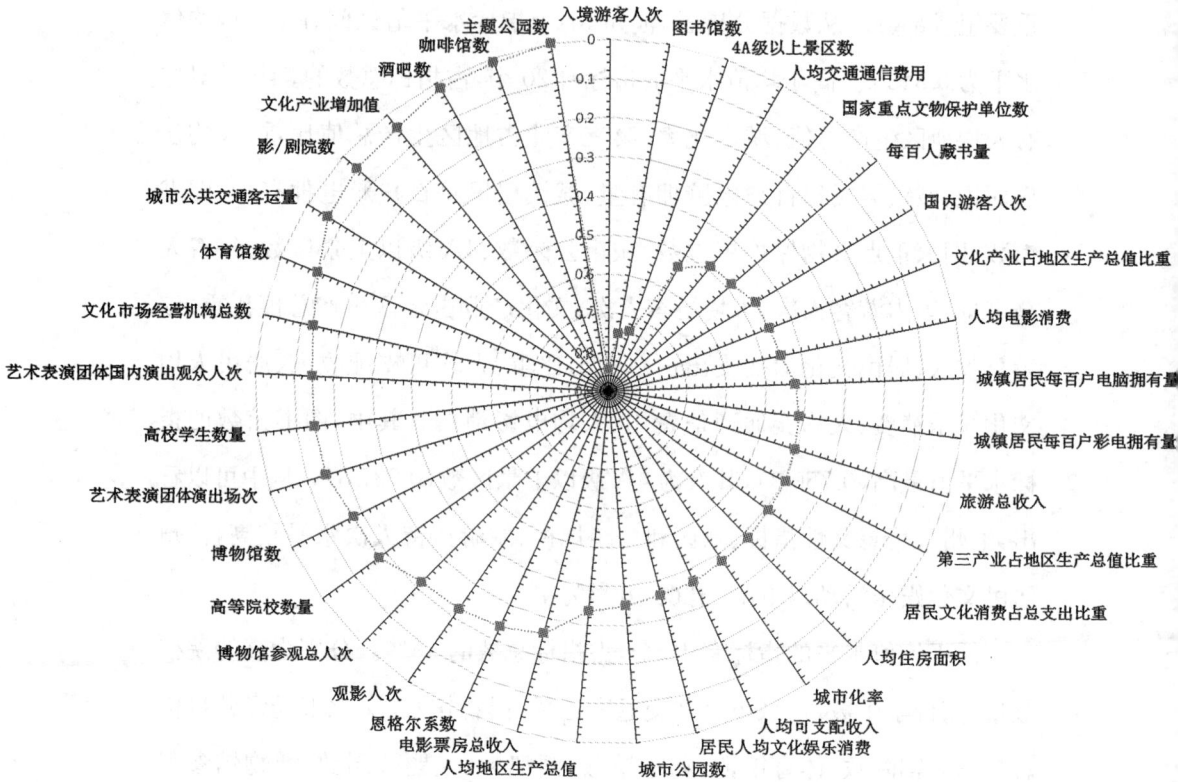

图3-26　池州37个指标水平排列图

城镇居民每百户彩电拥有量、图书馆数、博物馆数、国家重点文物保护单位数、文化市场经营机构总数、4A级以上景区数、每百人藏书量、文化产业占地区生产总值比重、居民文化消费支出占总支出比重、人均可支配收入、居民人均文化娱乐消费、人均交通通信费用、人均电影消费。其中,指标水平值最高的是图书馆数(1.200 4),其次是4A级以上景区数(1.085 0)。从中可以发现,宣城人均消费性指标、文化设施规模指标水平较好,宣城居民的文化休闲活动主要是电视、电脑,本地居民文化消费需求相对旺盛。

低于均值水平的指标数量有19个,占指标总数的51%。具体为高等院校数量、高校学生数量、城市公共交通客运量、影/剧院数、体育馆数、咖啡馆数、酒吧数、城市公园数、主题公园数、博物馆参观总人次、观影人次、艺术表演团体国内演出观众人次、国内游客人次、入境游客人次、艺术表演团体演出场次、文化产业增加值、电影票房总收入、旅游总收入、恩格尔系数。从中可以发现,宣城的教育发展水平、娱乐设施和公园建设规模、接待人次和收入等指标值偏低,表明宣城的文化及相关产业供给体系存在短板,城市对外吸引力较弱,见图 3-27。

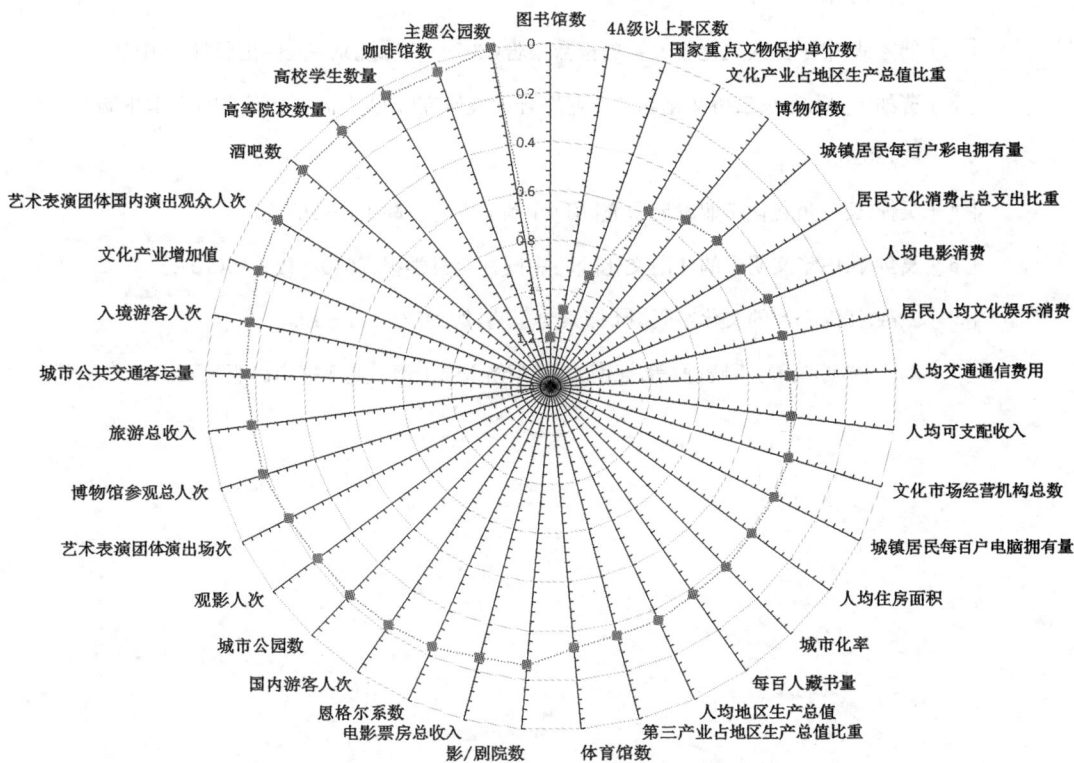

图 3-27　宣城 37 个指标水平排列图

综合来看,上述 5 个小型城市与中等城市的文化竞争力水平存在共性特点,城市内部的人均文化消费类指标水平要好于规模类指标水平,这是因为这些城市的人口规模较少,导致人均水平较高;与中等城市一样,城市文化娱乐设施规模和接待能力指标水平偏低。除此之外,小型城市的教育发展水平和城市公共交通规模存在短板,说明此类城市应重视文化娱乐基础设施建设,注重文化产业的规模性发展,从而丰富文化产业的业态,满足居民文化消费需求。

参考文献

[1] 江洋,孙伟平,藏茂堂,等.中国文化发展报告(2019)[M].北京:社会科学文献出版社,2019.

[2] 傅才武.中国公共文化服务发展指数报告(2019)[M].北京:人民出版社,2019.

[3] 曹如中,胡斌.长三角文化创意产业融合发展研究[M].上海:上海交通大学出版社,2020.

[4] 吴锋.长三角文化产业发展研究[M].上海:上海三联书店,2014.

[5] 葛剑雄.中华文明中的江南文化[N].中国社会科学报,2019-12-10(10).

[6] 王战.江南崛起的文化密码[J].探索与争鸣,2019(2):11-12.

[7] 刘士林,苏晓静,王晓静,等.江南文化理论[M].上海:上海书店出版社,2019.

第二部分

分报告

第四章　长三角城市居民
休闲方式研究

第一节　绪　论

一、研究背景及意义

我国社会经济的健康发展和科技的不断进步,不仅提高了城市居民的生活水平,也使人们的闲暇时间逐渐增多,休闲已经成为城市居民日常生活中越来越重要的组成部分。

休闲消费是居民消费的重要组成部分,是调整产业结构,拉动经济增长,实现经济转型升级的重要载体。党的十九大报告指出"我国社会主要矛盾已经转化为人民日益增长的美好生活需要和不平衡不充分的发展之间的矛盾",在拉动内需和文旅融合的大背景下,休闲正在成为城市居民美好生活的重要表现形式,也成为促进社会经济发展的重要市场动力。如何培育休闲消费热点,提高居民休闲消费能力,满足居民休闲消费的需求,成为关乎居民生活质量和幸福感的重要议题。因此,发展休闲消费是满足人民日益增长的美好生活需求、加快和谐社会和"健康中国"建设进程的重要途径。

长三角地区是我国经济最具活力、城镇化程度最高、开放程度最大、创新能力最强的区域之一,长三角城市群已跻身国际公认的六大世界级城市群。长三角地区已明确要建设成为全国贯彻新发展理念的引领示范区、全球资源配置的亚太门户、具有全球竞争力的世界级城市群。在此背景下,本研究以长三角城市为研究对象,洞悉长三角城市居民文化休闲生活状况,考量休闲方式的选择的影响因素以及满意度,将对引导长三角城市居民休闲方式的正确选择,提升生活满意度、主观幸福感和休闲生活质量有重要意义,也能够在实践层面对经济发展新常态下我国其他城市或区域休闲消费质量的提升提供经验借鉴。

二、研究内容

第一,休闲同伴的选择。休闲同伴选择是居民在日常休闲活动中与他人或群体形成的一种社会关系,选择不同同伴开展休闲活动,或者自己单独进行,是个人价值取向的一种行为倾向。本研究从家人、朋友、同事、单独及其他五个层面分析6个城市居民休闲同伴选择的倾向及其异同。

第二,休闲目的。休闲目的是影响居民休闲活动开展的重要因素,本研究将从放松身心、消除疲劳,开拓眼界,审美愉悦、怡情养性,锻炼身体,扩大交际,消磨时间,商务需要及其他8个方面,分析6个城市居民的休闲目的及其存在的异同。

第三,休闲活动的选择。本研究设置平时、周末、黄金周三个时间段以及16个休闲活动选项,对不同时间段6个城市居民休闲活动的选择偏好展开调查,并系统分析6个城市居民在不同时段休闲活动方面的异同。

第四,休闲场所的选择。本研究针对居民休闲常用场所设置了12个备选答案,调查了六地居民在平时、周末、黄金周三个不同时间段休闲场所的选择倾向,对不同时间段六地居民休闲场所的选择偏好展开分析。

第五,休闲时间的分配。休闲时间是休闲活动开展的重要基础,本研究将休闲时间分为平时、周末以及黄金周三个不同时间段展开调查,观察不同城市居民在不同时间段内休闲时间的占有和使用情况。

第六,休闲消费的支出。休闲消费支出在一定程度上可以反映居民对休闲活动的态度及认可程度。本研究通过对平时、周末、黄金周三个不同时间段内不同城市居民开展休闲活动时的消费水平展开调查,旨在从经济角度反映城市居民的休闲生活水平。

第七,休闲活动选择的影响因素。影响因素是指影响城市居民休闲方式选择的主体性因素和客体性因素的总和,本研究将其概括为休闲方式本身的性质、休闲设施及服务因素、个人健康及心理因素、个人社会经济因素和社会群体支持因素。研究将分析影响 6 个城市居民休闲消费因素及其异同。

第八,休闲满意度。研究从休闲方式丰富程度、休闲设施完善程度、休闲时尚前沿程度、休闲氛围浓厚程度、休闲产业发达程度、休闲环境安全程度 6 个方面,按照非常不满意、不太满意、基本满意、非常满意进行测量,对 6 个地区居民进行调查,以此分析不同城市居民对不同休闲环境的态度。

第九,休闲活动收获。本研究设置了 19 个选项展开对 6 个城市居民开展休闲活动收获的调查进行测量,按照完全没收获、收获比较小、收获比较大、收获非常大进行测量,分析了不同城市居民在休闲活动开展后收获的大小。

三、研究方法

第一,文献分析法。本研究通过文献搜索平台,对休闲消费方面的文献进行梳理,为相应的内容提供理论支撑。尤其在休闲方式、休闲影响因素和休闲满意度分析方面,借鉴相关研究成果支撑观点,为研究提供理论依据。

第二，问卷调查法。在把握宏观层面城市休闲发展总体趋势的基础上，注意研究和分析微观层面具体的居民休闲方式、休闲活动选择影响因素及其满意度。将宏观理论的指导和发展关系的概括与微观层面的详细叙述和材料结合来完成论证。

第三，运用定量分析和定性分析相结合的方法。本研究在很大程度上借助于定量研究的方法，以问卷调查的客观数据为依据，对城市居民休闲生活现状进行客观表述，在叙述的基础上进行分析，在分析的基础上进行概括和提炼，以期深入反映不同城市居民休闲方式的本质特征。

本研究还运用社会学、心理学和城市社会学等学科理论，对城市居民休闲方式及影响因素的分析从感性认识上升到理性认识，透过现象看本质，以增强城市休闲发展的成熟度和完善度。

四、国内外相关研究现状

休闲消费指的是人们在闲暇时间进行的休闲产品和服务的消费活动[1]。当前，国外有关休闲消费的研究主要集中在三个方面。一是休闲消费的内涵。凡勃仑是最早对休闲消费进行阐述的学者，他认为炫耀消费是有闲阶级博取荣耀的一种手段[2]。罗伯特等通过实证研究发现，休闲消费与其他商品消费没有本质的区别，遵循一般消费的消费者行为规范[3]。二是休闲消费影响因素。如比德曼（Bittman）探究了影响家庭休闲消费的主要因素有休闲同伴和休闲动机等[4]，认为闲暇时间、消费观念和社会阶层也是影响休闲消费的重要因素[5]，同时，针对特殊群体的休闲消费影响因素，学者们也进行了深入的探讨，如亨特发现社会结构（休闲同伴）对儿童的休闲消费影响十分显著[6]，焦虑群体的休闲消费行为更易受文化因素的影响等[7]。三是休闲消费效用研究。贝克尔发现只有将工作时间和休闲时间进行最佳配置时,才能获得最大的休闲效用,达到休闲消费的帕累托最优状态[8]。休闲消费有成为居民共同的消费价值观的潜质[9],对社会福利的长期均衡和最优增长率具有显著影响[10],在所有的消费结构中仅有休闲消费与幸福呈显著相关[11]。同时,休闲消费对促进经济增长[12,13]和增加就业[14]具有显著影响。

国内有关休闲消费的研究主要集中在以下五个方面。第一,关于休闲消费影响因素的研究。学者们普遍认为影响居民休闲消费的主要因素有可支配收入、闲暇时间、社会福利、消费观念和社会阶层等[15—17],认为恩格尔系数下降是休闲消费结构升级的基础[18]。第二,关于休闲消费对经济的作用的研究。卿前龙、吴必虎和申广斯分别通过实证分析探究了休闲消费对经济增长和促进就业的作用[19—21]。第三,关于休闲消费测度方面的研究。陆丰刚和楼嘉军建立了休闲消费评价体系,分别从国家和城市层面对居民休闲消费能力进行了测度,并从空间角度对居民休闲消费特征进行了分析[22—23]。吕宁构建了城市休闲指数评价体系,并提出休闲城市建设时应采用不同的模式和对策[24]。王佳等运用因子分析法定量评价了京津冀九城市的休闲性水平[25]。第四,关于休闲消费质量提升路径方面的研究。优化休闲供给结构,树立可持续休闲观,调整收入分配格局及增强居民休闲消费信心是提升居民休闲消费的主要措施[26]。第五,关于消费区域差异方面的研究。由于我国地域辽阔,经济发展不平衡,不同地区居民的能源消费、耐用品消费、公共教育消费和文化消费等存在明显差异[27—31],居民消费区域差异的主要影响因素有居民收入、基础设施和金融政策等[32]。曹新向等人实证分析了国内 15 个城市的休闲水平与差异[33];楼嘉军等人从公共基础、消费能力、产业能力和特色资源等方面构建城市休闲化质量测评体系,实证分析了我国 36 个城市的休闲发展状况及差异[34]。李丽梅研究发现我国城市休闲化水平存在较大差距,呈现出由东向西递减的斜条状分布[35]；刘润提出了城市休闲化区域差异的客观性[36]。第六，对居民休闲行为差异的实证研究，如王雅林和王琪延分别对城镇居民闲暇时间的分配方式进行了实证研究，认为城乡、性别、是否在业等因素会影响居民在闲暇时间上的分配[37,38]；张景安等比较研究了北京、上海、天津等城市各阶层人群的休闲时间利用及休闲生活偏好[39]。此外，赵莹等比较了中美、中欧城市居民的休闲空间选择后发现：美国居民的休闲出行距离更长[40]，欧洲城市居民的休闲空间选择更为多样[41]。

综上所述，目前有关居民休闲消费的研究内容主要集中在休闲消费的内涵解读、效用探讨和影响因素分析上，研究视角多集中于微观层面，研究方法以经济学和社会学为主。如研究主要集中于探讨不同人口统计学变量（性别、年龄、收入、职业、婚姻状况）的休闲行为（休闲动机、休闲态度等）差异。在研究地域范围上，大多数的成果都是围绕城市居民展开，对区域范围居民总体休闲行为及对比行为研究非常少。基于此，本研究打算运用社会学问卷调查方法，对我国长三角区域范围内居民休闲的现状、影响因素、满意度等进行研究，以期对我国长三角居民的休闲活动状况有更好的认识。

第二节 研究设计和数据收集

一、问卷设计与抽样过程

（一）研究对象

由华东师范大学、上海师范大学及上海其他高校相关研究人员组成的"长三角城市居民休闲方式研究"课题组，选取上海、杭州、宁波、合肥、苏州、南京六座城市作为主要研究对象。主要是出于以下几方面考虑，一是这 6 座城市是长三角 27 个中心城市中最重要的核心城市。二是除了上海之外,其余 5 座城市是苏浙皖三省中在社会经济与文化休闲发展方面最具代表性的城市。三是通过对这 6 座城市居民休闲方式的调研,有助于梳理与把握长三角地区居民休闲方式的发展现状,以及未来可能的演变趋势,为今后长三角地区城市文化休闲产业的供给侧改革与居民美好生活目标的实现提供决策依据。

(二)问卷设计

为了保证城市居民休闲方式市场研究工作的延续性,以及方便与以往相关调研内容的可比性,课题组决定本次市场调查问卷采用与课题组 2019 年完成的上海、武汉和成都三个城市居民休闲方式调研相同的问卷版本。问卷调研的内容主要有以下五部分内容组成。一是人口学特征信息,包括性别、年龄、收入、文化程度和职业等内容。二是休闲方式,主要包括休闲目的与同伴选择、休闲活动方式、休闲活动场所、休闲时间和休闲花费等内容。其中,休闲活动方式、休闲活动场所、休闲时间和休闲花费又分为平时、周末和黄金周三个时间段进行调查。三是休闲活动影响因素,主要包括休闲方式本身性质、休闲设施及服务因素、个人心理因素、个人社会经济因素和社会群体因素 5 个类别 19 个选项。四是休闲满意度,主要包括居民对休闲活动满意度以及对城市休闲状况的总体评价。五是休闲活动收获,主要对居民参加休闲活动后的收获展开调查,包括减轻或消除生活、工作压力、放松心情,获得愉快体验、实现自己价值、调整与家人朋友关系,增进亲情友情等内容。需要指出的是,在问卷的设计过程中,为了获取居民在不同时段参加休闲活动状态的信息,课题组特意将通常一个时段的静态选项,细分为多个时段的动态选择,以便能够更接近居民在不同时段参加休闲活动的行为演变轨迹。这也是课题组在进行问卷设计时的一个突破,自然也增加了以后进行研究的难度。

（三）抽样过程

在完成了对居民休闲方式市场调查问卷进行微调的工作后，课题组开展了市场问卷的发放工作。问卷发放在上海、杭州、宁波、合肥、苏州、南京6个城市同时展开，采用线上线下相结合方式发放。在上海，课题组多次分批在工作日、周末、小长假和黄金周到上海黄浦区、普陀区、虹口区和徐汇区等主要城区的社区、公园、广场、图书馆、办公楼等地进行了问卷调查工作。发放问卷400份，回收问卷382份，其中有效问卷359份，有效率为93.98％。

南京、苏州、杭州、宁波和合肥等城市居民休闲方式的调研工作主要采用线上方式进行。调研组委托线上调研公司问卷星进行调查，该公司依据五个城市样本数量平均分配、性别平均分配和四个年龄段(18～25,26～35,36～45,46～60)样本数均衡分配等3个条件对受众进行筛选，调研时间为2019年12月到2020年1月。共收回问卷2 035份，其中有效问卷1 828份，有效率为89.83％。

二、数据处理

课题组组织相关人员对6个城市的居民休闲方式与满意度问卷进行汇总分析，所有问卷调查数据均借助目前在社会科学研究中被广泛应用的数据处理软件包 SPSS 来处理和分析。在对调查数据进行缺失值处理基础上，主要运用描述性统计、方差分析等模块进行数据的统计处理。

首先，在数据的描述性统计方面，主要进行了如下处理。一是样本人口统计学特征分析，包括被调查对象的性别、年龄、月收入、婚姻状况、职业等的占比情况；二是有关居民休闲方式的特征分析，包括休闲动机、休闲同伴选择、休闲活动倾向、时间分配与场所选择、休闲花费等；三是关于居民休闲活动选择影响因素的重要程度、休闲活动和休闲环境满意的描述性统计处理。

其次,数据的交叉处理分析。为进一步反映居民在休闲活动选择方面的群体差异状况,本研究针对样本人口统计学信息和休闲活动选择相关数据进行了交叉处理及分析,详细说明了居民休闲活动选择在性别、年龄、收入、受教育水平等方面的差异特征。

最后,相关数据的统计检验。在城市居民休闲活动满意度和休闲环境满意度分析中,本文对调查数据进行了相关统计检验,以发现和说明不同城市居民在休闲满意度方面差异的显著程度。

三、样本人口统计学特征

各城市的问卷统计如下,上海 359 份、南京 365 份、苏州 365 份、杭州 366 份、宁波 367 份、合肥 365 份。调研样本的人口学基本信息包括性别、年龄、婚姻状况、文化程度、职业和月收入等,最终得到的样本构成情况如表 4 - 1 所示。

表 4 - 1　人口统计学特征　　　　　　　　　（单位：%）

类别	选　　项	上海	杭州	宁波	合肥	苏州	南京
性别	女	50.14	56.56	42.51	44.93	58.63	47.95
	男	49.86	43.44	57.49	55.07	41.37	52.05
年龄	18～25 岁	22.56	31.69	18.53	20.27	20.27	36.44
	26～35 岁	19.50	27.05	26.16	16.44	16.44	26.85
	36～45 岁	20.61	22.13	19.07	29.86	29.86	23.84
	46～60 岁	20.33	19.13	36.24	33.42	33.42	12.88
	60 岁以上①	16.99	0.00	0.00	0.00	0.00	0.00

① 除上海外,其他 5 个城市由于采用在线问卷星形式,考虑到 60 岁以上人员在线调研存在一定的困难,所以没有被纳入调查范围。

（续表）

类别	选　　项	上海	杭州	宁波	合肥	苏州	南京
婚姻状况	未婚	27.86	40.98	26.16	24.38	24.38	46.03
	已婚	72.14	59.02	73.84	75.62	75.62	53.97
个人月收入	1 000 元以下	1.39	10.66	5.18	5.75	5.75	13.15
	1 001～3 000 元	8.36	15.30	11.72	8.49	8.49	14.52
	3 001～5 000 元	27.02	21.58	22.34	21.92	21.92	18.08
	5 001～8 000 元	30.64	26.23	32.15	30.41	30.41	21.37
	8 001～10 000 元	13.93	8.47	13.62	14.79	14.79	13.97
	10 001～15 000 元	10.58	10.66	7.63	10.68	10.68	12.05
	15 001～20 000 元	4.18	5.19	4.90	4.93	4.93	4.11
	20 000 元以上	3.90	1.91	2.45	3.01	3.01	2.74
学历	初中及以下	6.41	7.92	5.72	3.56	3.56	3.01
	高中(中专、职校)	20.06	16.94	21.25	13.42	13.42	14.79
	本科及大专	62.67	69.13	65.94	74.25	74.25	72.33
	硕士及以上	10.86	6.01	7.08	8.77	8.77	9.86
职业	企、事业单位职工	42.34	40.71	36.51	37.26	37.26	35.89
	企、事业单位管理人员	13.09	15.03	21.80	25.75	25.75	20.00
	公务员	5.29	1.37	5.45	9.86	9.86	2.47
	私营企业主、个体经营者	3.06	6.28	8.72	6.58	6.58	5.75
	学生	6.13	21.04	9.54	10.14	10.14	23.29
	自由职业者	3.34	7.10	10.63	7.12	7.12	5.75
	离、退休人员	22.01	0.82	1.09	0.00	0.00	0.82
	其他从业人员	4.74	7.65	6.27	3.29	3.29	6.03

从统计结果来看，本次调研中男女比例比较平均，年龄大多集中在18～60岁之间且分层占比均匀，调查对象中大多是具有稳定收入的已婚人群，主要职业类型为企、事业单位职工和管理人员，受访者的受教育水

平普遍较高,具有支撑休闲活动开展的基本条件。从整体样本的人口统计学基本特征可以看出,本次研究样本在反映城市居民休闲方式特点上具有较强的可信度和普遍性。

第三节 城市居民休闲方式分析

一、休闲同伴与休闲目的

(一)休闲同伴选择

休闲同伴选择是居民在日常休闲活动中与他人或群体形成的一种社会关系,选择不同同伴开展休闲活动,或者自己单独进行,是个人价值取向的一种行为倾向。本次研究从家人、朋友、同事、单独及其他五个层面分析了受访者休闲同伴选择的倾向,统计结果如表 4-2 所示。

表 4-2 城市居民休闲同伴选择 （单位：%）

休闲同伴	上海	杭州	宁波	合肥	苏州	南京
家 人	42.62	40.16	47.96	48.49	50.41	39.45
朋 友	41.23	48.91	41.96	41.37	38.36	50.14
同 事	8.36	3.55	4.91	4.93	4.93	2.47
单 独	7.24	6.56	4.63	4.66	4.93	6.30
其 他	0.56	0.82	0.54	0.55	1.37	1.64

从总体来看,受访者在选择休闲同伴时更倾向于亲情或友情关系,在上海、杭州、宁波、合肥、苏州、南京分别有 83.85%、89.07%、89.92%、89.86%、88.77%、89.59%占比的受访者选择家人或朋友作为休闲同伴,相比之下,各城市中仅有 10%左右的受访者在参与休闲活动时选择同事、

单独或者其他。由此可见,受传统文化影响,各个城市居民更看重亲情和友情,将两者看作是减轻压力、放松心情的重要依托。

从城市差异来看,六地居民在具体休闲同伴选择比重上也各有侧重。相比之下,宁波、合肥、苏州居民在参与休闲活动时更倾向于选择家人陪同,其中,苏州选择家人的比例上要高于朋友近 12 个百分点,而宁波、合肥选择家人陪同比朋友陪同高出 7 个百分点左右。杭州和南京地区居民在参与休闲活动时则更倾向于选择朋友陪同,选择比例分别为 48.91％和 50.14％,与选择家人上的比例差值在 9 个百分点左右。而上海居民在家人和朋友的选择上没有表现出太大差异,分别占比 42.62％和 41.23％。可以看出,在休闲活动参与上,宁波、合肥、苏州居民更注重亲情,南京、杭州居民更注重友情,而上海居民在参与休闲活动时则表现出稳定的价值倾向。

此外值得注意的是,上海居民选择同事作为休闲同伴的比例最高,占比为 8.36％,其次是宁波和合肥,占比分别为 4.91％和 4.93％。由此可见,三地更注重与同事之间的关系建设。在选择单独参与休闲活动上,上海居民同样占比最高,比例为 7.24％,其次是杭州,比例为 6.56％。由此可见,上海和杭州居民在参与休闲活动时表现出较强的独立性,这与地方经济发展呈现出明显是正相关。

（二）休闲目的选择

休闲目的是影响居民休闲活动开展的重要因素,本研究将休闲目的分为放松身心、消除疲劳,开拓眼界,审美愉悦、怡情养性,锻炼身体,扩大交际,消磨时间,商务需要及其他 8 个题项,分别在上海、杭州、宁波、合肥、苏州、南京 6 个城市分别展开调查,就收集到数据进行整理,统计结果如表 4-3 所示。

表 4 - 3　城市居民休闲目的选择　　　　（单位：%）

休闲目的	上海	杭州	宁波	合肥	苏州	南京
放松身心、消除疲劳	28.32	30.97	31.15	31.42	31.51	30.96
开拓眼界	16.34	19.03	17.98	18.72	17.99	20.09
审美愉悦、怡情养性	18.38	21.77	21.25	21.00	20.73	18.17
锻炼身体	9.66	7.65	8.36	8.04	7.03	8.49
扩大交际	10.77	11.29	13.08	13.42	13.70	12.51
消磨时间	8.26	7.92	7.27	6.58	8.04	8.49
商务需要	5.48	1.09	0.64	0.64	0.46	1.00
其　　他	2.79	0.28	0.27	0.18	0.54	0.29

从总体来看，城市居民在从事休闲活动时的目的主要是"放松身心、消除疲劳"；其次是"开拓眼界"或"审美愉悦、怡情养性"。在上海、杭州、宁波、合肥、苏州、南京六座城市中分别有 63.04%、71.77%、70.38%、71.14%、70.23%、69.22%的受访者选择了前三项。而在剩余选项中，各城市居民对"商务需要"的选择占比最小，对"锻炼身体""扩大交际""消磨时间"的选择占比分布较为均匀，其中对扩大交际的选择占比较高。由此可见，休闲是人们放松身心，缓解疲劳的重要途径，其次人们也希望通过休闲活动来丰富自己，达到怡情养性的目的，而以商务为目的参与休闲活动的动机最弱。

从不同城市横向对比来看，在对休闲目的"开拓眼界"和"审美愉悦、怡情养性"选择对比中，南京居民更倾向于前者，而上海、杭州、宁波、合肥、苏州居民更倾向于后者；从对休闲目的"锻炼身体"和"消磨时间"选择对比来看，上海、宁波、合肥居民更倾向于前者，苏州居民更倾向于后者，杭州、南京居民在两者选择上并没有表现出明显倾向。

从不同城市纵向对比来看,在各城市居民对"放松身心、消除疲劳"的选择比例中,上海居民选择该选项比例值最低,为28.32%,其他城市均在30%左右;在各城市居民对"开拓眼界"的选择比例中,南京居民对该选项选择比例最高,为20.09%,其次是杭州,占比为19.03%,而上海居民选择该选项的比例值最低,仅有16.34%;在各城市居民对"审美愉悦、怡情养性"的选择比例中上海和南京居民选择该选项的比例值在18%左右,处于较低水平,而杭州、宁波、合肥、苏州居民对该选项的选择比例在21%左右;在各城市居民对"锻炼身体"的选择比例中,各城市居民对该选项选择的比例值较为接近,其中上海的比例值最高,为9.66%,苏州最低,为7.03%,其他四座城市比例值均在8%左右;在各城市居民对"扩大交际"的选择比例中,宁波、合肥、苏州选择该选项的比例值均大于13%,南京为12.51%,杭州为11.29%,上海为10.77%;在各城市居民对"消磨时间"的选择比例中,对该选项选择比例值最高的为南京(8.49%)。最低的为合肥(6.58%);在各城市居民对"商务需要"的选择比例中,除上海比例值为5.48%外,其他城市以商务为目的开展休闲活动的受访者占比均在1%左右。由此可见,城市居民在参与休闲活动的动机选择中,上海居民选择的多样化程度最高。

二、休闲活动

本研究设置了平时、周末、黄金周三个时间段以及16个休闲活动选项,对不同时间段居民休闲活动的选择偏好展开调查。分析了上海、南京、苏州、杭州、宁波和合肥等城市居民休闲活动的选择情况。其中,平时指周一到周五,周末指周六和周日,而黄金周则指春节、国庆节连续七天的休假周期。在调研过程中,上海采取的是线下调研形式,16个选项是以平时、周末和黄金周各自分别为一个统计单元,每一个单元累计为百分之百。而其他 5 个城市采用的是在线问卷星形式,16 个活动选项是以平时、周末和黄金周为一个统计单元,每一个单元累计为百分之百。由于两种调研形式在休闲活动选择上统计口径不同,所以上海与其他城市之间只能进行各自的分析,无法进行相应的比较。

(一)上海居民休闲活动选择

上海居民平时、周末与黄金周休闲活动选择的统计结果如表 4 - 4 所示。

表 4 - 4　上海居民休闲活动选择　　　　　　(单位:%)

休　闲　活　动	平　时	周　末	黄金周
旅游度假	5.29	5.29	21.63
参观访问(博物馆、名人故居等)	4.36	4.27	4.93
上网	20.98	18.20	14.95
电视	17.27	7.80	6.50
电影	7.99	12.72	6.87
演唱会、音乐会等	1.02	2.23	2.42
逛街、购物、饮食	7.62	18.01	18.48
酒吧、咖吧、茶吧	1.02	3.82	2.41
养花草宠物	4.83	3.06	2.23
体育健身	6.13	5.76	2.41
散步	8.73	7.34	4.36
阅读	8.82	4.27	5.57
社会活动(公益活动、聚会、宗教活动等)	1.76	1.76	1.76
桌游、棋牌等	1.49	2.60	1.58
休闲教育(书画、摄影、收藏、插花、声乐等)	2.41	2.41	3.34
其他(请注明)	0.28	0.46	0.56

从表 4 - 4 中数据可以看出,上海市居民平时在休闲方式选择上最多的是上网、看电视,占比分别为 20.98%、17.27%。其次是阅读(8.82%)、

散步(8.73%)、看电影(7.99%)、逛街、购物、饮食(7.62%)以及体育健身(6.13%),共计占比39.29%。可以看出居民主要利用平时休闲时间开展碎片化的休闲活动。

在周末休闲方式选择上,人们较多的选择上网(18.20%)、购物(18.01%)以及看电影(12.72%),三项合计占比48.93%。其次人们会选择看电视、散步、体育健身、旅游度假等休闲活动。可以看出,相较于平时,人们选择购物以及看电影等社交型休闲活动的倾向有所增加,而对电视的选择明显减少。

在黄金周休闲方式选择上,人们比较倾向于选择旅游度假(21.63%)、逛街购物饮食(18.48%)以及上网(14.95%)。其次会选择阅读、看电影、看电视和参观访问等活动。可以看出,由于闲暇时间的增加人们对旅游度假休闲活动的选择显著增加,开始选择花费时间较长的休闲活动。整体看来,上网、看电视、逛街购物或外出餐饮是人们休闲活动的主要内容。此外,在不同时段,人们休闲活动的选择也趋于多样化。

(二)南京、苏州、杭州、宁波和合肥居民休闲活动选择

1. 南京居民休闲活动选择

南京居民平时、周末与黄金周休闲活动选择的统计结果如表4-5所示。

表4-5　南京居民休闲活动选择　　　　　　　　(单位:%)

休 闲 活 动	平 时	周 末	黄金周
旅游度假	14.25	27.12	58.63
参观访问(博物馆、名人故居等)	12.33	62.74	24.93
上网	77.26	18.08	4.66
电视	63.01	29.32	7.67
电影	30.41	61.10	8.49

（续表）

休 闲 活 动	平 时	周 末	黄金周
演唱会、音乐会等	11.50	47.95	40.55
逛街、购物、饮食	36.44	54.25	9.31
酒吧、咖吧、茶吧	24.93	53.70	21.37
养花草宠物	73.97	18.36	7.67
体育健身	48.77	42.47	8.76
散步	76.44	19.45	4.11
阅读	71.78	21.10	7.12
社会活动（公益活动、聚会、宗教活动等）	16.71	62.19	21.10
桌游、棋牌等	26.85	51.23	21.92
休闲教育（书画、摄影、收藏、插花、声乐等）	36.44	47.40	16.16
其他（请注明）	40.82	33.97	25.21

表 4-5 表明，除其他选项外，在 15 个活动类别中，一是活动强度由平时向周末和黄金周逐渐降低的选项，有 6 项；二是逐渐增大的选项有 1 项；三是平时与黄金周较低，周末比较高的选项有 8 项。

2. 苏州居民休闲活动选择

苏州居民平时、周末与黄金周休闲活动选择的统计结果如表 4-6 所示。

表 4-6 苏州居民休闲活动选择 （单位：%）

休 闲 活 动	平 时	周 末	黄金周
旅游度假	13.15	30.41	56.44
参观访问（博物馆、名人故居等）	12.60	65.48	21.92
上网	84.38	12.33	3.29
电视	70.96	24.38	4.66
电影	27.67	65.48	6.85

休 闲 活 动	平 时	周 末	黄金周
演唱会、音乐会等	7.67	57.26	35.07
逛街、购物、饮食	38.08	53.97	7.95
酒吧、咖吧、茶吧	26.85	53.42	19.73
养花草宠物	75.61	20.55	3.84
体育健身	52.60	42.47	4.93
散步	74.80	21.60	3.60
阅读	74.79	21.65	3.56
社会活动（公益活动、聚会、宗教活动等）	14.52	68.77	16.71
桌游、棋牌等	26.30	46.30	27.40
休闲教育（书画、摄影、收藏、插花、声乐等）	37.26	49.32	13.42
其他（请注明）	42.20	33.40	24.40

表4-6表明,除其他选项外,在15个活动类别中,一是活动强度由平时向周末和黄金周逐渐降低的选项,有6项;二是逐渐增大的选项有1项;三是平时与黄金周较低,周末比较高的选项有8项。

3. 杭州居民休闲活动选择

杭州居民平时、周末与黄金周休闲活动选择的统计结果如表4-7所示。

表4-7 杭州居民休闲活动选择 （单位：%）

休 闲 活 动	平 时	周 末	黄金周
旅游度假	13.39	30.33	56.28
参观访问（博物馆、名人故居等）	14.20	62.30	23.50
上网	81.70	14.75	3.55
电视	71.30	23.20	5.50
电影	28.96	62.02	9.02

（续表）

休　闲　活　动	平　　时	周　　末	黄金周
演唱会、音乐会等	9.84	51.91	38.25
逛街、购物、饮食	43.72	51.09	5.19
酒吧、咖吧、茶吧	26.23	53.28	20.49
养花草宠物	71.58	19.13	9.29
体育健身	45.90	42.08	12.02
散步	72.40	21.30	6.30
阅读	70.49	21.86	7.65
社会活动（公益活动、聚会、宗教活动等）	17.76	62.84	19.40
桌游、棋牌等	28.40	53.00	18.60
休闲教育（书画、摄影、收藏、插花、声乐等）	36.34	47.54	16.12
其他（请注明）	38.25	35.52	26.23

表4-7表明，除其他选项外，在15个活动类别中，一是活动强度由平时向周末和黄金周逐渐降低的选项，有6项；二是逐渐增大的选项有1项；三是平时与黄金周较低，周末比较高的选项有8项。

4. 宁波居民休闲活动选择

宁波居民平时、周末与黄金周休闲活动选择的统计结果如表4-8所示。

表4-8　宁波居民休闲活动选择　　　　（单位：％）

休　闲　活　动	平　　时	周　　末	黄金周
旅游度假	16.40	21.50	62.10
参观访问（博物馆、名人故居等）	9.26	62.13	28.61
上网	84.74	11.44	3.82
电视	70.57	23.98	5.45
电影	25.07	65.12	9.81

（续表）

休 闲 活 动	平 时	周 末	黄金周
演唱会、音乐会等	10.90	52.59	36.51
逛街、购物、饮食	37.60	53.95	8.45
酒吧、咖吧、茶吧	26.98	52.86	20.16
养花草宠物	76.29	18.53	5.18
体育健身	47.96	43.87	8.17
散步	75.20	19.62	5.18
阅读	71.12	22.07	6.81
社会活动（公益活动、聚会、宗教活动等）	13.62	64.31	22.07
桌游、棋牌等	26.16	50.41	23.43
休闲教育（书画、摄影、收藏、插花、声乐等）	37.60	45.50	16.90
其他（请注明）	43.05	31.88	25.07

表 4-8 表明，除其他选项外，在 15 个活动类别中，一是活动强度由平时向周末和黄金周逐渐降低的选项，有 6 项；二是逐渐增大的选项有 1 项；三是平时与黄金周较低，周末比较高的选项有 8 项。

5. 合肥居民休闲活动选择

合肥居民平时、周末与黄金周休闲活动选择的统计结果如表 4-9 所示。

表 4-9　合肥居民休闲活动选择　　　　（单位：%）

休 闲 活 动	平 时	周 末	黄金周
旅游度假	8.49	26.30	65.21
参观访问（博物馆、名人故居等）	9.60	65.20	25.20
上网	82.47	14.25	3.28
电视	67.40	25.48	7.12
电影	26.58	60.82	12.60

（续表）

休 闲 活 动	平　时	周　末	黄金周
演唱会、音乐会等	9.30	48.20	42.50
逛街、购物、饮食	35.34	55.34	9.32
酒吧、咖吧、茶吧	25.80	53.40	20.80
养花草宠物	76.20	15.30	8.50
体育健身	47.67	46.03	6.30
散步	79.45	17.81	2.74
阅读	71.23	22.47	6.30
社会活动（公益活动、聚会、宗教活动等）	13.42	63.29	23.29
桌游、棋牌等	22.19	55.34	22.47
休闲教育（书画、摄影、收藏、插花、声乐等）	36.16	47.40	16.44
其他（请注明）	41.37	33.42	25.21

表 4-9 表明，除其他选项外，在 15 个活动类别中，一是活动强度由平时向周末和黄金周逐渐降低的选项，有 6 项；二是逐渐增大的选项有 1 项；三是平时与黄金周较低，周末比较高的选项有 8 项。

从南京、苏州、杭州、宁波和合肥 5 个城市的总体情况看，尽管受访者对各类别活动选择的数值有高有低，但是表现出比较明显的趋同性。

第一，关于休闲活动强度由平时向周末和黄金周逐渐降低的选项。首先，最有代表性的活动是上网和看电视，在所有活动选项中都排名靠前。这可以从一个侧面表明，一方面，上网与看电视，是居民日常最重要的休闲活动；另一方面，随着居民休闲时间的增多，人们上网、看电视的偏好会逐渐降低，而从事其他休闲活动的选择倾向则在不断提高。其次，散步与养花草宠物两项活动的选择强度也非常高，与居民日常的休闲生活方式现状十分贴近。最后，还有一个值得注意的现象是阅读，尽管平时休闲时间比较碎片化，然而居民选择阅读的倾向比较强烈。当然，这里的阅读并非指传统的书面阅读,更多的是电子刊物的阅读。只是一旦到了周末或黄金周假期,阅读选择强度反而降低,显然被其他丰富多彩的休闲活动方式所替代。

第二,关于休闲活动强度平时与黄金周较低,在周末比较高的活动选项。比较有代表性的是看电影、参观访问、从事社会活动、上街购物、外出就餐等活动。其中,选择倾向比较集中的是看电影、参观访问和从事社会活动。看电影,是娱乐;参观访问,是教育;从事社会活动,是交友。显而易见,在周末体现多维度价值诉求的休闲活动多元化分布格局已经成为一种常态。

第三,关于休闲活动强度由平时向周末与黄金周逐渐增大的唯一活动类别,就是旅游活动。在当今家庭收入水平不断提高的基础上,外出从事旅游活动,时间是重要的前提条件。时间愈多,人们外出的动机愈强,距离愈远,所以选择倾向也就愈发强烈。

总而言之,无论是上海居民,还是其他 5 个城市的居民,在不同休闲时段内,体现在居民休闲活动方式选择方面的位次变化,折射出一个比较清晰的演变轨迹,在休闲活动方式上,平时居家休闲、周末上街休闲、黄金周旅游休闲;在休闲活动空间上,由室内走向室外;在休闲活动形式上,由静态走向动态;在休闲活动距离上,由短途走向远程。

三、休闲场所

休闲场所是居民休闲活动方式实现的空间载体。在休闲时间、休闲方式和休闲动机互动的格局中,居民选择不同的休闲方式,所依赖的场所会有所不同。即使是相同的休闲方式,也会因不同的时段而导致场所的变更。本研究针对休闲场所设置了 12 个备选答案,调查了上海、杭州、宁波、合肥、苏州、南京六地居民在平时、周末、黄金周三个不同时间段休闲场所的选择倾向,对不同时间段居民休闲场所的选择偏好展开分析。在调研过程中,上海采取的是线下调研形式,12个选项是以平时、周末和黄金周各自分别为一个统计单元,每一个单元累计为百分之百。而其他5个城市采用的是在线问卷星形式,12个活动选项是以平时、周末和黄金周为一个统计单元,每一个单元累计为百分之百。由于两种调研形式在休闲活动选择上统计口径不同,所以上海与其他城市之间只能进行各自的分析,无法进行相应的比较。

（一）上海居民休闲场所选择

上海居民平时、周末与黄金周休闲场所选择的统计结果如表4-10所示。

表4-10　上海居民休闲场所选择　　　　　　（单位：%）

休 闲 场 所	平　时	周　末	黄金周
自己或者别人家里	28.78	22.10	20.90
景区、公园、绿地	19.03	17.27	22.10
社区、企业活动中心	11.88	5.39	6.04
文体娱乐场所（影剧院、健身房等）	7.90	9.10	7.61
商场、广场、夜市	11.80	21.54	17.73
餐饮场所	9.56	11.60	10.58
网吧、酒吧、咖吧	1.95	2.88	2.51
培训机构	1.86	1.58	0.74
图书馆、书店	3.71	3.71	3.62
博物馆、纪念馆等	1.58	3.25	5.57
宗教活动场所	0.46	0.19	0.46
其他	1.49	1.39	2.14

从平时休闲场所看,选择在家休闲比例排名首位,约为29%。位居其次的是到景区与公园的选择比例,排名第三的是到社区活动中心等。这一场所选择态势,与居民日常休闲伙伴以家人为主以及休闲方式以上网及看电视为主的活动架构基本吻合。从周末休闲场所看,尽管居家休闲

选择依然最高,但是相比于平时,选择比例有了明显降低。与此同时,上街购物的比例显著上升。休闲场所选择的多样性特征反映了居民休闲活动方式的多样性,离开住所往外走成为一个显著标志。从黄金周休闲场所看,景区和公园等户外活动场所位居第一,占比在22%以上,说明利用长假从事旅游和户外游憩活动成为首选。但是值得关注的是,即便是在黄金周长假,选择"宅家"的比例位居第二,占比为20.6%,这一现象也与上网和看电视等"宅"休闲方式盛行相吻合。

(二)南京、苏州、杭州、宁波和合肥居民休闲场所选择

1. 南京居民休闲场所选择

南京居民平时、周末与黄金周休闲场所选择的统计结果如表4-11所示。

表4-11　南京居民休闲场所选择　　　　　　　　（单位:%）

休 闲 场 所	平 时	周 末	黄金周
自己或者别人家里	66.00	27.40	6.60
景区、公园、绿地	17.81	70.96	11.23
社区、企业活动中心	23.84	55.89	20.27
文体娱乐场所(影剧院、健身房等)	21.10	60.00	18.90
商场、广场、夜市	31.78	57.81	10.41
餐饮场所	44.60	46.60	8.80
网吧、酒吧、咖吧	21.64	49.59	28.77
培训机构	22.74	55.62	21.64
图书馆、书店	35.34	53.70	10.96
博物馆、纪念馆等	11.51	56.16	32.33
宗教活动场所	9.04	45.48	45.48
其他	29.80	40.30	29.90

表4-11表明,除其他选项外,在11个休闲活动场所类别中,一是场所选择强度由平时向周末和黄金周逐渐降低的选项有2项;二是场所选

择强度逐渐增大的选项有 1 项；三是平时与黄金周较低，周末选择强度比较高的选项有 8 项。

2. 苏州居民休闲场所选择

苏州居民平时、周末与黄金周休闲场所选择的统计结果如表 4-12 所示。

表 4-12　苏州居民休闲场所选择　　　　　（单位：％）

休　闲　场　所	平　时	周　末	黄金周
自己或者别人家里	61.10	34.52	4.38
景区、公园、绿地	23.00	64.90	12.10
社区、企业活动中心	26.58	54.52	18.90
文体娱乐场所（影剧院、健身房等）	17.50	66.30	16.20
商场、广场、夜市	40.55	51.23	8.22
餐饮场所	44.11	47.40	8.49
网吧、酒吧、咖吧	20.00	56.16	23.84
培训机构	26.60	55.60	17.80
图书馆、书店	28.77	62.74	8.49
博物馆、纪念馆等	14.80	54.50	30.70
宗教活动场所	9.86	49.32	40.82
其他	40.55	32.05	27.40

表 4-12 表明，除其他选项外，在 11 个休闲活动场所类别中，一是场所选择强度由平时向周末和黄金周逐渐降低的选项有 1 项；二是场所选择强度逐渐增大的选项没有；三是平时与黄金周较低，周末选择强度比较高的选项有 10 项。

3. 杭州居民休闲场所选择

杭州居民平时、周末与黄金周休闲场所选择的统计结果如表 4-13 所示。

表 4 - 13　杭州居民休闲场所选择　　　　（单位：%）

休　闲　场　所	平　时	周　末	黄金周
自己或者别人家里	62.02	31.15	6.83
景区、公园、绿地	22.68	65.57	11.75
社区、企业活动中心	21.80	57.40	20.80
文体娱乐场所（影剧院、健身房等）	20.22	63.66	16.12
商场、广场、夜市	35.25	55.19	9.56
餐饮场所	51.40	42.10	6.50
网吧、酒吧、咖吧	17.76	53.55	28.69
培训机构	23.22	56.83	19.95
图书馆、书店	35.20	56.60	8.20
博物馆、纪念馆等	10.70	59.00	30.30
宗教活动场所	10.38	51.37	38.25
其他	37.43	35.79	26.78

表 4 - 13 表明，除其他选项外，在 11 个休闲活动场所类别中，一是场所选择强度由平时向周末和黄金周逐渐降低的选项有 2 项；二是场所选择强度逐渐增大的选项没有；三是平时与黄金周较低，周末选择强度比较高的选项有 9 项。

4. 宁波居民休闲场所选择

宁波居民平时、周末与黄金周休闲场所选择的统计结果如表 4 - 14 所示。

表 4 - 14　宁波居民休闲场所选择　　　　（单位：%）

休　闲　场　所	平　时	周　末	黄金周
自己或者别人家里	67.03	28.07	4.90
景区、公园、绿地	22.6	63.50	13.90
社区、企业活动中心	23.40	56.40	20.20

（续表）

休　闲　场　所	平　时	周　末	黄金周
文体娱乐场所（影剧院、健身房等）	20.16	61.31	18.53
商场、广场、夜市	41.10	49.60	9.30
餐饮场所	44.96	44.96	10.08
网吧、酒吧、咖吧	20.40	55.60	24.00
培训机构	19.07	58.86	22.07
图书馆、书店	31.61	58.04	10.35
博物馆、纪念馆等	9.50	56.70	33.80
宗教活动场所	8.99	50.14	40.87
其他	40.60	31.88	27.52

表 4-14 表明，除其他选项外，在 11 个休闲活动场所类别中，一是场所选择强度由平时向周末和黄金周逐渐降低的选项有 2 项；二是场所选择强度逐渐增大的选项没有；三是平时与黄金周较低，周末选择强度比较高的选项有 9 项。

5. 合肥居民休闲场所选择

合肥居民平时、周末与黄金周休闲场所选择的统计结果如表 4-15 所示。

表 4-15　合肥居民休闲场所选择　　　　（单位：%）

休　闲　场　所	平　时	周　末	黄金周
自己或者别人家里	63.84	28.49	7.67
景区、公园、绿地	21.10	63.56	15.34
社区、企业活动中心	21.10	57.53	21.37
文体娱乐场所（影剧院、健身房等）	23.84	58.63	17.53
商场、广场、夜市	34.80	54.00	11.20
餐饮场所	43.56	46.85	9.59

休 闲 场 所	平 时	周 末	黄金周
网吧、酒吧、咖吧	19.20	51.50	29.30
培训机构	26.30	49.59	24.11
图书馆、书店	32.33	59.45	8.22
博物馆、纪念馆等	11.78	50.41	37.81
宗教活动场所	11.78	47.67	40.55
其他	39.70	32.90	27.40

表4-15表明,除其他选项外,在11个休闲活动场所类别中,一是场所选择强度由平时向周末和黄金周逐渐降低的选项有1项;二是场所选择强度逐渐增大的选项没有;三是平时与黄金周较低,周末选择强度比较高的选项有10项。

从平时场所看,南京、苏州、杭州、宁波和合肥等城市居民主要倾向于选择自己或者别人家里作为重要的休闲场所,比例都在60%以上。位居其后的是餐饮场所。杭州居民对餐饮场所选择的比例最高,为51.37%,其他城市也在40%以上。当然,逛街和购物也都有比较高的选择比例。

从周末场所看,首先,选择比例在60%以上的场所主要集中在景区、公园、绿地。其中,南京居民的选择比例更是突破70%,是5个城市中最高的,说明到户外自然环境中活动成为人们的首选。其次,是选择包含电影院、健身房等设施的文体娱乐场所。除了合肥的选择比例为58%,略低外,其他4座城市居民的选择比例都在60%以上。此外,也需要关注的是,在图书馆场馆方面,苏州居民选择比例最高,为62.74%;在培训场所方面,宁波居民选择比例最高,为58.86%。从居民休闲场所的选择倾向看,周末意愿最强烈,说明休闲方式的多样性最明显。

从黄金周假期看,首先,与外出旅游相关的景区等场所似乎没有成为居民的最重要的选项。一方面说明,由于黄金周成为"黄金粥",到处人满为患,旅游已经成为一种负担;另一方面,也从一定程度上表明,长三角地区居民已经走过了在黄金周外出旅游的阶段,如今主要是通过带薪假期从事旅游活动。其次,从南京、苏州、杭州、宁波和合肥等城市居民选择倾向看,博物馆等场所是一个重要的选项。此外,酒吧和咖吧等场所也有相当高的选择比例。最后,也需要指出,在现阶段各种宗教场所也成为城市居民外出休闲的重要去处,成为居民祈求家庭和睦与生活安康的祈福场所。

四、休闲时间

休闲时间是休闲活动开展的重要基础,本研究将休闲时间分为平时、周末以及黄金周三个不同时间段展开调查,观察不同城市居民在不同时间段内休闲时间的占有和使用情况。

(一)平时休闲时间分配

平时休闲时间指的是周一到周五工作日期间的休闲时间,它们大多是碎片化的,所以本研究将平时休闲时间设置为1小时以下、2~3小时、3~5小时、5小时以上四个区间,对上海、杭州、宁波、合肥、苏州、南京6个城市居民平时休闲时间进行调查,并对各城市数据进行单独统计,得到休闲时间具体分布如表4-16所示。

表4-16　6个城市居民平时休闲时间选择　　　　　　(单位:%)

休闲时间	上海	杭州	宁波	合肥	苏州	南京
1小时以下	18.66	14.48	16.89	16.16	19.73	19.45
2~3小时	48.75	49.73	46.05	55.89	55.07	50.96
4~5小时	19.50	22.95	23.71	17.81	14.52	20.55
6小时以上	13.09	12.84	13.35	10.14	10.68	9.04

从总体来看,六地居民工作日每天休闲时间大多是在2~3小时,该

区间占比在 45％以上；各城市中休闲时间在 5 小时以上的居民占比最少，在 10％左右；且在休闲时间分布中，六地平均有 15％左右的居民平时休闲时间在 1 小时以下；平均有 20％左右的居民平时休闲时间 3～5 小时。由此可见，城市居民总体休闲时间在 3 小时左右徘徊。

从城市差异横向对比来看，六地居民在平时休闲时间"1 小时以下"和"3～5 小时"的选择上存在横向差异，对比分析可以发现，苏州居民的选择更偏向前者，而上海、杭州、宁波、合肥、南京居民的选择更偏向后者。由此可知，相比其他五个城市，苏州有较大比例的居民平时休闲时间低于 1 小时。

从城市差异纵向对比来看，平时休闲时间低于 1 小时的选择中，比例值最大的为苏州，为 19.73％；其次为南京的 19.45％；而比例值最低的为杭州的 14.48％。平时休闲时间在 2～3 小时的选择中，合肥的比例值最高，为 55.89％；而上海比例值最低，为 48.75％。平时休闲时间在 3～5 小时的选择中，宁波比例值最大，为 23.71％；其次为杭州 22.95；苏州比例值最低，为 14.52％，与宁波相差近 10 个百分点。平时休闲时间在 5 小时以上的选择中，宁波比例值最大，为 13.35％。其次为上海 13.09％；南京比例值最小，为 9.04％。由此可以看出，平时休闲时间较多的城市为宁波、杭州和上海；平时休闲时间较少的城市为苏州、合肥和南京；上海相比其他城市在两端的选择上会更加突出，即在平时休闲时间上两极分化程度相比其他城市较为高。

（二）周末休闲时间分配

周末休闲时间指的是居民在双休日的休闲时间。本研究将周末休闲时间设置为 4 小时以下、4～10 小时、10～15 小时、15 小时以上四个区间，对上海、杭州、宁波、合肥、苏州、南京 6 个城市居民的周末休闲时间进行调查，并对各城市数据进行单独统计，得到居民周末休闲时间分布如下，见表 4－17。

表 4 - 17　6 个城市居民周末休闲时间选择　　　（单位：%）

休闲时间	上海	杭州	宁波	合肥	苏州	南京
4 小时以下	20.89	21.58	26.70	23.29	23.84	22.74
5～10 小时	54.87	52.46	48.50	47.67	50.14	51.51
11～15 小时	16.99	17.76	13.35	18.36	16.99	15.62
16 小时以上	7.25	8.20	11.45	10.68	9.03	10.13

从总体来看，上海、杭州、宁波、合肥、苏州、南京六地居民在周末休闲时间选择倾向上基本相似，皆为 4～10 小时占比最高，其次是 4 小时以下，再者是 10～15 小时，15 小时以上占比最低。在周末休闲时间具体选择上，六地均有 45%～55% 的居民选择在周末分配 4～10 小时用于休闲；均有 20%～25% 左右的居民选择在周末分配 4 小时以下的休闲时间；均有约 25% 左右的居民周末休闲时间分配在 10 小时以上。可以看出，六地居民周末休闲时间在 4 小时以下、4～10 小时、10 小时以上分配比例为 1：2：1，约有一半居民周末休闲时间在 4～10 小时之间。

从城市差异来看，在周末休闲时间低于 4 小时的选择中，宁波比例值最大，为 26.70%；而上海比例值最低，为 20.89%；其他城市占比均在 22% 左右。在 4～10 小时的选择中，上海比例值最大，为 54.87%；合肥比例值最低，为 47.67%，相差 7.2 个百分点。在 10～15 小时的选择中，合肥比例值最大，为 18.36%；其次为杭州 17.76%；宁波比例值最低，为 13.35%。在 15 小时以上的选择中，宁波比例值最高，为 11.45%；合肥和南京比例值相差不大，分别为 10.68% 和 10.13%；上海的比例值最低，为 7.25%。由此可见，周末休闲时间分配较多的城市为合肥，分配较少的城市为上海，杭州、宁波、苏州、南京在周末休闲时间分配上相差不大。值得注意的是，宁波相比其他城市在两端选项的选择上比例值都是最高的，因此该地居民在周末休闲时间分配上两极分化程度相比其他城市较为高。

（三）黄金周休闲时间分配

本研究将黄金周休闲时间设置为 1 天以下、1～3 天、3～5 天、5 天以上四个区间，对上海、杭州、宁波、合肥、苏州、南京 6 个城市居民黄金周休闲时间进行调查，并对各城市数据进行单独统计，得到居民在黄金周期间休闲时间分布如下，见表 4-18。

表 4-18   6 个城市居民黄金周休闲时间选择 （单位：%）

休闲时间	上海	杭州	宁波	合肥	苏州	南京
1 天以下	8.64	9.29	12.26	8.49	10.68	8.77
2～3 天	56.82	48.63	41.42	43.84	48.77	42.19
4～5 天	25.63	27.32	31.61	34.25	26.58	30.41
6 天以上	8.91	14.76	14.71	13.42	13.97	18.63

从总体来看，上海、杭州、宁波、合肥、苏州、南京六地居民在黄金周休闲时间选择倾向上基本相似，对 1～3 天的选择占比最高，其次是选择分配 3～5 天的休闲时间，再者是分配 5 天以上的休闲时间，而黄金周休闲时间分配在 1 天以下的选择占比最低。在周末休闲时间具体选择上，六地居民表现出较大的差异，但总体来说，在黄金周期间各地居民都能够较为充分的利用闲暇时间来进行休闲活动。

从城市差异来看，在黄金周休闲时间分配低于 1 天的选择中，宁波比例值最大，为 12.26%；其次为苏州 10.68%；上海、杭州、合肥、南京比例值均在 9% 上下浮动。在 1～3 天的选择中，六地比例值的跨度较大，其中上海比例值最高，为 56.82%；而宁波比例值最低，为 41.42%，两者相差 15.4 个百分点；苏州与杭州居民在该选项的选择上比例相当，南京居民的选择比例则于宁波接近。在 3～5 天的选择中，合肥比例值最高，为 34.25%；宁波和南京比例值接近，分别为 31.61% 和 30.41%；此外，在该选项中上海、杭州、苏州的比例值接近,分别为 25.63%、27.32% 和 26.58%。在 5 天以上的选择中南京的比例值最大,为 18.63%;上海比例值最小,为 8.91%。由此可知,受工作压力影响,不同城市在黄金周期间休闲时间的分配上表现出较大差异。其中,休闲时间最多的城市是南京,有 3 天以上休闲时间的居民占比为 49.04%;杭州、宁波、合肥、苏州紧随其后,皆有 40% 以上的居民休闲时间分配在 3 天以上;而上海居民的休闲时间最少,仅有 34.54% 的居民休闲时间分配在 3 天以上。

五、休闲消费

休闲消费支出在一定程度上可以反映居民对休闲活动的态度及认可程度。本研究通过对平时、周末、黄金周三个不同时间段内不同城市居民开展休闲活动时的消费水平展开调查,旨在从经济角度反映城市居民的休闲生活水平。

(一)平时休闲消费的支出

上海、杭州、宁波、合肥、苏州、南京城市居民平时休闲消费支出统计结果如表 4-19 所示。

表 4-19 6 个城市居民平时休闲消费支出 (单位:%)

休闲时间	上海	杭州	宁波	合肥	苏州	南京
50 元以下	36.49	37.43	33.51	29.04	33.70	33.70
51～100 元	34.82	36.34	41.69	44.11	40.82	40.55
101～300 元	18.38	15.57	16.35	17.53	17.81	16.44
301 元以上	10.31	10.66	8.45	9.32	7.67	9.31

从总体来看,六地居民平时消费支出主要在 100 元以下,占比皆在 73% 以上;而对 100 元以上消费支出的选择在 25%～30% 之间,其中在 101～300 元之间的消费支出选择在 15%～20% 之间。由此可以看出,受

平时休闲时间的影响,居民平时的休闲消费活动选择较为单调,因此消费支出也处于较低水平。

从城市差异来看,上海居民平时休闲消费支出相对较高,有 28.69% 的居民平时休闲消费支出在 100 元以上;其次是杭州和合肥,消费支出 100 元以上的选择占比分别为 26.23% 和 26.85%。而宁波平时休闲消费支出相对较低,对 100 元以下消费支出选择的合计占比最高,为 75.2%。可以看出,上海居民平时休闲消费支出处于较高水平,其他城市还有待提高。

(二)周末休闲消费的支出

上海、杭州、宁波、合肥、苏州、南京城市居民周末休闲消费支出统计结果如表 4-20 所示。

表 4-20　6 个城市居民周末休闲消费支出　　　　　(单位:%)

休闲时间	上海	杭州	宁波	合肥	苏州	南京
100 元以下	18.38	26.23	13.90	15.34	15.89	18.90
100~300 元	49.03	45.36	54.22	50.96	50.14	51.51
301~500 元	23.12	20.22	22.89	25.48	24.11	19.18
501 元以上	9.47	8.19	8.99	8.22	9.86	10.41

从总体来看,六地居民周末的休闲消费支出主要集中在 100~300 元,占比均在 45%~55% 之间,且皆有 9% 左右的居民周末休闲消费支出在 500 元以上。由此可知,伴随着周末闲暇时间的增多,六地居民的休闲消费支出出现一定程度的增加。

从城市差异来看,周末消费支出 100 元以下的选项中,杭州的比例值最高,为 26.23%;宁波的比例值最低,为 13.90%,两者相差 12.33 个百分点。在 301~500 元选项中,合肥比例值最高,为 25.48%;南京比例值最低,为 19.18%。可以看出,周末消费支出在 300 以上的选项中,苏州有

33.97%的居民,比例值最高;合肥仅次于苏州,比例值为33.7%;上海和宁波比例值接近,分别为32.59%和31.88%;杭州和南京比例值较低,分别为28.42%和29.59%。因此,在周末消费中苏州和合肥消费水平较高,杭州和南京消费水平还有待提升。

（三）黄金周休闲消费的支出

上海、杭州、宁波、合肥、苏州、南京城市居民黄金周休闲消费支出统计结果如表4-21所示。

表4-21　6个城市居民黄金周休闲消费支出　　（单位：%）

休闲时间	上海	杭州	宁波	合肥	苏州	南京
500元以下	18.38	24.32	19.62	16.44	17.26	21.64
501~1 000元	39.28	33.33	28.07	28.77	28.77	29.59
1 001~3 000元	25.63	28.14	32.96	35.34	34.52	29.59
3 001元以上	16.71	14.21	19.35	19.45	19.45	19.18

从总体来看,黄金周期间6个城市居民的消费支出主要集中在500~1 000元以及1 000~3 000元,占比皆在25%~40%,两者合计占比皆在60%以上。可以看出,黄金周在居民消费支出大幅度增加,因此,黄金周出游是带动休闲消费的有效途径。

从城市差异来看,有24.32%的杭州居民黄金周期间消费支出在500元以下,比例值最高;其次为南京。黄金周消费支出在500~1 000元的选项中,上海比例值最高,为39.28%;其次为杭州33.33%;宁波、合肥、苏州、南京比例值在29%左右。在1 001~3 000元的选项中,上海、杭州、南京比例值在30%以下;宁波、合肥、苏州比例值在30%以上。在3 000元以上选项中,上海比例值为16.71%;杭州比例值最低,为14.21%;宁波、合肥、苏州比例值接近,均在19%以上。可以看出,宁波、合肥、苏州居民黄金周休闲消费支出较高,在1 001元以上消费支出的占比均超过50%,

而上海、杭州居民消费支出较低,1 001 元以上消费支出的占比分别为42.34%和42.26%,消费支出有待提高。

第四节　休闲方式的影响因素分析

一、休闲活动选择的影响因素分类

在本项研究中,影响因素是指影响城市居民休闲方式选择的主体性因素和客体性因素的总和,从内容上可以概括为以下五大类别,即休闲方式本身的性质、休闲设施及服务因素、个人健康及心理因素、个人社会经济因素和社会群体支持因素。本文根据五类因素的基本框架,排列出与城市居民休闲活动相关的 19 项具体因素,作为分析的基础,具体分类如下。

第一,休闲方式本身的性质是对休闲活动内在形式和内容的概括,主要包括休闲方式的趣味性、娱乐性、健身性、时尚性、知识性和参与性六种因素。

第二,休闲设施及服务因素是对休闲活动的载体及其管理、服务、产品宣传和可达性的概括,主要包括休闲设施的质量、休闲服务的水平、休闲产品的宣传和推荐、休闲场所的管理水平、是否有专业人士指导、休闲场所与居住地的距离以及休闲场所交通便利性七种因素。

第三,社会群体支持因素是对休闲活动参加者在休闲方式选择中得到的支持性力量的概括,主要包括周围人参与休闲活动的状况和家人朋友对本人参与休闲活动的支持两种因素。

第四,个人健康及心理因素是对休闲活动参加者的自身素质及个性偏好的概括,主要包括个人心情和个人兴趣爱好两种因素。

第五,个人社会经济因素是对休闲活动参加者客观上被允许进行休闲活动的条件的概括,主要包括个人收入水平和休闲花费两种因素。

在五大类因素中,前两类因素是有关休闲方式选择的客体性因素,主要从客观上影响着城市居民参与休闲活动的范围、频次和深度;后三项是影响休闲方式选择的主体性因素,并从主观上影响着城市居民参与休闲活动的层次、消费档次和愉悦程度。下文将根据三地居民对于这五类共19种因素的偏好程度选择的结果,从区域性特征层面展开休闲方式选择影响因素的研究。

二、休闲活动选择的影响因素分析

本研究将影响居民休闲方式选择的因素划分为五大类,共19项,并分为完全没影响、影响比较小、影响比较大、非常有影响四个影响程度,从五个层面分别分析六地居民对各影响因素影响程度的判断,见表4-22。

第一,在"完全无影响"的选择中,上海比例平均值最高的前两项为休闲方式性质因素和个人社会经济因素,平均值分别为9.70%和8.91%,休闲设施及服务因素、群体支持因素、个人心理因素平均值均在6.5%左右。而杭州、宁波、合肥、苏州和南京在完全无影响选择中比例平均值最高的前两项为休闲方式性质因素和群体支持因素,其中,休闲方式性质因素在杭州、宁波、合肥、南京的平均值最高,而群体支持因素在苏州的平均值最高;五地在后三项的选择上排序依次为休闲设施及服务因素、个人心理因素以及个人社会经济因素,且在休闲设施及服务因素、个人心理因素的选择上没有明显的地区差异;在个人社会经济因素的比例平均值中最低的为合肥,仅有5.75%,而其他四地的比例平均值在7%左右。

第二,在"影响比较小"的选择中,上海比例平均值最高的前两项为休闲

表4-22 6个城市居民休闲活动选择的影响因素分析

（单位：%）

影响因素	完全没影响						影响比较小					
	上海	杭州	宁波	合肥	苏州	南京	上海	杭州	宁波	合肥	苏州	南京
休闲方式趣味性	6.13	10.66	13.08	8.22	10.68	12.88	21.17	27.60	25.34	24.93	25.21	22.47
休闲方式娱乐性	5.57	10.93	8.45	9.04	10.41	9.86	22.01	31.97	31.61	25.48	28.49	29.04
休闲方式健身性	15.60	21.31	20.16	15.07	19.18	16.71	39.00	44.54	42.51	39.18	40.00	43.84
休闲方式时尚性	12.26	22.13	20.44	21.10	21.64	26.58	41.78	46.17	44.41	40.55	44.93	41.37
休闲方式知识性	10.86	16.94	16.89	13.15	16.16	14.52	35.38	45.36	39.78	40.00	42.74	43.56
休闲方式参与性	7.80	11.75	13.90	11.23	13.97	9.86	34.26	36.61	31.61	32.60	33.97	36.99
休闲方式性质量因素平均值	9.70	15.62	15.49	12.97	15.34	15.07	32.27	38.71	35.88	33.79	35.89	36.21
休闲设施质量	5.29	9.84	8.45	7.40	9.59	8.22	23.40	20.49	19.62	14.79	19.45	17.53
休闲服务水平	5.01	9.84	8.72	6.03	10.41	7.67	22.84	19.95	17.44	17.53	17.53	19.73
休闲产品宣传与推荐	6.96	15.30	15.53	12.60	16.16	13.97	37.33	44.54	41.14	38.63	40.82	49.32
休闲场所管理水平	4.74	8.47	6.27	7.67	6.85	5.21	23.96	27.60	21.80	22.74	26.03	23.01
是否有专业人士的指导	9.47	19.95	17.44	16.71	16.71	16.44	27.02	39.34	36.24	36.16	40.27	38.63
休闲场所居住地距离	10.03	7.65	11.72	12.88	11.23	12.05	28.41	27.87	22.62	24.93	21.92	24.11
休闲场所交通便利性	5.29	8.74	8.99	7.12	10.41	9.86	16.99	18.58	14.99	18.90	15.89	19.18
休闲设施及服务因素平均值	6.69	11.40	11.02	10.06	11.62	10.49	25.71	28.34	24.83	24.81	25.99	27.36
周围人参与休闲活动多少	6.96	10.11	11.72	10.41	13.97	14.52	19.50	42.90	41.96	43.56	37.53	41.10
家人朋友支持	6.41	14.21	16.89	15.34	17.26	14.52	18.11	33.06	30.79	29.32	30.96	34.79

（续表）

影响因素	完全没影响						影响比较小					
	上海	杭州	宁波	合肥	苏州	南京	上海	杭州	宁波	合肥	苏州	南京
群体支持因素平均值	6.69	12.16	14.31	12.88	15.62	14.52	18.80	37.98	36.38	36.44	34.25	37.95
心情	7.52	9.02	10.90	8.22	10.41	10.96	18.94	14.48	11.44	17.53	14.52	13.97
兴趣爱好	6.41	8.74	8.17	9.86	9.04	9.32	24.79	14.48	14.17	12.88	16.16	16.99
个人心理因素平均值	6.96	8.88	9.54	9.04	9.73	10.14	21.87	14.48	12.81	15.21	15.34	15.48
收入水平高低	11.14	8.47	8.72	5.48	9.04	5.48	20.06	26.78	27.25	25.75	26.58	24.66
休闲花费多少	6.69	8.20	6.81	6.03	8.77	7.95	24.51	27.32	25.61	29.04	26.03	25.75
个人社会经济因素平均值	8.91	8.33	7.77	5.75	8.90	6.71	22.28	27.05	26.43	27.40	26.30	25.21

影响因素	影响比较大						非常有影响					
	上海	杭州	宁波	合肥	苏州	南京	上海	杭州	宁波	合肥	苏州	南京
休闲方式趣味性	50.42	40.98	43.60	47.40	46.03	46.85	22.28	20.77	17.98	19.45	18.08	17.81
休闲方式娱乐性	51.53	37.70	40.60	40.82	39.18	39.45	20.89	19.40	19.35	24.66	21.92	21.64
休闲方式健身性	34.54	26.23	26.98	30.68	27.95	27.12	10.86	7.92	10.35	15.07	12.88	12.33
休闲方式时尚性	33.15	23.22	25.34	27.40	25.75	22.74	12.81	8.47	9.81	10.96	7.67	9.32
休闲方式知识性	40.39	30.33	32.43	37.53	29.59	33.42	13.37	7.38	10.90	9.32	11.51	8.49
休闲方式参与性	45.40	38.52	39.51	40.00	39.45	42.19	12.53	13.11	14.99	16.16	12.60	10.96
休闲方式性质因素平均值	42.57	32.83	34.74	37.31	34.66	35.30	15.46	12.84	13.90	15.94	14.11	13.42

（续表）

影响因素	影响比较大						非常有影响					
	上海	杭州	宁波	合肥	苏州	南京	上海	杭州	宁波	合肥	苏州	南京
休闲设施质量	47.63	43.17	37.87	40.82	38.63	46.03	23.68	26.50	34.06	36.99	32.33	28.22
休闲服务水平	47.63	43.72	43.32	37.53	39.73	37.81	24.51	26.50	30.52	38.90	32.33	34.79
休闲产品宣传与推荐	43.45	32.79	34.88	40.00	33.15	26.03	12.26	7.38	8.45	8.77	9.86	10.68
休闲场所管理水平	50.14	46.45	47.68	46.85	46.30	52.88	21.17	17.49	24.25	22.74	20.82	18.90
是否有专业人士的指导	39.83	27.32	32.15	32.60	28.77	30.41	23.68	13.39	14.17	14.52	14.25	14.52
休闲场所离居住地距离	40.67	39.62	37.33	35.89	36.71	35.89	20.89	24.86	28.34	26.30	30.14	27.95
休闲场所交通便利性	44.85	44.54	40.60	46.58	37.26	40.55	32.87	28.14	35.42	27.40	36.44	30.41
休闲设施及服务因素平均值	44.89	39.66	39.12	40.04	37.22	38.51	22.72	20.61	25.03	25.09	25.17	23.64
周围人参与休闲活动多少	44.57	33.88	35.97	33.97	37.53	33.42	28.97	13.11	10.35	12.05	10.96	10.96
家人朋友支持	47.63	34.43	31.06	37.81	33.15	35.89	27.86	18.31	21.25	17.53	18.63	14.79
群体支持因素平均值	46.10	34.15	33.51	35.89	35.34	34.66	28.41	15.71	15.80	14.79	14.79	12.88
心情	43.18	34.97	34.06	30.14	32.33	32.05	30.36	41.53	43.60	44.11	42.74	43.01
兴趣爱好	45.96	41.80	46.32	38.63	41.64	41.37	22.84	34.97	31.34	38.63	33.15	32.33
个人心理因素平均值	44.57	38.39	40.19	34.38	36.99	36.71	26.60	38.25	37.47	41.37	37.95	37.67
收入水平高低	47.91	38.25	37.06	38.63	37.26	36.44	20.89	26.50	26.98	30.14	27.12	33.42
休闲花费多少	46.80	41.80	45.23	41.92	41.92	41.64	22.01	22.68	22.34	23.01	23.29	24.66
个人社会经济因素平均值	47.35	40.03	41.14	40.27	39.59	39.04	21.45	24.59	24.66	26.58	25.21	29.04

方式性质因素、休闲设施及服务因素,平均值分别为 32.27% 和 25.71%;杭州、宁波、合肥、苏州和南京五地比例平均值最高的前两项不变,仍为休闲方式性质因素和群体支持因素,其中苏州和杭州对休闲方式性质因素选择的比例值要高于群体支持因素,宁波、合肥、南京则正好相反。在后三项选择上,上海比例平均值由高到低排列依次为个人社会经济因素、个人心理因素和群体支持因素,杭州、宁波、合肥、苏州和南京比例平均值由高到低排列依次为休闲设施及服务因素、个人社会经济因素以及个人心理因素。

第三,六地在因素"影响比较大"的选择中,比例平均值最高的都是个人社会经济因素,其中上海平均值为 47.35%,其他五成平均值在 40% 左右。杭州、合肥、苏州、南京四地比例平均值排第二的是休闲设施及服务因素,在 38% 左右;上海地区排第二的是群体支持因素,比例平均值为 46.10%;宁波地区排第二的是个人心理因素,比例平均值为 40.19%。此外,上海地区对后三项因素的比例平均值均高于 40%,杭州、宁波、合肥、南京、苏州五地后三项因素的比例平均值均高于 30% 且低于 40%。

第四,在"非常有影响"的选择中,上海比例平均值最高的为群体支持因素;杭州、宁波、合肥、苏州、南京五地比例平均值最高的为个人心理因素。个人心理因素在上海的比例平均值中排第二,休闲设施及服务因素在宁波的比例平均值中排第二,而其他五城中个人社会经济因素排第二。上海、杭州、宁波、苏州地区比例值最低的为休闲方式性质因素,合肥、南京地区比例值最低的为群体支持因素。

为便于分析城市间差异,将五类影响因素中影响比较大和影响非常大两项数值相加,得到区域分布如表 4-23 所示。

表 4-23 6 个城市居民休闲活动选择的影响因素平均值比较（单位：％）

影响因素类别	上海	杭州	宁波	合肥	苏州	南京
休闲方式性质因素平均值	58.03	45.67	48.64	53.25	48.77	48.72
休闲设施及服务因素平均值	67.61	60.27	64.15	65.13	62.39	62.15
群体支持因素平均值	74.51	49.86	49.31	50.68	50.13	47.54
个人心理因素平均值	71.17	76.64	77.66	75.75	74.94	74.38
个人社会经济因素平均值	68.80	64.62	65.80	66.85	64.80	68.08

由此可知，上海居民认为五类因素对休闲方式影响程度从大到小排序依次为群体支持因素、个人心理因素、个人社会经济因素、休闲设施及服务因素、休闲方式性质因素；其他五地居民认为五类因素对休闲方式影响程度从大到小排序依次为个人心理因素、个人社会经济因素、休闲设施及服务因素、群体支持因素、休闲方式影响因素。且六地居民对个人心理因素的选择比例平均值均在 70％以上，对个人社会经济因素选择的平均值均在 60％以上。

可以看出，相比其他地区居民，上海居民在从事休闲活动时更看重群体支持因素，社会黏性更强；其次是关注个人心理和社会经济因素；杭州、宁波、合肥、苏州、南京居民在从事休闲活动时则将个人的心理和社会因素放在前列，其次是关注休闲设施和服务，对群体支持因素重视程度较低。整体来看，六地居民对休闲方式性质因素关注度最低。

第五节 休闲方式的满意度分析

一、休闲满意度分类

本研究对城市居民休闲满意度的测量分为 6 个题项，分别为休闲方式丰富程度、休闲设施完善程度、休闲时尚前沿程度、休闲氛围浓厚程度、休闲产业发达程度、休闲环境安全程度 6 个题项,按照非常不满意、不太满意、基本满意、非常满意四个程度,对每个题项的满意度进行测量,对上海、杭州、宁波、合肥、苏州、南京 6 个地区居民进行调查,以此分析不同城市居民对不同休闲环境的态度。对 6 个城市居民休闲满意度的测量结果如表 4 - 24 所示。

二、休闲满意度分类分析

第一,在"非常不满意"选项中,上海居民没有表现出明显的倾向;杭州居民选择比例值最高的前三项依次为休闲氛围浓厚程度、休闲时尚前沿程度和休闲环境安全程度,比例值分别为 4.64%、4.37% 和 3.01%;宁波居民选择比例值最高的前三项是休闲产业发达程度、休闲氛围浓厚程度和休闲时尚前沿程度,比例值依次为 6.81%、5.99% 和 5.45%;合肥居民选择比例值最高的前三项是休闲时尚前沿程度、休闲产业发达程度和休闲氛围浓厚程度,比例值依次为 7.12%、6.85% 和 5.48%;苏州居民选择比例值最高的前三项是休闲方式丰富程度、休闲产业发达程度和休闲时尚前沿程度,比例值依次为 5.21%、5.21% 和 4.93%;南京居民选择比例值最高的前三项是休闲氛围浓厚程度、休闲时尚前沿程度和休闲设施完善程度,比例值依次为 7.67%、6.58% 和 5.75%。 由此可以看出,除上海外其他城市居民对所在地休闲氛围浓厚程度、休闲时尚前沿程度的不满意度较高。

第二,在"不太满意"的选项中,上海居民选择比例值最高的前两项为休闲设施完善程度和休闲产业发达程度,比例值分别为 10.31% 和 12.26%,其他选项比例值均在 8%～9% 之间;杭州、宁波、合肥、苏州、南京五地居民选择比例值最高都是休闲时尚前沿程度,其中,合肥的比例值最高,为 42.19%,其次是宁波的 34.06%;除前沿外,对休闲氛围浓厚程度

表4-24　6个城市居民休闲满意度分析

（单位：%）

类别	非常不满意						不大满意						基本满意						非常满意					
	上海	杭州	宁波	合肥	苏州	南京	上海	杭州	宁波	合肥	苏州	南京	上海	杭州	宁波	合肥	苏州	南京	上海	杭州	宁波	合肥	苏州	南京
休闲方式丰富程度	1.11	2.46	4.63	4.11	5.21	3.84	8.36	16.67	16.62	22.19	12.88	17.81	66.30	65.57	63.22	58.90	63.56	56.71	24.23	15.30	15.53	14.79	18.36	21.64
休闲设施完善程度	0.84	3.01	3.81	4.93	3.01	5.75	10.31	19.67	24.52	26.30	18.36	19.73	68.80	59.56	53.13	51.51	58.08	53.70	20.06	17.76	18.53	17.26	20.55	20.82
休闲时尚前沿程度	1.11	4.37	5.45	7.12	4.93	6.58	8.08	27.32	34.06	42.19	29.59	26.58	62.12	50.82	45.23	39.18	48.77	47.95	28.69	17.49	15.26	11.51	16.71	18.90
休闲氛围浓厚程度	1.11	4.64	5.99	5.48	4.11	7.67	8.64	20.22	27.79	29.86	22.47	21.37	67.41	56.28	45.50	48.77	53.97	48.77	22.84	18.85	20.71	15.89	19.45	22.19
休闲产业发达程度	1.11	2.46	6.81	6.85	5.21	5.21	12.26	22.40	26.98	35.07	21.10	23.84	59.33	55.74	48.23	44.93	55.34	50.14	27.30	19.40	17.98	13.15	18.36	20.82
休闲环境安全程度	1.11	3.01	2.45	2.47	1.92	3.29	8.64	14.21	13.08	15.89	12.33	17.26	62.40	54.10	56.40	51.23	57.81	50.68	27.86	28.69	28.07	30.41	27.95	28.77

和休闲产业发达程度的选择位居前三,其中杭州、合肥、南京三地对休闲产业发达程度选择的比例值要高于休闲氛围浓厚程度,宁波和苏州正相反,且五地在后三个选择中的比例值均未超过25%。由此可以看出,六地居民对所在城市休闲活动的时尚前沿程度、氛围浓厚程度和产业发达程度不是很满意。

第三,在"基本满意"的选项中,上海、杭州居民选择比例值最高的前三项依次为休闲方式丰富程度、休闲设施完善程度和休闲氛围浓厚程度,且两地排列顺序一致;宁波、合肥、苏州、南京居民选择比例值最高的前三项是休闲方式丰富程度,休闲设施完善程度和休闲环境安全程度,其中对休闲方式丰富程度选择的比例值最高,在60%以上或接近60%;苏州和南京在"休闲设施完善程度"和"休闲环境安全程度"的选择比例值上,前者大于后者,而宁波恰好相反,合肥则没有表现出明显区别。可以看出,六地居民对所在地的休闲方式丰富程度、休闲设施完善程度满意度较高,且上海、杭州居民对本地休闲氛围浓厚程度满意度较高,宁波、合肥、苏州、南京居民对本地休闲环境安全程度满意度较高。

第四,在"非常满意"的选项中,不同城市各有侧重。上海居民选择比例值最高的前三项依次为休闲时尚前沿程度、休闲环境安全程度和休闲产业发达程度,比例值分别为28.69%、27.86%和27.30%。杭州居民选择比例值最高的前三项依次为休闲环境安全程度、休闲产业发达程度和休闲氛围浓厚程度,比例值分别为28.69%、19.40%和18.85%。宁波、合肥、苏州居民选择比例值最高的前三项包括休闲环境安全程度、休闲设施完善程度和休闲氛围浓厚程度,且休闲环境安全程度的比例值皆为最高;合肥和苏州居民对休闲设施完善程度选择的比例值要高于休闲氛围浓厚程度,而宁波恰好相反。南京居民选择比例值最高的前三项依次为休闲环境安全程度、休闲氛围浓厚程度和休闲方式丰富程度,比例值分别为

28.77％、22.19％和21.64％。由此看来,六地居民对所在地休闲安全表示非常放心,且对休闲氛围也表示非常满意。

为便于进一步分析城市间差异,6个类别中基本满意和非常满意两项数值相加,得到区域分布如表4-25所示。

表4-25　6个城市居民休闲满意度区域分析　（单位：％）

类　　别	上海	杭州	宁波	合肥	苏州	南京
休闲方式丰富程度	90.53	80.87	78.75	73.70	81.92	78.36
休闲设施完善程度	88.86	77.32	71.66	68.77	78.63	74.52
休闲时尚前沿程度	90.81	68.31	60.49	50.68	65.48	66.85
休闲氛围浓厚程度	90.25	75.14	66.21	64.66	73.42	70.96
休闲产业发达程度	86.63	75.14	66.21	58.08	73.70	70.96
休闲环境安全程度	90.25	82.79	84.47	81.64	85.75	79.45

可以看出,上海居民对本地休闲活动开展各方面满意度均处于较高水平,且评价相对稳定,比例值均在86％～91％之间,最大值与最小值差不超过5个百分点。杭州、宁波、合肥、苏州、南京居民在满意度评价上基本相似,按照总体比例值从大到小排列,前三项皆为休闲环境安全程度、休闲方式丰富程度、休闲设施完善程度,且顺序一样。除此之外,值得注意的是,上海居民对本地休闲时尚前沿程度的满意度较高,充分体现了魔都独特的文化环境。另外,杭州、宁波、合肥、苏州、南京五地在休闲发展上还有很大空间和可能。

三、休闲活动收获分析

本研究针对城市居民开展休闲活动后的收获设置了19个选项进行测量,按照完全没收获、收获比较小、收获比较大、收获非常大四个程度对每个选项进行测量,以上海、杭州、宁波、合肥、苏州、南京六座城市作为案例地,分析了不同城市居民在休闲活动开展后收获的大小。对城市居民休闲活动收获的测量结果如表4-26所示。

　　第一,在"完全没收获"的选择中,上海、杭州、宁波、南京居民选择比例值最高的前两项是"刺激单调生活,满足冒险需要"和"满足挑战自我、挑战自然需要";其中宁波和南京居民对前者的选择大于后者,上海和杭州居民的选择恰好相反。而合肥和苏州居民选择比例值最高的前两项是"刺激单调生活,满足冒险需要"和"挖掘自己潜能";苏州居民对前者的选择大于后者,比例值分别为10.96％和9.04％,合肥与之相反,对应比例值为10.14％和10.96％。由此可以看出,六地居民普遍认为从事休闲活动没有"刺激单调生活,满足冒险需要"的收获,此外在"满足挑战自我、挑战自然需要"和"挖掘自己潜能"上的收获也相对较低。

　　第二,在"收获比较小"的选择中,上海和苏州居民选择比例值最高的前两项依次为"满足挑战自我、挑战自然需要"和"实现自己价值";其中上海比例值分别为34.54％和33.98％,苏州比例值分别为43.56％和42.47％。杭州、宁波、合肥居民选择比例值最高的前两项为"刺激单调生活,满足冒险需要"和"实现自己价值";其中合肥居民对前者的选择大于后者,而杭州和宁波居民的选择与之相反。而南京居民选择比例值最高的前两项依次为"实现自己价值"和"挖掘自己潜能",比例值分别为43.84％和38.63％。由此可知,六地居民多数参与休闲活动带来的"实现自我价值"方面的收获很小,且在"刺激单调生活,满足冒险需要"和"满足挑战自我、挑战自然需要"方面也没有很大收获。

　　第三,在"收获比较大"的选择中,六地居民普遍认为参与休闲活动能够在"减轻或消除生活、工作压力"方面带来较大收获,各地居民选择的比例值均在55％以上。除此之外,上海居民选择比例值较高的选项还有"减轻或消除心理上消极情绪"和"放松心情,获得愉快体验",比例值分别为

表 4-26 城市居民休闲活动收获分析

(单位：%)

休闲活动收获	完全没收获						收获比较小					
	上海	杭州	宁波	合肥	苏州	南京	上海	杭州	宁波	合肥	苏州	南京
减轻或消除生活、工作压力	2.79	1.64	1.63	1.64	2.19	3.84	10.58	17.76	14.71	14.52	13.97	15.07
减轻或消除心理上消极情绪	2.23	1.37	1.36	1.10	1.10	1.92	15.60	24.59	17.44	18.63	20.27	21.37
放松心情，获得愉快体验	3.34	1.91	1.63	1.10	1.10	2.19	7.80	12.57	9.81	9.59	12.33	13.42
因完成某些活动求得成就感	4.74	3.01	6.54	3.84	6.03	5.48	27.86	36.61	33.79	37.53	40.00	36.44
扩大视野，获得新知识、经验	4.74	1.91	2.45	2.47	2.19	4.11	20.89	28.96	27.25	27.12	29.04	29.32
陶冶情操，满足审美需要	4.74	2.73	4.36	2.19	1.10	4.66	24.51	31.97	25.07	27.12	31.23	30.96
锻炼身体，保持健康	3.90	3.83	3.81	2.74	3.56	5.21	25.35	24.32	23.16	20.82	23.01	27.67
丰富兴趣爱好	3.90	2.19	4.63	4.38	2.19	5.75	22.01	23.77	22.89	21.10	22.19	23.56
提高自己对社会认识能力	6.41	2.46	5.45	1.37	1.64	4.93	24.51	27.87	25.61	26.30	28.22	30.14
刺激单调生活，满足冒险需要	10.31	9.02	13.08	10.14	10.96	11.78	31.48	42.08	39.51	40.00	40.00	37.81
满足挑战自我，挑战自然需要	12.26	9.56	11.44	6.85	8.22	11.23	34.54	36.89	34.60	35.89	43.56	37.53
暂时远离烦嚣都市，回归自然	6.96	3.83	4.63	3.56	6.58	7.67	23.96	28.96	19.89	24.66	18.63	23.84
暂时远离拥挤人群，回归自我	6.13	4.37	5.45	3.29	5.48	7.67	24.79	30.05	21.53	23.56	23.01	24.66
获得心灵平静	5.01	3.55	2.72	1.37	2.47	4.11	25.63	27.05	22.34	18.90	20.00	22.19

（续表）

休闲活动收获	完全没收获						收获比较小					
	上海	杭州	宁波	合肥	苏州	南京	上海	杭州	宁波	合肥	苏州	南京
加深对自己了解	9.19	6.01	3.81	5.48	4.93	8.22	31.75	37.98	37.60	36.71	35.62	34.79
挖掘自己潜能	8.91	7.65	6.54	10.96	9.04	8.49	33.15	39.07	39.24	31.51	37.53	38.63
实现自己价值	9.47	8.47	8.72	8.22	5.75	8.49	33.98	45.90	41.42	38.90	42.47	43.84
调整与家人朋友关系，增进亲情友情	3.90	3.28	2.72	1.92	3.56	4.93	14.21	19.67	14.99	16.99	16.99	18.36
扩大交际范围，获得新的友谊或经历	5.29	4.10	2.45	3.56	3.84	6.30	22.56	24.04	20.98	24.11	24.11	23.29

休闲活动收获	收获比较大						收获非常大					
	上海	杭州	宁波	合肥	苏州	南京	上海	杭州	宁波	合肥	苏州	南京
减轻或消除生活、工作压力	68.80	59.56	60.49	60.00	62.19	55.62	17.83	21.04	23.16	23.84	21.64	25.48
减轻或消除心理上消极情绪	63.79	51.64	53.95	52.88	52.33	47.67	18.38	22.40	27.25	27.40	26.30	29.04
放松心情，获得愉快体验	64.62	51.09	50.68	46.03	51.78	49.86	24.23	34.43	37.87	43.29	34.79	34.52
因完成某些活动获得成就感	50.70	45.36	36.24	40.00	36.99	40.00	16.71	15.03	23.43	18.63	16.99	18.08
扩大视野，获得新知识、经验	57.38	51.09	52.59	51.23	52.05	47.95	16.99	18.03	17.71	19.18	16.71	18.63
陶冶情操，满足审美需要	53.48	46.45	52.86	48.22	48.22	45.21	17.27	18.85	17.71	22.47	19.45	19.18

（续表）

休闲活动收获	收获比较大						收获非常大					
	上海	杭州	宁波	合肥	苏州	南京	上海	杭州	宁波	合肥	苏州	南京
锻炼身体，保持健康	55.15	52.46	48.50	47.95	46.03	44.11	15.60	19.40	24.52	28.49	27.40	23.01
丰富兴趣爱好	55.71	49.73	44.69	47.67	52.33	47.67	18.38	24.32	27.79	26.85	23.29	23.01
提高自己对社会认识能力	55.43	51.09	45.78	53.42	51.23	46.30	13.65	18.58	23.16	18.90	18.90	18.63
刺激单调生活，满足冒险需要	42.34	34.97	32.70	33.97	38.90	34.79	15.88	13.93	14.71	15.89	10.14	15.62
满足挑战自我，挑战自然需要	43.45	38.80	41.42	40.00	32.88	33.70	9.75	14.75	12.53	17.26	15.34	17.53
暂时远离喧嚣都市，回归自然	52.09	42.62	41.96	41.10	49.04	39.45	16.99	24.59	33.51	30.68	25.75	29.04
暂时远离拥挤人群，回归自我	53.20	44.81	44.41	51.23	49.32	41.64	15.88	20.77	28.61	21.92	22.19	26.03
获得心灵平静	51.81	48.63	46.87	51.23	52.88	46.85	17.55	20.77	28.07	28.49	24.66	26.85
加深对自己了解	47.35	39.89	41.42	41.37	42.74	38.36	11.70	16.12	17.17	16.44	16.71	18.63
挖掘自己潜能	45.68	37.70	36.24	37.26	36.99	35.07	12.26	15.57	17.98	20.27	16.44	17.81
实现自己价值	44.29	36.07	40.05	38.08	40.55	35.34	12.26	9.56	9.81	14.79	11.23	12.33
调整与家人朋友关系，增进亲情友情	55.43	52.73	47.14	49.59	51.23	47.67	26.46	24.32	35.15	31.51	28.22	29.04
扩大交际范围，获得新的友谊或经历	52.09	52.73	50.68	44.38	50.96	41.64	20.06	19.13	25.89	27.95	21.10	28.77

63.79％和 64.62％；杭州居民认为收获较大的还有"调整与家人朋友关系，增进亲情友情"和"扩大交际范围，获得新的友谊或经历"，比例值皆为52.73％；宁波、合肥、苏州居民同样认为参与休闲活动在"减轻或消除心理上消极情绪"上同样获得了较大收获，三地比例值分别为 53.95％、52.88％和 52.33％；南京居民在"放松心情，获得愉快体验"和"扩大视野，获得新知识、经验"选项上比例值较高，分别为 49.86％和 47.95％。可以看出，参与休闲活动可以有效减轻压力、缓解情绪、放松心情，获得愉快体验，此外还能够学习知识、培养兴趣、提高审美，增进亲情和友情。

第四，在"收获非常大"选择中，上海、宁波、苏州、南京居民选择比例值最高的前两项为"放松心情，获得愉快体验"和"调整与家人朋友关系，增进亲情友情"，其中宁波、苏州、南京居民对前者的选择比例大于后者，上海居民则与之相反。杭州、合肥居民选择比例值最高的前两项依次"放松心情，获得愉快体验"和"暂时远离烦嚣都市，回归自然"，且对两者选择的排列顺序一样。可以看出，人们认为通过参与休闲活动身心能够得到明显放松。

为便于进一步分析城市间差异，6 个类别中收获比较大和收获非常大两项数值相加，得到区域分布如表 4-27 所示。

表 4-27　城市居民休闲活动收获区域分析　　　（单位：％）

休闲活动收获	上海	杭州	宁波	合肥	苏州	南京
减轻或消除生活、工作压力	86.63	80.60	83.65	83.84	83.84	81.10
减轻或消除心理上消极情绪	82.17	74.04	81.20	80.27	78.63	76.71
放松心情，获得愉快体验	88.86	85.52	88.56	89.32	86.58	84.38
因完成某些活动获得成就感	67.41	60.38	59.67	58.63	53.97	58.08
扩大视野，获得新知识、经验	74.37	69.13	70.30	70.41	68.77	66.58
陶冶情操，满足审美需要	70.75	65.30	70.57	70.68	67.67	64.38
锻炼身体、保持健康	70.75	71.86	73.02	76.44	73.42	67.12

（续表）

休闲活动收获	上海	杭州	宁波	合肥	苏州	南京
丰富兴趣爱好	74.09	74.04	72.48	74.52	75.62	70.68
提高自己对社会认识能力	69.08	69.67	68.94	72.33	70.14	64.93
刺激单调生活，满足冒险需要	58.22	48.91	47.41	49.86	49.04	50.41
满足挑战自我、挑战自然需要	53.20	53.55	53.95	57.26	48.22	51.23
暂时远离烦嚣都市，回归自然	69.08	67.21	75.48	71.78	74.79	68.49
暂时远离拥挤人群，回归自我	69.08	65.57	73.02	73.15	71.51	67.67
获得心灵平静	69.36	69.40	74.93	79.73	77.53	73.70
加深对自己了解	59.05	56.01	58.58	57.81	59.45	56.99
挖掘自己潜能	57.94	53.28	54.22	57.53	53.42	52.88
实现自己价值	56.55	45.63	49.86	52.88	51.78	47.67
调整与家人朋友关系，增进亲情友情	81.89	77.05	82.29	81.10	79.45	76.71
扩大交际范围，获得新的友谊或经历	72.14	71.86	76.57	72.33	72.05	70.41

　　从表4-27中可以看出，六地居民参与休闲活动后收获最大的两个方面依次为"放松心情，获得愉快体验"和"减轻或消除生活、工作压力"，其中两者在各地中占比均在80％以上；通过城市间对比可以发现，两项在上海的比例值最高。此外，"减轻或消除心理上消极情绪"和"调整与家人朋友关系，增进亲情友情"两方面收获在参与休闲活动时感知明显。

第六节　研究结论

一、休闲同伴

　　关于休闲同伴选择，在6个城市受访者中，均主要选择家人或朋友作为休闲同伴,表明各个城市居民更看重亲情和友情,将两者看作是减轻压力、放松心情的重要依托。但在具体同伴选择上略有差异,宁波、合肥、苏州居民在参与休闲活动时更倾向于选择家人陪同,杭州和南京地区居民在参与休闲活动时则更倾向于选择朋友陪同。

二、休闲目的

关于休闲目的,在 6 个城市受访者中,"放松身心、消除疲劳""开拓眼界""审美愉悦、怡情养性"是选择休闲活动的主要目的。其中,"放松身心、消除疲劳"的选项在上海以外的城市中,都位居前茅,且体现明显优势。相比而言,南京居民更倾向于"开拓眼界",上海、杭州、宁波、合肥、苏州居民更倾向于"审美愉悦、怡情养性";上海、宁波、合肥居民更倾向于"锻炼身体",苏州居民更倾向于"消磨时间"。

三、休闲活动

首先,关于平时休闲活动选择方面。各地居民均将上网休闲活动排第一位。除此外,上海居民倾向于阅读和散步,杭州、合肥和南京居民也倾向于散步,宁波和苏州居民则更喜欢养花养草养宠物。受闲暇时间影响,六地居民在平从事参观访问、听演唱会等活动的比例值较低,主要利用平时休闲时间开展碎片化的休闲活动,大多是个人单独可以进行的日常化休闲活动。其次,关于周末休闲活动的选择。六地居民周末休闲活动差异性不大,大多集中在上网,购物逛街,看电影比例也有所增加。相比上海而言,其他五地在参观访问、社会公益活动的选择上占比猛增。最后,在黄金周休闲活动选择方面。旅游度假是六地居民的首选。相比而言,宁波、合肥居民对旅游度假选择的比例值高于杭州等地。总体而言,无论是平时还是周末、黄金周,上网、电视、逛街购物餐饮均是人们休闲活动的主要内容,同时人们休闲活动的选择也是趋于多样化的,除主要休闲方式外,剩余各项休闲活动方式均有涉及,且选择差异并没有很突出。

四、休闲场所

关于休闲场所选择,在 6 个城市受访者中的对各休闲场所在时间段使用上各有侧重。居民在平时更倾向于待在家,在周末选择休闲场所时更加多样化,而黄金周更倾向于前往文化社交类休闲场所。首先,平时休闲场所选择。总体而言,六地居民平时比较喜欢宅在家里,或者选择前往社区附近的公共空间开展休闲活动,尤其是除上海外的其他五地居民,"自己或者别人家里"表现尤为明显。除此外,宁波和苏州居民对商场、广场、夜市类休闲场所的选择比例值较高,杭州居民对餐饮场所选择的比例值较高。其次,周末休闲场所选择。杭州、宁波、合肥、苏州、南京休闲场所选择的多样性明显增加,"景区、公园、绿地"以及"文体娱乐场所(影剧院、健身房等)"的选择较多。最后,黄金周休闲场所选择。六地显示出较大差异,上海居民依次选择"景区公园绿地"类休闲场所"自己或者别人家里""商场、广场、夜市"类休闲场所;杭州、宁波、合肥、苏州、南京休闲场所的选择主要集中在"博物馆、纪念馆"以及"宗教活动场所"。其中合肥居民还倾向于黄金周期间去博物馆参观,南京居民倾向于黄金周期间去"宗教活动场所"。总体而言,黄金周假期上海城市居民主要选择自然生态类场所放松休闲,而其他城市居民倾向于文化类的休闲场所。

五、休闲时间分配

首先,平时休闲时间分配。六地居民工作日每天休闲时间大多在 3 小时左右,只有苏州居民有较大比例平时休闲时间低于 1 小时。总体而言,宁波、杭州和上海平时休闲时间较多;苏州、合肥和南京平时休闲时间较少。其次,周末休闲时间分配。六地大多数居民选择 4～10 小时用于休闲,其中,周末休闲时间分配较多的城市为合肥,分配较少的城市为上海,杭州、宁波、苏州、南京在周末休闲时间分配上相差不大,宁波居民在周末休闲时间分配两极化差异明显。最后,黄金周休闲时间分配。总体来说,在黄金周期间各地居民都能够较为充分的利用闲暇时间来进行休闲活动。六地居民在黄金周休闲时间选择倾向上基本相似,1～3 天占比最多。但受不同地域工作压力影响,不同城市在黄金周期间休闲时间的分配上表现出较大差异。其中,休闲时间最多的城市是南京,杭州、宁波、合肥、苏州紧随其后,而上海居民的休闲时间最少。六地居民在黄金周休闲时间选择倾向上基本相似,1～3 天占比最多。

六、休闲消费支出

首先,平时休闲消费支出。受平时休闲时间的影响,居民平时的休闲消费活动选择较为单调,因此消费支出也处于较低水平,六地均在 100 元以下。但相对而言,上海居民平时休闲消费支出相对较高,其次是杭州和合肥,宁波平时休闲消费支出相对较低。其次,周末休闲消费支出。伴随着周末闲暇时间的增多,六地居民的休闲消费支出出现一定程度的增加,六地居民周末的休闲消费支出主要集中在 100～300 元。相比而言,合肥和苏州周末休闲消费支出相对较高,而南京和杭州相对较低。最后,黄金周休闲消费支出。六地居民黄金周消费在 500～3 000 元之间。上海和杭州大多居于 500～1 000 元之间,合肥和苏州多居于 1 000～3 000 元之间,宁波和南京支出比较均衡。

七、休闲活动影响因素

关于休闲活动影响因素,6 个城市受访者对五类影响因素在休闲活动中的影响程度的反映不尽相同。上海居民在从事休闲活动时更看重群体支持因素,社会黏性更强;其次是关注个人心理和社会经济因素;杭州、宁波、合肥、苏州、南京居民在从事休闲活动时则将个人的心理和社会因素放在前列,其次是关注休闲设施和服务,对群体支持因素重视程度较低。整体来看,六地居民对休闲方式性质因素关注度最低。

八、休闲满意度方面

关于休闲满意度,上海居民对本地休闲活动开展的 6 个方面满意度均处于较高水平,杭州、宁波、合肥、苏州、南京居民在休闲环境安全程度、休闲方式丰富程度、休闲设施完善程度方面满意度较高,另外,上海居民对本地休闲时尚前沿程度的满意度较高。

九、休闲活动收获

关于休闲活动收获,六地居民参与休闲活动后收获最大的两个方面依次为"放松心情,获得愉快体验"和"减轻或消除生活、工作压力",这两项在上海表现尤为明显。此外,"减轻或消除心理上消极情绪"和"调整与家人朋友关系,增进亲情友情"两方面收获在六地居民的休闲活动感知方面也较为明显。

参考文献

[1]申广斯,杨振之.中国城镇居民休闲消费变迁及影响因素研究[J].河南大学学报:社会科学版,2016,56(2):44-50.

[2]凡勃伦著,蔡受白译.有闲阶级论[M].北京:商务印书馆,2013:68-69.

[3]Robert G. Houston, Dennis P. Wilson. Income, leisure and proficiency: an economic study of football performance[J]. Applied Economics Letters, 2002, 9

(14)：939 - 943.

［4］Victoria A A, Rafael S, Esperanza V. The leisure experience[J]. The Journal of Socio - Economics,2008(1)：64 - 78.

［5］Ken Roberts. Leisure inequalities, class divisions and social exclusion in present day Britain[J]. Culture Trend,2004(13)：57 - 71.

［6］Hunter Jones P. Changing family structures and childhood socialisation：a study of leisure consumption[J]. Journal of Marketing Management，2014，30(15 - 16)：1533 - 1553.

［7］Glorieux I, Laurijssen I, Minnen J, et al.In Search of the Harried Leisure Class inN Contemporary Society：Time - Use Surveys and Patterns of Leisure Time Consumption[J]. Journal of Consumer Policy,2010,33(2)：163 - 181.

［8］Becker G S. A Theory of the Allocation of Time[J]. Economic Journal,1965，75(299)：493 - 517.

［9］Johnson A J. 'It's more than a shopping trip'：leisure and consumption in a farmers' market[J].Annals of Leisure Research, 2013,16(4)：315 - 331.

[10] Duernecker, G. To begrudge or not to begrudge：consumption and leisure externalities revisited[J]. Applied Economics Letters, 2008,15(4)：245 - 252.

[11] Deleire T, Kalil A. Does consumption buy happiness? Evidence from the United States[J]. International Review of Economics，2010，57(2)：163 - 176.

[12] 卿前龙,吴必虎. 闲暇时间约束下的休闲消费及其增长——兼论休闲消费对经济增长的重要性[J].杭州师范大学学报：社会科学版,2009,31(5)：89 - 94＋99.

[13] 申广斯. 我国居民休闲消费对经济增长拉动作用实证分析[J]. 统计与决策,2013(22)：130 - 133.

[14] 广斯,杨振之.我国居民休闲消费对就业的拉动效应分析[J].四川师范大学学报：社会科学版,2014,41(2)：80 - 86.

[15] 潘建伟,赵娴,史家宁.居民休闲消费效应影响因素及对策研究[J].商业研究,

2009(10)：16－19.

[16] 赵春艳.城市居民休闲消费制约因素及提升策略——以贵州省贵阳市为例[J].改革与战略,2015(12)：50－53.

[17] 杨勇.我国城镇居民休闲消费行为的地区差异性分析[C].上海市社会科学界学术年会论文集,2009.

[18] 郭鲁芳.中国休闲消费结构：实证分析与优化对策[J].浙江大学学报(人文社会科学版),2006(5)：122－130.

[19] 申广斯我国居民休闲消费对经济增长拉动作用实证[J].统计与决策,2013(22)：130－133.

[20] 卿前龙,吴必虎.闲暇时间约束下的休闲消费及其增长——兼论休闲消费对经济增长的重要性[J].杭州师范大学学报(社会科学版),2009(5)：89－94.

[21] 申广斯,杨振之.我国居民休闲消费对就业的拉动效应分析[J].四川师范大学学报(社会科学版),2014(2)：80－86.

[22] 陆丰刚.居民消费能力及其判定标准探析[J].产业经济评论,2013(1)：48－60.

[23] 楼嘉军,马红涛,刘润.中国城市居民休闲消费能力测度[J].城市问题,2015(3)：86－93.

[24] 吕宁.休闲城市评价模型及实证分析[J].旅游学刊,2013,28(9)：121－128.

[25] 王佳,张文杰.京津冀区域九城市休闲性差异评价[J].企业经济,2012,32(9)：148－151.

[26] 郭鲁芳,蒋微芳.我国居民休闲消费质量提升瓶颈与突破路径[J].杭州师范大学学报(社会科学版),2011(2)：106－111.

[27] 张艳东,赵涛.基于泰尔指数的能源消费区域差异研究[J].干旱区资源与环境,2015(6)：14－19.

[28] 成金华,陈军.中国城市化进程中的能源消费区域差异——基于面板数据的实证研究[J].经济评论,2009(3)：38－46.

[29] 尹清非,吴志超.我国城镇居民耐用消费品消费区域差异分析[J].消费经济,2016

(6)：8 - 15.

[30] 刘湖,张家平.中国公共教育消费区域差异及收敛性研究[J].统计与信息论坛,
2017(1)：94 - 99.

[31] 刘世雄.基于文化价值的中国消费区域差异实证研究[J].中山大学学报(社会科
学版),2005(5)：99 - 103.

[32] 张寻远,李文启.城镇居民消费区域差异的影响因素及其效应——基于中国省份
面板数据的实证分析[J].消费经济,2011(6)：37 - 40.

[33] 曹新向,苗长虹,陈玉英,等.休闲城市评价指标体系及其实证研究[J].地理研究,
2010,29(9)：1695 - 1705.

[34] 楼嘉军,刘松,李丽梅.中国城市休闲化的发展水平及其空间差异[J].城市问题,
2016,35(11)：29 - 35.

[35] 李丽梅,楼嘉军,王慧敏.我国城市休闲化水平综合测度与区域差异研究[J].当代
经济管理,2016,38(4)：62 - 67.

[36] 刘润,马红涛.中国城市休闲化区域差异分析[J].城市问题,2016,35(10)：
30 - 36.

[37] 王雅林,徐利亚,刘耳.城市休闲——上海、天津、哈尔滨城市居民时间分配的考
察[M].北京：科学文献出版社,2003.

[38] 王琪延.中国城市居民生活时间分配分析[J].社会学研究,2000,15(4)：86 - 97.

[39] 张景安,马惠娣.中国公众休闲状况调查[M].北京：中国经济出版社,2004.

[40] 赵莹,柴彦威,关美宝.中美城市居民出行行为的比较——以北京市与芝加哥市
为例[J].地理研究,2014,33(12)：2275 - 2285.

[41] 赵莹,柴彦威,Martin Dijs.行为同伴选择的社会文化效应研究——中国北京与荷
兰乌特勒支的比较[J].地理科学,2014,34(8)：946 - 954.

第五章 长三角城市文化休闲娱乐街区布局、结构与影响因素研究

第一节 研究背景和意义

一、研究背景

作为城市商业和生活空间格局的重要组成部分,休闲文化娱乐街区的建设、发展与城市的休闲文化娱乐需求密不可分。根据《辞海》的释义,"休闲"一是指无事而休息,过清闲生活,如休闲场所;二是指农田在一定时期内不种作物,借以休养地力的措施[①]。"文化"从广义上是指人类在社会实践过程中所获得的物质、精神的生产能力和创造的物质、精神财富的总和;狭义上是指精神生产能力和精神产品,包括一切社会意识形态:自然科学、技术科学、社会意识形态;还可泛指一般知识,包括语文知识;也被解释为中国古代封建王朝所施的文治和教化的总称[②]。"娱乐"是指娱怀取乐,欢乐。《史记·廉颇蔺相如列传》:"请奏盆缻秦王,以相娱乐。"阮籍《咏怀》:"娱乐未终极,白日忽蹉跎。"亦指欢乐有趣的活动。如:下棋、

---

① 详参夏征农,陈至立.辞海:第六版缩印本[M].上海:上海辞书出版社,2010:2140.
② 详参夏征农,陈至立.辞海:第六版缩印本[M].上海:上海辞书出版社,2010:1975.

打球都是极好的娱乐①。休闲需求是指人们对在休闲时间里所参与的使自己身心得到放松、愉悦的休闲活动的需求，包括对在家庭里的休闲活动的需求，对在户外的休闲活动的需求和对离开自己居住地一定时间与距离的旅游休闲活动的需求（何建民，2008）。综合现有研究成果（莫蒂默等，1988；约瑟夫，1991；梁颖，1998；托马斯等，2000；楼嘉军，2005）和《城市公共休闲服务与管理基础术语》（GB/T28001）（2011）中关于"休闲"的界定，本研究中的休闲是指个人在可自由支配时间内自由活动的总称。因此，休闲兼具时间与活动双重特征。可自由支配时间是指除工作和恢复生理状态之外的时间；自由活动可分为本地游憩活动和异地旅游活动。其中异地旅游活动按照《旅游统计的国际建议（2008）》可分为个人旅游、商务与职业旅游。鉴于此，本研究将休闲文化娱乐活动从整体上划分为本地居民的游憩活动和外来游客的休闲旅游活动。"街"是指"城市的大道"。如：市街；街衢；大街小巷。《后汉书·张楷传》："车马填街②"。基于上述关键词释义和《城市公共休闲服务与管理基础术语》（GB/T28001）（2011）中关于"城市中央休闲区"的界定，本研究中的城市文化休闲娱乐街区是指：

在城市的发展历程中，充分利用其自然地理区位优势和历史文化资源，主要围绕人们的休闲文化娱乐需求（包括本地居民的日常游憩需求和外来游客的休闲旅游需求）提供产品与服务，休闲文化娱乐类商业网点较为集中、公共设施服务供给基本完善、区域边界相对清晰、市场影响辐射力达到市级及以上的城市文化休闲娱乐空间。其典型代表如北京什刹海和三里屯酒吧街、上海新天地、天津意式风情区、杭州清河坊、南京1912、

---

① 详参夏征农，陈至立.辞海：第六版缩印本［M］.上海：上海辞书出版社，2010：2316.
② 详参夏征农，陈至立.辞海：第六版缩印本［M］.上海：上海辞书出版社，2010：917.

成都宽窄巷子、重庆洪崖洞、合肥罍街、武汉楚河汉街、西安大唐不夜城等。

文化休闲娱乐街区既是一个城市现代商贸服务业发展水平的集中体现,也正在演变为城市"民生"和"旅游"的靓丽名片。城市文化休闲娱乐街区的蓬勃发展得益于城市休闲文化娱乐消费力的有力支撑,特别是夜间经济的繁荣发展。夜间经济(night-time economy)的概念最早发端于20世纪70年代的英国,旨在为改善城市中心区夜晚空巢现象。之后,蒙高马利(1994)提出了18小时/24小时城市的概念,以及建议在城市中心鼓励一系列的经济、社会和文化活动。21世纪初,查特顿和霍兰茨(2001)系统研究了年轻人与夜间休闲空间的关系,并提出了生产、规范与消费城市夜生活空间的系统理论。研究发现,夜间经济不仅可以整合激活城市资源、拓展经济活动时空,还可以激发文化创造、吸引游客滞留并挖掘消费潜能,甚至带动区域协调发展,正在成为国内外城市经济的新宠。比如在法国,聚会用餐,泡酒吧或是夜店,看电影或戏剧,听音乐剧等等,都是夜间文化艺术消费的真实写照。在韩国,根据最大就业网站Jobkorea的统计数据显示,上班族是夜间消费的主力军。因此,营业到凌晨的餐馆和酒吧在首尔随处可见,汗蒸房、卡拉OK、网吧、游戏厅、电影院等娱乐场所大部分也是通宵营业。首尔市政府甚至从2015年起开始举办"夜猫子夜市"。2018年统计数据显示,"夜猫子夜市"共计接待了近430万人次,总销售额约合7 044万元人民币。我国的夜经济起步于20世纪90年代初,典型为以餐饮为主的夜市。近年来,随着夜间消费力的迅猛发展,天津、上海、北京等地陆续出台专门支持夜间经济发展的政策和举措。2018年11月,天津出台了《关于加快推进夜间经济发展的实施意见》;2019年6月,济南市出台了《关于推进夜间经济发展的实施意见》;2019年7月,北京市出台了《关于进一步繁荣夜间经济促进消费增长的措施》;2019年4

月,上海也出台了《关于上海推动夜间经济发展的指导意见》,旨在围绕打造"国际范""上海味""时尚潮"夜生活集聚区的目标,推动上海夜间经济的繁荣发展①,将打造一批地标性夜生活集聚区,引进培育沉浸式话剧、音乐剧、歌舞剧等夜间文化艺术项目,对深夜影院、深夜书店、音乐俱乐部、驻场秀等夜间文化娱乐业态秉持包容审慎态度,积极开发浦江夜游、博物馆夜游等多元化都市夜游项目。

　　本文选择上海、杭州、南京和合肥文化休闲娱乐街区作为研究对象,主要基于以下考虑:首先,从狭义的地理区位上来看,长三角区域是江南②的主要组成部分和典型代表。其次,从国内横向比较来看,无论是发展水平还是消费层次,以及夜间经济发展程度来看,以上海、杭州、南京和合肥为龙头的长三角区域城市群文化休闲娱乐街区无疑独占鳌头,而且遥遥领先。《阿里巴巴"夜经济"报告》显示,夜间到店消费呈现"南强北弱"趋势,在全国夜间消费最活跃的 10 个城市中,南方城市占 9 席,北方城市仅北京上榜。从夜间消费细分市场来看,夜间文化消费已成为新的增长点,最活跃的城市为文化基础设施发达的北京、上海、天津、成都、杭州③。作为衡量城市夜生活水平的重要指标,酒吧、餐饮店的数量和区域分布在很大程度上可以反映城市夜生活的发展水平及集聚程度。据 2019 年 12 月 29 日大众点评网上的数据显示,上海酒吧数量为 2 942 家,仅次于成都的 3 632 家,排在全国第二位;长三角四个省会城市酒吧数量合计 5 788 家,占我国大陆地区省会城市酒吧总数的 16%。同期统计数据显示,上海餐饮店数量为 257 388 家,仅次于成都和重庆,位列全国第三;长

---

① 这些城市如何"越夜越美丽"[N].解放日报,2019-06-17(10).
② 江南在人文地理概念里特指长江中下游以南。在地理区位上,广义的江南包括了上海、江苏、浙江、安徽、江西、湖北、湖南六省一市长江以南地区。狭义的江南则多指上海、苏南、浙北、皖南和赣东。本文的江南主要指以上海、江苏、浙江和安徽为代表的长三角区域。
③ 阿里巴巴"夜经济"数据:夜宵火爆骑手忙碌[EB/OL].新华网.http://www.xinhuanet.com/tech/2019-07/30/c_1124814145.htm,2019-07-28.

三角四个省会城市餐饮店数量合计 634 000 家,占我国大陆地区省会城市餐饮店总数的 17%。近六分之一的酒吧和餐饮店份额足以说明长三角区域城市夜生活的发展水平处于领先地位。最后,从预期研究成果的应用和推广来看,本研究对长三角城市文化休闲娱乐街区的发展演变、空间布局、业态结构和影响因素进行研究,旨在梳理和提炼长三角城市文化休闲娱乐街区的发展规律,分析制约因素,提出优化策略,提高文化休闲娱乐街区的文化内涵和服务水平,探寻最佳经营模式,为长三角地区乃至全国的文化休闲娱乐街区服务质量提升提供理论依据和实践借鉴。

二、研究目的

(一)长三角一体化国家战略推进的需要

国务院 2016 年通过的《长江三角洲城市群发展规划》提出,到 2030 年,要将长三角城市群全面建成具有全球影响力的世界级城市群。2018 年,长江三角洲区域一体化发展上升为国家战略,长三角一体化发展进入全面提速的新阶段。根据 2019 年中共中央和国务院印发的《长江三角洲区域一体化发展规划纲要》,推动文化旅游合作发展是长三角一体化发展的重要内涵和重大举措。一是要共筑文化发展高地,包括继承发展优秀传统文化,共同打造江南文化等区域特色文化品牌,推动美术馆、博物馆、图书馆和群众文化场馆区域联动共享,推动文化资源优化配置,全面提升区域文化创造力、竞争力和影响力;二是共建世界知名旅游目的地,包括共同打造一批具有高品质的休闲度假旅游区和世界闻名的东方度假胜地等。作为文化旅游合作发展的重要载体和绝佳纽带,文化休闲娱乐街区研究将为长三角文旅一体化发展提供独特的理论视角和扎实的实践探索。

(二)江南"四大品牌"做大做强的需要

包括上海服务、上海制造、上海购物、上海文化在内的"四大品牌"建设,既是上海落实高质量发展要求和满足人民群众对美好幸福生活需求的重大战略部署,也是促进创新驱动发展和经济转型升级的重要战略举措。"上海服务"重在提升城市核心功能和辐射带动能力,"上海制造"重在强化创新驱动和扩大高端产品技术供给,"上海购物"重在满足和引领消费升级需求,"上海文化"重在提升城市文化软实力和影响力。经过近两年的推动实施,上海"四大品牌"的认知度、美誉度、影响力已显著提升,服务国家战略的辐射带动能力已显著增强,彰显高质量发展和高品质生活的标杆引领效益显著扩大,一批具有国际影响力的商街和商圈等正在形成。借助长三角一体化的快速推进,上海"四大品牌"建设的成功实践和经验模式理应首先在长三角区域城市进行推广,做大做强江南"四大品牌",并以此为桥头堡进一步辐射带动全国。集聚名品和名店、彰显城市特色文化、体现城市服务水平的文化休闲娱乐街区可作为孵化器和试验田,为江南"四大品牌"的打造开展全方位的探索实践。

（三）文化休闲娱乐街区"长三角"样板打造的需要

长三角地区经济社会发展全国领先、科技创新优势明显、开放合作协同高效、重大基础设施基本联通、生态环境联动共保、公共服务初步共享、城镇乡村协调互动,在国家现代化建设大局和全方位开放格局中具有举足轻重的战略地位。历来勇挑全国改革开放排头兵、创新发展先行者重担。《长江三角洲区域一体化发展规划纲要》明确指出,打造全国高质量发展样板区和区域一体化发展示范区,是长三角一体化发展的战略定位之二。要率先实现质量变革、效率变革、动力变革,在全国发展版图上不断增添高质量发展板块;推动区域一体化发展从项目协同走向区域一体化制度创新,为全国其他区域一体化发展提供示范。因此,先行先试、提供样板是长三角区域一体化发展的必要内涵,不可或缺。旨在总结发展规律,提高文化内涵和服务水平,探寻最佳经营模式的城市文化休闲娱乐街区研究,正是为全国文化休闲娱乐街区服务质量提升提供"长三角"样板的积极探索和尝试。

三、研究意义

第一,有利于梳理长三角文化休闲娱乐街区的发展脉络。长三角文化休闲娱乐街区的发展脉络是研究长三角文化休闲娱乐街区发展规律的基础和前提。本研究将对长三角文化休闲娱乐街区的发展脉络进行全面梳理,包括其发展沿革、类型及特征等。为进一步研究长三角文化休闲娱乐街区发展的影响因素等奠定基础。

第二,有利于形成长三角文化休闲娱乐街区的发展经验。长三角文化休闲娱乐街区的发展在数量和质量上均处于国内比较领先的地位,本研究将概括归纳出长三角文化休闲娱乐街区的一系列发展经验,包括空间布局及特征、业态结构及特征、经营模式及特征等,为服务长三角乃至全国文化休闲娱乐街区服务质量提升提供借鉴。

第三,有利于推动全国文化休闲娱乐街区的转型发展。长三角文化休闲娱乐街区的研究是长三角勇挑全国改革开放排头兵、创新发展先行者重担的具体践行。本研究成果旨在总结发展规律,探寻最佳经营模式,剖析深层次影响因素,有利于为全国文化休闲娱乐街区的转型发展提供"长三角"模式。

第二节　文化休闲娱乐街区的
发展演变

一、发展沿革

就本研究选取的案例来看,长三角文化休闲娱乐街区的发展至少经历了自发亲民式发展阶段、过度商业化发展阶段和理性回归式发展阶段。

（一）自发亲民式发展阶段

以杭州清河坊为例。起源于南宋时期的清河坊是杭州目前唯一保存较完整的旧街区，也是杭州悠久历史的一个缩影。清河坊历来商铺林立，酒楼茶肆鳞次栉比，买卖络绎不绝，曾经就是杭州最繁华的商业区，古有前朝后市之称，前朝是指前有朝廷，即凤凰山南宋皇城，后市指北有市肆，即河坊街一带。历经元，明，清和民国时期，直至解放前夕，仍然是杭城商业繁华地段。清河坊兴于宋盛于清，街区现存古建筑大多建于明末清初，如百年老店胡庆余堂、万隆火腿庄、羊汤饭店等大多建于此时。清河坊的商业繁华源自南宋定都杭州时，筑九里皇城，开十里天街（今中山中路）。于是，在宫城外围、天街两侧，皇亲国戚、权贵内侍纷纷修建宫室私宅。中河以东建德寿宫、上华光建开元宫、后市街建惠王府第、惠民街建龙翔宫等。

（二）过度商业化发展阶段

以杭州清河坊为例。随着杭州旧城改建步伐的加快，在古街老店等古建筑正在城区成片消失的背景下，1999 年 3 月，河坊街拓宽改造工程全面启动，"拆"字当头，树倒屋拆，古街老店行将毁灭！民建会员、《浙江市场导报》副总编辑黄小杭向杭州市委、市政府主要领导写信，要求立即停止河坊街及附近地区的拆迁工程。在得到杭州市委市府主要领导的批示后，有关部门层层传达批示精神，拆迁工程终于暂停了。这一事件背后折射的其实是文化休闲娱乐街区经历的过度商业化发展阶段。商业至上的发展理念致使文化休闲娱乐街区的发展忽视了文化的传承和保护。

（三）理性回归式发展阶段

在经历了过度商业化发展的"浩劫"之后，商旅文融合发展的理念逐渐引领文化休闲娱乐街区走向理性回归式发展阶段。从上海新天地到南京1912,从全新改建后的杭州清河坊到合肥罍街,都是文化休闲娱乐街区商旅文融合发展理念的探索与践行者。上海新天地以上海近代建筑的标志石库门建筑旧区为基础,创新地赋予原有的居住功能以商业经营功能,打造成了餐饮、购物、演艺等功能的时尚、休闲文化娱乐中心。南京1912是南京民国建筑和城市旧建筑保护与开发的成功案例,是由19幢民国风格建筑及共和、博爱、新世纪、太平洋4个街心广场组成的时尚商业休闲街区。改建后的清河坊正在逐步形成具有浓郁传统气息的文化、娱乐、商业及游览街区,已成为"杭州人常来,外地人必到"之处。合肥罍街将购物中心、文创办公、历史文化及配套服务等功能有机融合,引进时尚零售、美食餐饮、文化品牌,正在形成开放式的街区形态购物中心。

二、类型及特征

基于发生学视角、主题视角和服务半径视角,长三角文化休闲娱乐街区可以划分为不同的类型。

(一)发生学视角的类型

从长三角文化休闲娱乐街区产生和发展的角度看,至少可以概括为以下三种类型:一是利用旧城区老街传统的人文建筑风貌优势形成的街区,如杭州清河坊。二是借助街区所在地的历史文化沉淀优势,结合中心城区的改造而生成的街区,如上海新天地和南京1912。三是利用城市居住人口空间结构的调整机遇,对城市发展进行新的功能定位和区域开发基础上形成的街区,如合肥罍街。

(二)主题视角的类型

从主要业态集聚所呈现的主题视角来看,长三角文化休闲娱乐街区可概括为历史文化类街区,如杭州清河坊;休闲娱乐类街区,如上海新天地、南京 1912;休闲娱乐及文化创意类,如合肥罍街。

（三）服务市场半径视角的类型

从服务市场半径的角度来看,长三角文化休闲娱乐街区可进一步划分为：社区型城市街区、区域型城市街区、市域型城市街区、地区型城市街区和国际型城市街区等。

三、经营模式

纵观长三角文化休闲娱乐街区发展,长三角文化休闲娱乐街区经营模式至少包括三种主要类型,即政府主导型经营模式、市场主导型经营模式和政府适当干预型经营模式。

（一）政府主导型经营模式

政府主导型经营模式是指城市休闲街区的经营主体为政府,即政府通过设置直属机构对城市休闲街区进行经营管理。典型代表如杭州清河坊。从 2000 年开始,杭州市上城区政府对清河坊的历史建筑群进行保护,同时又开发新的街景,依照"修旧如旧"的原则,严格按原有风貌加以保护。整个街区的业态布局,除保留区内著名的老字号外,以招租,联营等形式,引入商家经营古玩、字画、旅游纪念品、工艺品、杭州及各地名土特产等符合街区历史文化氛围的项目,形成以街引商、以街带商、以商兴旅、以旅促荣的良性循环。2002 年 10 月,杭州清河坊历史街区正式开街。

（二）市场主导型经营模式

市场主导型经营模式是指城市休闲街区的经营主体为政府和企业,即政府以资金投入等形式与企业共同对城市休闲街区进行治理。典型代表如上海新天地。上海新天地休闲街区的经营主体于 2004 年成立,并于

2006年10月在香港联交所(股份代号：272)上市，为瑞安集团在中国内地的房地产旗舰公司。瑞安房地产总部设于上海，在中国内地主要开发优质的住宅、办公楼、零售、娱乐及文化等项目。公司旨在使项目发展能配合当地政府制定的总体城市规划，并把当地城市的历史文化特色融入项目的设计及业务发展策略中。

（三）政府适当干预型经营模式

政府适当干预型经营模式是指城市休闲街区的经营主体为由街区管理委员会、物业管理公司等构成的多主体多层次管理组织，政府在不同阶段根据需要辅助进行治理，并选择相应的商业网点和交易方式。典型代表如合肥罍街。包河区政府基于创新和加强社会管理、顺应市场化竞争视角，利用国有企业通过政策指导及多方有效资源整合，探索符合新型文化休闲娱乐街区发展的管理模式，将罍街的运作推向市场化，已成为政府指导下的市场化经营的典范。长三角文化休闲娱乐街区典型案例分析见表5-1。

表5-1　长三角文化休闲娱乐街区典型案例分析

街区名称	所在城市	建成时间	主要业态	经营主体	经营模式
新天地	上海市	2001年	餐饮小吃、时装服饰、茶座酒吧	香港瑞安集团	市场主导型
1912	南京市	2004年	餐饮小吃、茶座酒吧、美容会所	南京一九一二集团①	市场主导型
清河坊	杭州市	起源于南宋改建于2002年	餐饮小吃、纪念品、时装服饰	清河坊历史街区管理委员会	政府主导型

① 南京一九一二集团的前身是南京市十大民营企业——东方企业(集团)有限公司。2008年初，拆分为东方企业集团和南京一九一二集团。南京一九一二集团以商业地产运营和服务为专长，集团旗下的商业策划、街区运营、文化传播、艺术设计及物业管理等子公司,致力于在中国最具时尚消费潜力的城市深度发展，成为行业佼佼者。

（续表）

街区名称	所在城市	建成时间	主要业态	经营主体	经营模式
罍街	合肥市	2013 年（一期）2017 年（二期）	餐饮 小吃、茶座酒吧、日用百货	包河区国有集团合肥滨湖投资控股集团有限公司	政府适当干预型经营模式

第三节　文化休闲娱乐街区的空间布局

一、研究方法

通过商业网点梳理发现,酒吧和餐饮店是文化休闲娱乐街区的必备业态,而且占据一定的业态份额,通过城市酒吧和餐饮店的空间分布来反映城市文化休闲娱乐街区的空间分布,具有一定的科学性。选择上海市、南京市、杭州市和合肥市,均是长三角四省一市的省会城市,在兼顾典型性的同时,横向也具有可比性。

二、数据来源

本部分数据采集来自两个渠道:一是大陆地区省会城市酒吧和餐饮店数据,来自大众点评网,采集时间为 2019 年 12 月 29 日。二是上海市、南京市、杭州市和合肥市主要酒吧详细信息,根据图吧数据搜索。上海市酒吧信息一共 497 条,在显示的 100 条信息中,剔除重复等无效信息,有效信息共计 86 条,有效样本率为 17.3%;南京市酒吧信息一共 151 条,在显示的 100 条信息中,剔除重复等无效信息,有效信息共计 70 条,有效样本率为 46.4%；杭州市酒吧信息一共 137 条，在显示的 100 条信息中，剔除重复等无效信息，有效信息共计 81 条，有效样本率为 59.1%；合肥市酒吧信息一共 83 条，在显示的全部信息中，剔除重复等无效信息，有效信息共计 74 条，有效样本率为 89.2%。

三、空间布局及特征

（一）我国酒吧空间布局及特征

1. 我国酒吧空间布局

截至 2019 年底，我国大陆地区省会城市酒吧数量共计 30 698 家。排名前十的省份依次为四川省、上海市、北京市、云南省、重庆市、广东省、贵州省、陕西省、湖北省和浙江省。排名前五的城市依次为成都市（3 632 家），上海市（2 942 家），北京市（2 517 家），昆明市（2 018 家），重庆市（1 961家）。我国大陆地区省会城市酒吧数量见表 5 - 2。

表 5 - 2　我国大陆地区省会城市酒吧数量

排序	省份	省会城市	酒吧数量	排序	省份	省会城市	酒吧数量
1	四川	成都	3 632	12	湖南	长沙	1 329
2	上海	上海	2 942	13	甘肃	兰州	1 267
3	北京	北京	2 517	14	河南	郑州	996
4	云南	昆明	2 018	15	天津	天津	927
5	重庆	重庆	1 961	16	广西	南宁	838
6	广东	广州	1 953	17	江苏	南京	815
7	贵州	贵阳	1 628	18	宁夏	银川	760
8	陕西	西安	1 526	19	山东	济南	703
9	湖北	武汉	1 426	20	内蒙古	呼和浩特	642
10	浙江	杭州	1 415	21	吉林	长春	625
11	辽宁	沈阳	1 402	22	安徽	合肥	616

（续表）

排序	省份	省会城市	酒吧数量	排序	省份	省会城市	酒吧数量
23	福建	福州	615	28	海南	海口	464
24	河北	石家庄	542	29	新疆	乌鲁木齐	434
25	黑龙江	哈尔滨	519	30	山西	太原	406
26	江西	南昌	480	31	西藏	拉萨	221
27	青海	西宁	479	合　　计			36 098

资料来源：大众点评网，搜集时间为 2019 年 12 月 29 日。

2. 我国酒吧空间布局特征

我国酒吧空间布局呈现出以下特征：首先，区域差异显著。就整体来看，东西部地区酒吧数量明显高于中部地区。排名前十的省份中东部地区有 4 个，西部地区有 4 个，中部地区有 2 个，东西部占比 80%，呈现出中部地区洼地的特征。其次，长江流域省会城市酒吧数量呈现明显集聚态势。在酒吧数量超过 1 000 家的 13 个省份中，长江流域省会城市有 8 个，占比约 62%，其中长三角占据 2 个席位。长江流域 12 个省会城市酒吧数量合计 15 799 家，占我国大陆地区酒吧总数的近 44%。第三，空间分布不平衡不充分。除了整体呈现中部洼地的态势外，数量最多的成都（3632家）和数量最少的拉萨（221 家）相差达 16 倍。

（二）江南酒吧空间布局及特征

1. 上海市酒吧空间布局

表 5-3　上海市主要酒吧空间分布

行政区	黄浦区	静安区	徐汇区	小　计
个　　数	20	40	26	86
百分比	23.26%	46.51%	30.23%	100%

资料来源：根据图吧显示前 100 条数据整理而得。

如表5-3所示,在上海市86家酒吧样本中,分别分布于黄浦区、静安区和徐汇区。其中黄浦区 20 家,占比 23.26%;静安区 40 家,占比 46.51%;徐汇区 26 家,占比 30.23%。

2. 南京市酒吧空间布局

如表5-4所示,在南京市70家酒吧样本中,分别分布于鼓楼区、秦淮区和玄武区。其中鼓楼区 17 家,占比 24.28%;秦淮区 16 家,占比 22.86%;玄武区 37 家,占比 52.86%。

表5-4　南京市主要酒吧空间分布

行政区	鼓楼区	秦淮区	玄武区	小　计
个　数	17	16	37	70
百分比	24.28%	22.86%	52.86%	100%

资料来源:根据图吧显示前100条数据整理而得。

3. 杭州市酒吧空间布局

如表5-5所示,在杭州市81家酒吧样本中,分别分布于拱墅区、上城区、西湖区和下城区。其中拱墅区 9 家,占比 11.11%;上城区 21 家,占比 25.93%;西湖区 16 家,占比 19.75;下城区 35 家,占比43.21%。

表5-5　杭州市主要酒吧空间分布

行政区	拱墅区	上城区	西湖区	下城区	小　计
个　数	9	21	16	35	81
百分比	11.11%	25.93%	19.75%	43.21%	100%

资料来源:根据图吧显示前100条数据整理而得。

4. 合肥市酒吧空间布局

如表5-6所示,在合肥市74家酒吧样本中,分别分布于包河区、庐阳区、蜀山区和瑶海区。其中包河区 40 家,占比 54.05%;庐阳区

19 家,占比 25.68%;蜀山区 6 家,占比 8.11%;瑶海区 9 家,占比 12.16%。

表 5-6 合肥市主要酒吧空间分布

行政区	包河区	庐阳区	蜀山区	瑶海区	小 计
个 数	40	19	6	9	74
百分比	54.05%	25.68%	8.11%	12.16%	100%

资料来源:根据图吧显示前 100 条数据整理而得。

5. 江南酒吧空间布局结构特征

综合上海市、南京市、杭州市和合肥市的酒吧空间分布来看,主要呈现出以下特征:首先,中心城区集聚态势显著。由于本部分的研究样本根据图吧数据推荐的前 100 条信息整理而得,不难看出,推荐的酒吧主要分布在城市的中心区域。如上海的静安、徐汇和黄浦区;南京的玄武和秦淮区;杭州的下城区和上城区;合肥的包河区和庐阳区。其次,由中心城区向郊区逐渐递减式分布。第三,酒吧的集聚程度与城市区域社会经济发展水平基本一致。

(三)我国餐饮店空间布局及特征

截至 2019 年底,我国大陆地区省会城市餐饮店数量共计 3 746 033 家(见表 5-7)。排名前十的省份依次为四川省、重庆市、上海市、广东省、北京市、陕西省、湖北省、河南省、浙江省和天津市。排名前五的城市依次为成都市(285 799 家),重庆市(280 695 家),上海市(257 388 家),广州市(252 359 家),北京市(215 949 家)。

我国餐饮店空间布局呈现出以下特征。

(1)区域差异显著。就整体来看,东部地区餐饮店数量占比为 45%,明显高于中西部地区,西部地区占比为 30%,又略高于中部地区(25%)。

表 5-7　我国大陆地区省会城市餐饮店数量

排序	省份	省会城市	餐饮店数量	排序	省份	省会城市	餐饮店数量
1	四川	成都	285 799	17	山东	济南	106 743
2	重庆	重庆	280 695	18	河北	石家庄	99 383
3	上海	上海	257 388	19	吉林	长春	96 195
4	广东	广州	252 359	20	广西	南宁	90 508
5	北京	北京	215 949	21	福建	福州	86 326
6	陕西	西安	171 135	22	贵州	贵阳	78 837
7	湖北	武汉	161 229	23	山西	太原	67 599
8	河南	郑州	156 941	24	江西	南昌	67 521
9	浙江	杭州	146 416	25	新疆	乌鲁木齐	52 837
10	天津	天津	140 270	26	甘肃	兰州	47 220
11	湖南	长沙	138 145	27	内蒙古	呼和浩特	44 865
12	辽宁	沈阳	125 383	28	海南	海口	39 515
13	云南	昆明	119 573	29	宁夏	银川	35 070
14	江苏	南京	118 294	30	青海	西宁	25 953
15	黑龙江	哈尔滨	113 380	31	西藏	拉萨	12 603
16	安徽	合肥	111 902		合　计		3 746 033

资料来源：大众点评网，搜集时间为 2019 年 12 月 29 日。

排名前十的省份中东部地区有 5 个，西部地区有 3 个，中部地区有 2 个，东西部占比 80%。

（2）空间分布不平衡不充分。数量最多的成都（286 799 家）和数量最少的拉萨（12 603 家）相差近 22 倍。

（3）以直辖市为核心的城市群餐饮店数量呈现明显的集聚态势。比如京津冀城市群、长三角城市群、成渝城市群等囊括了餐饮店数量超过 10 万家的主要省会城市。

第四节　文化休闲娱乐街区的
业态结构

一、研究方法

首先,文化休闲娱乐街区商业网点的分类。商业网点是研究城市文化休闲娱乐街区业态结构的一个基本切入点。这里的商业网点主要是指文化休闲娱乐街区沿街立面可供人们用于购物、饮食、娱乐等休闲消费活动的经营单体。商业网点是城市文化休闲娱乐街区最小的构成单元,是其发展与繁荣的基础。

其次,文化休闲娱乐街区商业网点是本地居民与外来旅游者完成休闲消费的有效载体。商业网点业态结构的合理性程度和分类配置的优化性深度将直接影响市民和旅游者休闲旅游愿望被满足程度的高低。通过对文化休闲娱乐街区内部商业网点的类型分析,可以有效反映文化休闲娱乐街区的业态结构特征及其市场对象。本文将文化休闲娱乐街区商业网点分为以下 5 大类 20 种,见表 5-8。

表 5-8　文化休闲娱乐街区商业网点分类

大类项目	文化休闲娱乐街区网点类别
消遣娱乐类	网吧、美容会所、酒吧茶室、书店音像、展厅画室、电影院、KTV
餐饮类	酒店旅馆、餐饮小吃、快餐店
购物类	纪念品、时装服饰、地方特产、日用百货
办公居住类	居住用房、商务楼宇
公共服务类	药店诊所、银行、公厕、摄影照相、邮政服务、其他

资料来源:参考保继刚,等.城市旅游:原理·案例[M].天津:南开大学出版社,2005:461.相关研究内容编制。

二、数据来源

通过百度地图显示的业态信息整理所得。其中上海新天地街区的业态数据收集于 2019 年 10 月 17 日；南京 1912 街区的业态数据收集于 2019 年 10 月 18 日；杭州清河坊街区的业态数据收集于 2019 年 10 月 19 日；合肥罍街的业态数据收集于 2019 年 10 月 20 日。

三、业态结构及特征

（一）业态结构

1. 上海新天地文化休闲娱乐街区业态结构

上海新天地文化休闲娱乐街区位于上海市黄浦区，动工于 1999 年初，建成于 2001 年 6 月。本文研究对象为南至复兴中路、东至黄陂南路、北至太仓路、西至马当路围成的区域。据不完全统计，该区域业态共计 86 家，见表 5－9。

表 5－9　上海新天地文化休闲娱乐街区业态结构

类　型	网吧	美容会所	酒吧茶室	书店音像	展厅画室	电影院	KTV
个　数	0	2	7	1	1	1	0
百分比	0.00%	2.33%	8.14%	1.16%	1.16%	1.16%	0.00%

类　型	酒店旅馆	餐饮小吃	快餐店	纪念品	时装服饰	地方特产	日用百货	居住用房
个　数	0	42	0	1	21	0	3	0
百分比	0.00%	48.84%	0.00%	1.16%	24.42%	0.00%	3.49%	0.00%

类　型	商务楼宇	药店诊所	银行	公厕	摄影照相	邮政服务	其他	合计
个　数	1	0	0	0	0	0	6	86
百分比	1.16%	0.00%	0.00%	0.00%	0.00%	0.00%	6.98%	100.00%

资料来源：本研究整理而得。

上海新天地文化休闲娱乐街区是一个展现上海历史文化风貌的都市旅游景点，它是以上海独特的石库门建筑旧区为基础改造成的集餐饮、商业、娱乐、文化的休闲步行街区，见图 5－1。在 86 家业态中，餐饮小吃类最多，42 家，占比 48.84%；其次为时装服饰类，21 家，占比 24.42%；然后依次是酒吧茶室类，7 家，占比8.14%；其他类 6 家，占比6.98%；日用百货类 3 家，占比 3.49%；美容会所类 2 家，占比 2.33%；书店音像、展厅画室、电影院、纪念品、商务楼宇各 1 家，分别占比 1.16%。

图 5－1 上海新天地文化休闲娱乐街区区位及业态

2. 杭州清河坊文化休闲娱乐街区业态结构

杭州清河坊文化休闲娱乐街区位于杭州市上城区，本文研究对象为高银街、安荣巷、大井巷、中河中路围成的区域。据不完全统计，该区域业态共计 216 家，见表 5－10。

表 5－10 杭州清河坊文化休闲娱乐街区业态结构

类　型	网吧	美容会所	酒吧茶室	书店音像	展厅画室	电影院	KTV
个　数	0	1	10	4	10	0	0
百分比	0.00%	0.46%	4.63%	1.85%	4.63%	0.00%	0.00%

类　型	酒店旅馆	餐饮小吃	快餐店	纪念品	时装服饰	地方特产	日用百货	居住用房
个　数	10	61	1	44	18	7	0	0
百分比	4.63%	28.24%	0.46%	20.37%	8.34%	3.24%	0.00%	0.00%

（续表）

类　型	商务楼宇	药店诊所	银行	公厕	摄影照相	邮政服务	其他	合计
个　数	0	13	0	0	0	0	37	216
百分比	0.00%	6.02%	0.00%	0.00%	0.00%	0.00%	17.13%	100.00%

资料来源：本研究整理而得。

　　"八百里湖山知是何年图画，十万家烟火尽归此处楼台"。这是明代江南才子徐渭对古代杭城吴山和清河坊地区繁华景象的真实描绘。如今的清河坊街区，保留了历史文脉，恢复了保和堂和万隆火腿庄等老字号店，新引进了世界钱币博物馆及各种工艺品、艺术品店和吴越人家手工布艺，太极茶道等特色店馆，见图5-2。在216家业态中，餐饮小吃类最多，61家，占比28.24%；其次为纪念品类，44家，占比20.37%；其他类排在第三，37家，占比17.13%；时装服饰18家，占比8.34%；药店诊所13家，占比6.02%；酒吧茶室、展厅画室和酒店旅馆各10家，分别占比4.63%；之后依次为地方特产7家，占比3.24%；书店音像4家，占比1.85%；美容会所和快餐店各1家，分别占比0.46%。

图5-2　杭州清河坊文化休闲娱乐街区区位及业态

3. 南京 1912 文化休闲娱乐街区业态结构

南京 1912 文化休闲娱乐街区位于南京市玄武区,本文研究对象东邻南京总统府、西至太平北路、南至长江路、北至长江后街。据不完全统计,该区域业态共计 65 家,见表 5 - 11。

表 5 - 11　南京 1912 文化休闲娱乐街区业态结构

类　　型	网吧	美容会所	酒吧茶室	书店音像	展厅画室	电影院	KTV
个　　数	0	6	19	0	0	0	2
百分比	0.00%	9.23%	29.23%	0.00%	0.00%	0.00%	3.08%

类　　型	酒店旅馆	餐饮小吃	快餐店	纪念品	时装服饰	地方特产	日用百货	居住用房
个　　数	0	30	0	0	0	0	0	0
百分比	0.00%	46.15%	0.00%	0.00%	0.00%	0.00%	0.00%	0.00%

类　　型	商务楼宇	药店诊所	银行	公厕	摄影照相	邮政服务	其他	合计
个　　数	0	0	0	0	0	0	8	65
百分比	0.00%	0.00%	0.00%	0.00%	0.00%	0.00%	12.31%	100.00%

资料来源:本研究整理而得。

南京 1912 位于南京市长江路与太平北路交汇处,由 17 幢民国风格建筑及“共和”“博爱”“新世纪”“太平洋”4 个街心广场组成,总面积 3 万多平方米。这些青灰色与砖红色相间的建筑群,风格古朴精巧,错落有致呈 L 形环绕“总统府”,见图 5 - 3。在 65 家业态中,排在第一位的是餐饮小吃类,30 家,占比 46.15%;其次为酒吧茶室类,19 家,占比 29.23%;第三是其他类,8 家,占比 12.31%;然后依次是美容会所,6 家,占比 9.23%;KTV2 家,占比 3.08%。

4. 合肥罍街文化休闲娱乐街区业态结构

合肥罍街文化休闲娱乐街区位于合肥市包河区,本文研究对象为水阳江路、双河路、罍街夜市广场沿线、宁国南路、罍街名小吃广场沿线、银杏巷围成的区域。据不完全统计,该区域业态共计 219 家,见表 5 - 12。

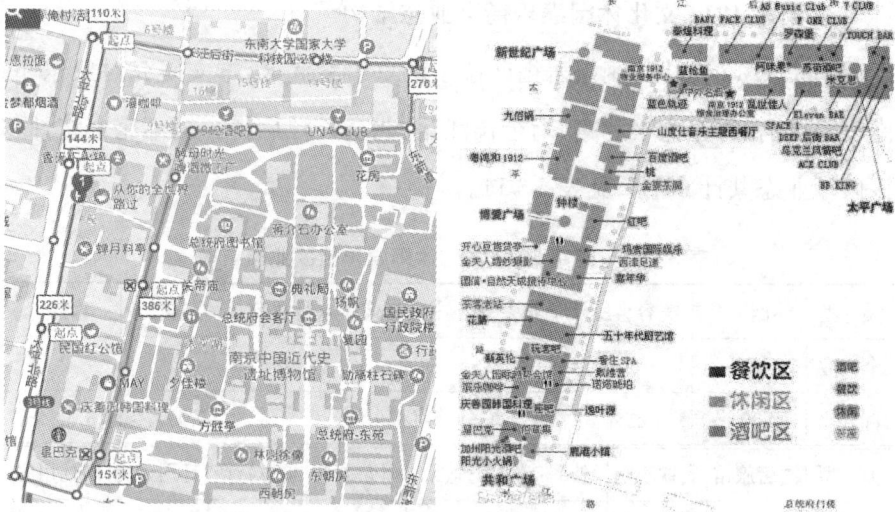

图 5-3　南京 1912 文化休闲娱乐街区区位及业态

表 5-12　合肥罍街文化休闲娱乐街区业态结构

类　型	网吧	美容会所	酒吧茶室	书店音像	展厅画室	电影院	KTV
个　数	3	10	18	2	3	1	1
百分比	1.37%	4.57%	8.22%	0.91%	1.37%	0.46%	0.46%

类　型	酒店旅馆	餐饮小吃	快餐店	纪念品	时装服饰	地方特产	日用百货	居住用房
个　数	4	102	0	5	6	3	13	5
百分比	1.83%	46.57%	0.00%	2.28%	2.74%	1.37%	5.93%	2.28%

类　型	商务楼宇	药店诊所	银行	公厕	摄影照相	邮政服务	其他	合计
个　数	1	3	1	2	0	0	36	219
百分比	0.46%	1.37%	0.46%	0.91%	0.00%	0.00%	16.44%	100.00%

资料来源：本研究整理而得。

根据合肥市《包河区国民经济和社会发展"十三五"规划纲要（草案）》，早在 2016 年，包河区已经在重点挖掘徽派建筑文化、合肥餐饮文化、包河历史文化内涵和价值，建设罍街、贡街、芝泉湾、绿地半生缘、后街等特色街区。其中罍街旨在依托徽派建筑文化、饮食文化、合肥科教文化和淮军文化,重点建设中国特色美食名街、星美院线、名流茶馆等文化休闲项目,打造全省最具代表性的文化街区,见图 5 - 4。在 291 家业态中,餐饮小吃类最多,102 家,占比 46.57%;其次为其他类,36 家,占比 16.44%;酒吧茶室排在第三,18 家,占比 8.22%;然后依次为日用百货类,13 家,占比 5.93%;美容会所类,10 家,占比 4.57%;时装服饰类,6 家,占比 2.74%;纪念品和居住用房各 5 家,分别占比 2.28%;酒店旅馆 4 家,占比 1.83%;网吧、展厅画室、地方特产、药店诊所各 3 家,分别占比 1.37%;书店音像和公厕各 2 家,分别占比 0.91%;电影院、KTV、商务楼宇和银行各 1 家,分别占比 0.46%。

图 5 - 4　合肥罍街文化休闲娱乐街区区位及业态

(二) 结构特征

从样本数据来看,长三角文化休闲娱乐街区的业态结构呈现以下主要特征。

第一,业态类型整体较为集中,主题特色较为鲜明。从排在前三位的业态类型来看,餐饮小吃类、酒吧茶室类、时装服饰类、纪念品类和其他类业态较为集中。其中上海新天地、南京1912、合肥罍街的餐饮小吃和酒吧茶室类业态合计占比分别为56.98%、75.38%、54.79%,均超过了50%;杭州清河坊的餐饮小吃和纪念品类业态合计占比为48.61%。休闲文化娱乐类业态整体集中凸显了长三角文化休闲娱乐街区主题特色鲜明。

表5-13 样本文化休闲娱乐街区的业态排序

业态排序	上海新天地		南京1912		杭州清河坊		合肥罍街	
	业态	占比	业态	占比	业态	占比	业态	占比
1	餐饮小吃	48.84%	餐饮小吃	46.15%	餐饮小吃	28.24%	餐饮小吃	46.57%
2	时装服饰	24.42%	酒吧茶室	29.23%	纪念品	20.37%	其他	16.44%
3	酒吧茶室	8.14%	其他	12.31%	其他	17.13%	酒吧茶室	8.22%

第二,餐饮类和消遣娱乐类业态是标配。从业态所属商业网点的大类项目来看,包括酒店旅馆、餐饮小吃、快餐店等在内的餐饮类业态,和包括网吧、美容会所、酒吧茶室、书店音像、展厅画室、电影院、KTV等在内的消遣娱乐类业态,对于文化休闲娱乐街区而言,必不可少,共同构成了满足顾客吃喝玩乐需求的一站式消费供给。其中餐饮小吃类业态占比遥遥领先的特征与本地居民作为主力市场的市场结构特征基本一致,这从侧面反映了餐饮小吃类网点的客源主要为本地居民,这应该与用餐消费通常比其他类业态消费耗时较长有直接的关系,因为外来休闲旅游者的大部分时间通常会分配在观光游览和购物等方面。这与夜间旅游消费市场的需求基本一致。《夜间旅游市场数据报告2019》也显示,有过夜游体验的游客占比92.4%,35.7%的受访者人群关注可供欣赏的美景,夜晚活

动、休闲氛围、安全保障、美食/夜市的诉求比重在 23%～28%之间,书店、茶社、剧院是夜间消费市场的文化亮点,诚品书店、国家大剧院、保利剧院等文化场所夜间消费热度高涨。在对游客的夜游体验需求调查中,文化节市活动、文化场所参观等活动占比位居前列。以 80 后、90 后为主体的年轻一代是当下夜间旅游消费的主力军,占比分别达到 40.0%、19.8%,引领夜游风尚,24 小时书店、话剧、院线电影等吸引了大批青年游客[①]。

第三,同类型业态呈现相对集中态势。从文化休闲娱乐街区业态的空间分布来看,同类型业态的分布和布局相对集中。以南京 1912 街区为例,根据同类或相近业态的集聚程度,可以比较明显地划分为餐饮区、酒吧区、休闲区等。这一方面反映了相同或相近业态在选址时倾向于追随策略的原则,相同或相近业态集中布局也容易形成规模效应,营造浓厚的休闲文化娱乐氛围,同时还可以引入相同或相近业态之间的竞争机制,督促经营者不断创新经营模式,提供高质量的产品与服务,最终实现顾客的便捷消费和满意消费。

第五节　文化休闲娱乐街区发展的影响因素分析

本部分基于大众点评网络上对样本文化休闲娱乐街区点评的文本分析,百度指数的关联性因素归纳,结合文化休闲娱乐街区的发展规律,对长三角文化休闲娱乐街区发展的影响因素进行分析。

一、大众点评的文本分析

本文于 2019 年 10 月 9 日通过大众点评 App 搜集了对上海新天地、

---

① 张佳仪.夜间旅游市场数据报告 2019[R].北京:中国旅游研究院,2019.

南京 1912、杭州清河坊和合肥罍街的点评信息。

表 5－14　大众点评网络对长三角文化休闲娱乐街区典型的点评

街区名称	点 评 信 息	关键词提取
上海新天地	打卡新天地(415)、新天地逛 MALL 指南(122)、嗨翻新天地游乐园(109)、玩转新天地公园(102)、新天地美食哪家强(72)、新天地(58)	打卡、购物、娱乐、餐饮
南京 1912	美食(451)、打卡地(16)	餐饮、打卡
杭州清河坊	古色古香(280)、人气旺(182)、环境优雅(99)、体验很棒(46)、地方赞(46)、价格高(45)、清新淡雅(35)、家庭亲子(31)、同学同事(20)、饭好吃(15)、性价比高(14)、高大上(12)、场地赞(10)、交通便利(6)	历史文化、人气、环境、体验、亲朋聚会、餐饮、便捷
合肥罍街	人气旺(107)、环境优雅(90)、古色古香(73)、徽派建筑(51)、提供餐饮(50)、清新淡雅(45)、价格实惠(38)、家庭亲子(35)、体验很棒(32)、地方赞(31)、性价比高(28)、停车方便(13)、地方宽敞(9)、高大上(7)、交通便利(3)	人气、环境、历史文化、餐饮、家庭聚餐、体验、便捷

注：()内的数字代表该类点评信息的数量汇总数。

通过对大众点评网络上对样本文化休闲娱乐街区点评的文本分析可以发现,从休闲体验来看,顾客倾向于餐饮、娱乐和购物等消费体验;从休闲环境来看,顾客更看重历史文化氛围、休闲体验环境和交通便捷等因素;从消费群体来看,个人休闲娱乐需求、家庭聚会需求和亲朋好友聚餐需求等构成了文化休闲娱乐街区的充盈市场。

二、百度指数的关联性因素归纳

2020 年 1 月 26 日,通过百度指数对 2013 年 7 月 1 日至 2020 年 1 月 25 日的大数据分析,上海新天地、杭州清河坊和合肥罍街的需求图谱和人群画像显示如下。

第一,从需求的区域分布来看,本地市场是文化休闲娱乐街区的主力市场。这就说明文化休闲娱乐街区的发展首先应满足本地居民的休闲文化娱乐需求,然后才是外来游客的休闲旅游需求的满足。同时也发现,除了本地及周边区域市场之外,也不排除一些飞地市场,比如北京、广州、成都等经济社会发展水平较高的城市,见表 5-15。

表 5-15　上海新天地、杭州清河坊和合肥罍街的需求地域分布

排　序	上海新天地	杭州清河坊	合肥罍街
1	上海市	杭州市	合肥市
2	杭州市	上海市	上海市
3	北京市	北京市	北京市
4	苏州市	苏州市	成都市
5	广州市	宁波市	南京市
6	南京市	广州市	苏州市
7	成都市	南京市	杭州市
8	深圳市	温州市	六安市
9	武汉市	西安市	巢湖市
10	郑州市	合肥市	滁州市

资料来源:参考百度指数数据整理而得。

第二,从人群属性的年龄分布来看,20～39 岁是文化休闲娱乐街区的主力消费群体。其中20～29 岁消费群体的占比最高,上海新天地、杭州清河坊和合肥罍街的比例分别为 51.92%、52.94%和45.14%。30～39 岁消费群体紧排其后,三地的占比分别为 22.1%、17.65%和27.05%。这与夜经济的消费群体主力基本一致,从消费市场的角度也印证了文化休闲娱乐街区是城市夜经济的主要聚集地。新华网 2019 年发布的中国城市"夜经济"图鉴显示,夜间消费占全天消费比例超过 36%,文化消费最活跃的前五位城市为北京、上海、天津、成都和杭州,92.4%的游客有夜游体验的经历,其中"80 后""90 后"是当下夜间旅游消费的主力

军,35.7％的受访者倾向于欣赏美景和观看表演,23％~28％的受访者更倾向于美食和夜市①。

第三,从人群属性的性别分布来看,男女比例平分秋色。上海新天地的女性消费群体略高,占比为56.15％,男性消费群体占比为43.85％;杭州清河坊和合肥罍街的男性消费群体占比略高于女性,男性占比分别为64.71％和53.61％,女性消费群体占比分别为35.29％和46.39％。

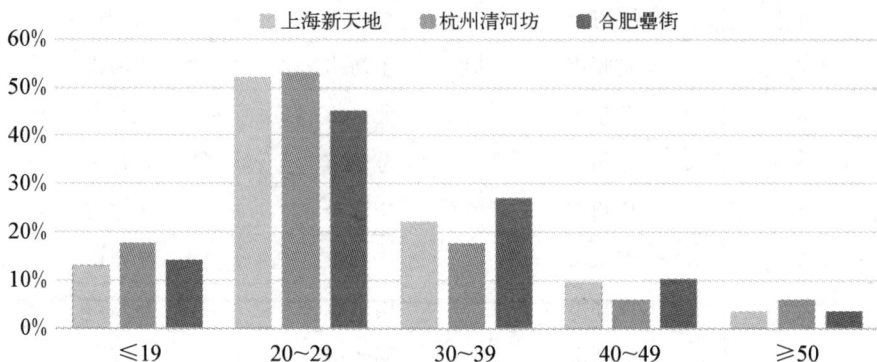

图5-5 上海新天地、杭州清河坊和合肥罍街的人群属性的年龄分布
资料来源:根据百度指数数据整理而得。

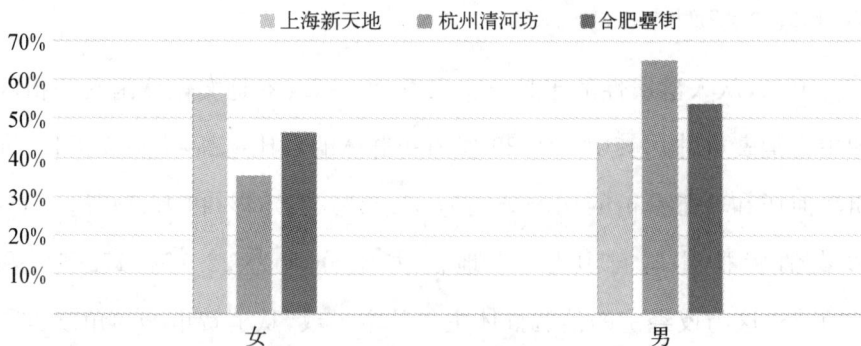

图5-6 上海新天地、杭州清河坊和合肥罍街的人群属性的性别分布
资料来源:根据百度指数数据整理而得。

① 中国城市"夜经济"图鉴[EB/OL].新华网.http://www.xinhuanet.com/video/sjxw/2019-08/14/c_1210241316.htm,2019-08-14.

三、影响长三角文化休闲娱乐街区发展的因素

综合上述对大众点评的文本分析,百度指数的关联性因素归纳和文化休闲娱乐街区的发展规律等,影响长三角文化休闲娱乐街区发展的因素至少应包括所在地的商业发展力、文化发展力和市场消费力等。

(一)商业发展力

商业发展力是指基于一定的社会经济发展环境,现代商业在产品与服务供给、品牌打造与营销方式、文化构建与制度创新等方面的水平。其中产品与服务供给是商业发展的基础、品牌打造与营销方式是商业发展的手段、文化构建是商业发展的核心、制度创新是商业发展的保障。

长三角文化休闲娱乐街区作为城市商业发展的重要组成部分和现代商业发展的窗口,自然离不开所在城市的商业发展力。因此,长三角文化休闲娱乐街区发展至少应考虑当地社会经济发展水平、现代服务业供给水平、商业政策等因素。

1. 社会经济发展水平

社会经济发展水平是指一个国家或地区社会经济发展的规模、速度和所达到的水准。反映一个国家或地区社会经济发展水平的常用指标有国内生产总值、人均国内生产总值等。

社会经济发展水平历来是城市休闲文化娱乐的前提和基础。长三角地区历来凭借其自然条件的优越,长年丰饶、衣食无虞,在性格上也养成了细腻、热情、好表现、讲排场和喜享乐的风气,因此有较多的闲暇时间去休闲、娱乐、交往和读书[①]。当前,据国家统计局统计数据显示,2018 年,上海市国内生产总值 32 679 亿元;南京市国内生产总值 12 820 亿元,居江

---

① 张仲礼.近代上海城市研究(1840—1949)[M].上海:上海文艺出版社,2008:700.

苏省第二位;杭州市国内生产总值 13 500 亿元,居浙江省第一位;合肥市国内生产总值 7 822 亿元,居安徽省第一位。2018 年,上海市人均国内生产总值 13.5 万元;南京市人均国内生产总值 15.1 万元;杭州市人均国内生产总值 14.2 万元;合肥市人均国内生产总值 9.7 万元。上海市、南京市、杭州市和合肥市的社会经济发展水平均处在各自省内乃至国内同类城市中的领先地位,为长三角文化休闲娱乐街区发展提供了一定的社会经济基础。

2. 现代服务业供给水平

现代服务业供给水平是指适应现代人和现代城市发展的需求而产生和发展起来的具有高技术含量和高文化含量的服务业的发展水平。主要包括基础服务、生产和市场服务、个人消费服务与公共服务四大类。其中与长三角文化休闲娱乐街区发展密切相关的当属个人消费服务类,具体包括教育、医疗保健、住宿、餐饮、文化娱乐、旅游、房地产、商品零售等。

以社会消费品零售总额为例,据国家统计局统计数据显示,2018 年,上海市社会消费品零售总额 12 669 亿元;南京市社会消费品零售总额 5 833 亿元;杭州市社会消费品零售总额 5 715 亿元;合肥市社会消费品零售总额 2 977 亿元。罍街所在的合肥市包河区早在 2016 年服务业增加值和社会消费品零售总额已跃居全省第一,GDP 增速达到 10%以上,居民年收入增长或超 10%,人均可支配收入达到 1 万美元左右,综合实力挺进"全国 40 强城区"。高质量的现代服务业供给为长三角文化休闲娱乐街区发展奠定了坚实的基础。

3. 商业政策

商业政策是指政府管理部门以权威形式标准化地规定在一定的历史时期内,在商业发展领域应该实现的目标、遵循的原则、实行的方式、采取的一般步骤和具体措施等。

2018 年,上海市提出了"上海服务""上海制造""上海购物""上海文化"四大品牌战略;2019 年,上海市出台了《关于上海推动夜间经济发展的指导意见》。南京市于 2019 年出台了《打造"夜之金陵"品牌的实施方案》和《进一步促进商业品牌首店、连锁便利店发展的若干措施》等政策。杭州市于 2019 年出台了《杭州市新零售发展五年行动计划(2019—2023年)》。合肥市于 2019 年出台了《合肥市人民政府办公室关于促进商品消费高质量发展的实施意见》《促进商品消费高质量发展政策实施细则》等。与时俱进的商业发展政策的出台为深度挖掘社会消费品零售潜力明确了方向和路径,为长三角文化休闲娱乐街区发展营造了良好的商业氛围。

（二）文化发展力

文化发展力是指在市场经济条件下,文化事业和文化产业的发展水平。其中文化事业和文化产业发展相辅相成。文化事业是文化产业发展的基础,文化产业为文化事业的发展提供了动能和活力,文化产业的发展水准也反映着文化事业的发展程度。习近平强调,推动文化事业全面繁荣和文化产业快速发展,可以为实现中华民族伟大复兴的中国梦提供思想保证、精神力量和道德滋养。

长三角文化休闲娱乐街区不仅是城市商业的集中体现,也是城市文化符号的集中性体现。因此,长三角文化休闲娱乐街区的发展离不开所在城市的文化发展力,具体可表现为城市的文化事业发展水平和文化产业发展水平等方面。

1. 文化事业发展水平

文化事业发展水平是指在坚持社会主义先进文化前进方向的同时,我国文化事业在公共文化服务、公共文化投入和文化投资规模等方面的发展程度。具体可通过文化事业费、人均文化事业费、文化设施等指标反映和测度。

以文化事业费为例。据《中华人民共和国文化和旅游部 2018 年文化和旅游发展统计公报》数据显示,2018 年全国文化事业费 928.33 亿元,比上年增加 72.53 亿元,增长 8.5%;全国人均文化事业费 66.53 元,比上年增加 4.96 元,增长 8.1%。文化事业费占财政总支出的比重为 0.42%,比重与上年持平。文化事业费的持续性投入为文化事业的公共服务质量提升提供了强有力的保障。

2. 文化产业发展水平

文化产业发展水平是指在社会主义市场经济条件下,我国文化产业在整体竞争力、文化新业态、文化骨干企业和文化对就业拉动等方面的发展程度。具体可通过文化产业增加值、文化骨干企业数量、文化机构从业人员等指标反映和测度。

以文化产业增加值为例。国家统计局数据显示,2018 年,我国文化产业实现增加值 38 737 亿元,比 2004 年增长 10.3 倍;2005—2018 年文化产业增加值年均增长 18.9%,高于同期 GDP 现价年均增速 6.9 个百分点;文化产业占地区生产总值比重由 2004 年的 2.15%、2012 年的 3.36%提高到 2018 年的 4.30%,在国民经济中的占比逐年提高。《2018 年上海文化产业发展报告》数据显示,2017 年,上海文化产业实现增加值 2 081.42 亿元,占地区生产总值的比重为 6.80%。其中以娱乐服务、景区游览服务和休闲观光游览服务为主的文化休闲娱乐服务类实现增加值 61.49 亿元,占文化产业增加值的 2.95%。文化产业增加值保持平稳快速增长势头,在加快新旧动能转换、推动经济高质量发展中发挥了积极作用。居民文化娱乐类消费的时间、频次、支出水平不断提升,文化消费已成为我国消费升级的重要体现,文化休闲娱乐市场潜力不断释放,随着“休闲时代”的逐步到来,文化休闲娱乐服务业呈现出强劲的发展势头和巨大的发展空间。

（三）市场消费力

市场消费力是指在市场经济条件下,消费者运用自己的货币收入购买商品和服务以满足自己需要的能力。可见,市场消费力是长三角文化休闲娱乐街区发展的关键因素,具体可划分为实际市场消费力和潜在市场消费力。

1. 实际市场消费力

实际市场消费力是指消费者运用自己的货币收入实际购买商品和服务以满足自己需要的能力。长三角文化休闲娱乐街区的实际市场消费力可通过居民人均教育文化娱乐消费支出等指标进行反映和测度。

上海市 2017 年居民人均教育文化娱乐消费支出 4 686 元;南京市 2017 年居民人均教育文化娱乐消费支出 4 220 元;杭州市 2017 年居民人均教育文化娱乐消费支出 3 521 元;合肥市 2017 年居民人均教育文化娱乐消费支出 2 313 元。这些城市的居民人均教育文化娱乐消费支出水平均处在省内主要城市的前列,为休闲文化娱乐街区提供了坚实的市场基础。同时,实际市场消费力还和交通便捷程度有关,相同条件下,交通越便捷,实际市场消费力越强。

2. 潜在市场消费力

潜在市场消费力是指消费者自己的货币收入可用于购买商品和服务以满足自己需要的能力。长三角文化休闲娱乐街区的潜在市场消费力可通过人均可支配收入等指标进行反映和测度。

上海市 2017 年居民人均可支配收入 62 596 元;南京市 2017 年居民人均可支配收入 54 538 元;杭州市 2017 年居民人均可支配收入 56 276 元;合肥市 2017 年居民人均可支配收入 34 852 元。这些城市的居民人均可支配收入水平均处在省内主要城市的前列,为休闲文化娱乐街区提供了极具潜力的市场基础。长三角文化休闲娱乐街区在满足现有市场需求的同时,还要创新经营模式,研究潜在细分市场,提供适度超前的休闲文化娱乐产品与服务,开辟市场蓝海,激发潜在市场活力,为街区发展不断注入新的市场活力。

综上,长三角城市休闲文化娱乐街区发展的影响因素如图5-7所示。

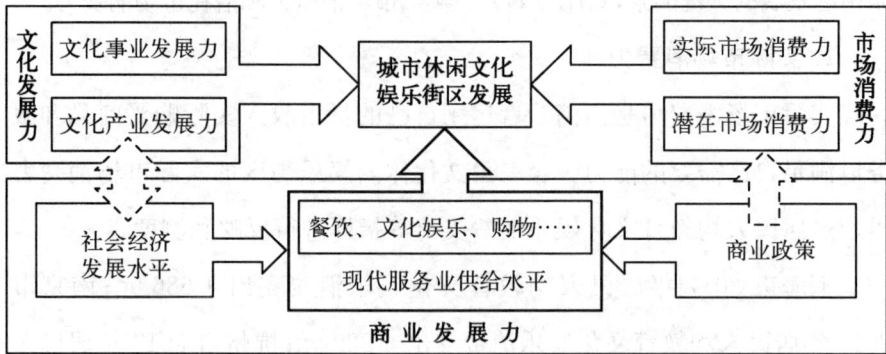

图5-7 长三角城市休闲文化娱乐街区发展的影响因素

如图5-7所示,长三角城市休闲文化娱乐街区的发展得益于商业发展力、文化发展力和市场消费力的共同发力。其中,商业发展力是长三角文化休闲娱乐街区发展的基础和前提,文化发展力是长三角文化休闲娱乐街区发展的灵魂和源泉,市场消费力是长三角文化休闲娱乐街区发展的动力和引擎,三者缺一不可。现代服务业的供给水平是社会经济发展水平和商业政策成效的集中体现,其中社会经济发展水平又与文化发展力互促共进,商业政策在保障市场供给的同时也要支撑和激发市场消费潜能。

第六节 研究结论与对策建议

一、研究结论

长三角城市休闲文化娱乐街区的空间布局和业态结构特征明显。

第一,长三角城市休闲文化娱乐街区的空间布局呈现以下主要特征。

中心城区集聚态势显著;由中心城区向郊区逐渐递减式分布;集聚程度与城市区域社会经济发展水平基本一致。

第二,长三角城市休闲文化娱乐街区业态结构呈现以下三个方面主要特征。首先,业态类型整体较为集中,主题特色较为鲜明。从排在前三位的业态类型来看,餐饮小吃类、酒吧茶室类、时装服饰类、纪念品类和其他类业态较为集中。其中上海新天地、南京 1912、合肥罍街的餐饮小吃和酒吧茶室类业态合计占比分别为 56.98%、75.38%、54.80%,均超过了50%;杭州清河坊的餐饮小吃和纪念品类业态合计占比为 48.61%。休闲文化娱乐类业态整体集中凸显了长三角城市休闲文化娱乐街区主题特色鲜明。其次,餐饮类和消遣娱乐类业态是标配。从业态所属商业网点的大类项目来看,包括酒店旅馆、餐饮小吃、快餐店等在内的餐饮类业态,和包括网吧、美容会所、酒吧茶室、书店音像、展厅画室、电影院、KTV 等在内的消遣娱乐类业态,对于休闲文化娱乐街区而言,必不可少,共同构成了满足顾客吃喝玩乐需求的一站式消费供给。其三,同类型业态呈现相对集中态势。从休闲文化娱乐街区业态的空间分布来看,同类型业态的分布和布局相对集中。这一方面反映了相同或相近业态在选址时倾向于追随策略的原则,相同或相近业态集中布局也容易形成规模效应,营造浓厚的休闲文化娱乐氛围,同时还可以引入相同或相近业态之间的竞争机制,督促经营者不断创新经营模式,提供高质量的产品与服务,最终实现顾客的便捷消费和满意消费。

第三,业态结构与市场结构的基本一致性。从业态结构来看,餐饮小吃类和酒吧茶室类业态占比近 50%,其中南京 1912 街区的比例最高,达到 75%。从街区的市场结构来看,本地市场是休闲文化娱乐街区的主力市场,占比也超过了一半。业态结构与市场结构的基本一致性至少可以说明两个方面的问题:首先,从消费偏好来讲,餐饮小吃和酒吧茶室类消费由于耗时长等特征,因此更加适合本地居民消费,因为外来游客通常游程安排较为紧张,会将更多时间用于观光游览和购物消费;其次,从街区经营来讲,休闲文化娱乐街区的业态配置充分考虑了市场消费需求,整体较为科学。

第四,长三角城市休闲文化娱乐街区发展的影响因素互促共进。长三角城市休闲文化娱乐街区是商业发展力、文化发展力和市场消费力共同作用的成果。其中,商业发展力是长三角城市休闲文化娱乐街区发展的基础和前提,文化发展力是长三角城市休闲文化娱乐街区发展的灵魂和源泉,市场消费力是长三角城市休闲文化娱乐街区发展的动力和引擎,三者缺一不可。现代服务业的供给水平是社会经济发展水平和商业政策成效的集中体现,其中社会经济发展水平又与文化发展力互促共进,商业政策在保障市场供给的同时也要支撑和激发市场消费潜能。

二、长三角城市休闲文化娱乐街区的经营模式优势与不足

(一)政府主导型经营模式

政府主导型经营模式是指城市休闲街区的经营主体为政府,即政府通过设置直属机构对城市休闲街区进行经营管理。典型代表如杭州清河坊。政府主导型经营模式在彰显其集中资源办大事的优势的同时,也暴露出其一定的弊端,由于经营主体(政府)缺乏对市场需求变化的敏锐性和灵活性,商业网点选择往往与市场吻合度一般,动态响应较为滞后。

(二)市场主导型经营模式

市场主导型经营模式是指城市休闲街区的经营主体政府和企业,即政府以资金投入等形式与企业共同对城市休闲街区进行治理。典型代表如上海新天地。市场主导型经营模式下,经营主体可以充分发挥其市场机制灵活的优势,商业网点选择紧跟市场变化,动态响应,及时调整,并通

过大比例自持物业获取对商业网点选择的绝对控制权,通过出租交易方式掌握对商业网点优胜劣汰的主动权,始终保持城市休闲街区的特色与品质,同时还可以获取物业升值后的丰厚回报。比如上海新天地经营主体对商铺产权只租不售、整体经营的思路确保了集中资源调控街区的商业网点及风格,并继续持有该街区不断升值的土地价值。

（三）政府适当干预型经营模式

政府适当干预型经营模式是指城市休闲街区的经营主体由街区管理委员会、物业管理公司等构成的多主体多层次管理组织,政府在不同阶段根据需要辅助进行治理,并选择相应的商业网点和交易方式。典型代表如合肥罍街。政府适当干预型经营模式下,由于缺乏政府的全面调控和市场的灵活机制,容易造成其商业网点"一管就死,一放就乱"的局面,商业网点调整较难控制。同时,由于大比例物业的所有权归属原住居民个人,原住居民对自持物业交易方式的不确定性一方面容易造成商业网点鱼龙混杂,另一方面也容易造成唯经济利益驱使下的商业网点选择"不择手段",导致物业租金飞涨,非主流商业网点逐渐湮没主流商业网点。

三、长三角城市休闲文化娱乐街区发展的对策及建议

（一）理性看待休闲文化娱乐街区的发展

在休闲文化娱乐街区如雨后春笋般迅猛发展的今天,理性认识与看待不仅有利于休闲文化娱乐街区避免无序竞争,更有利于休闲文化娱乐街区按需发展、适时发展、顺势发展。原因有三:其一,作为城市整体空间布局和商业的重要组成部分,休闲文化娱乐街区的发展有其特定的历史背景和条件;其二,城市休闲文化娱乐街区的发展有其自身发展规律,需要及时总结、反思与创新;其三,作为商业发展力、文化发展力和市场消费力共同作用的成果,休闲文化娱乐街区的发展不仅要顺势而为,更要为城

市商业发展,特别是现代服务业发展锦上添花,甚至是雪中送炭。

（二）将休闲文化娱乐街区纳入城市总体发展规划

从长远发展来看,城市休闲文化娱乐街区必须纳入城市总体发展规划。理由有三:其一,纳入城市总体发展规划就为休闲文化娱乐街区的发展做好了顶层设计,并提供了法治保障;其二,纳入城市总体发展规划有利于寻求更多的政策保障和支持;其三,在努力提升治理能力和治理现代化的当下,纳入城市总体规划有利于实现休闲文化娱乐街区发展的延续性,实现其可持续发展。

（三）创新休闲文化娱乐街区经营模式

经营模式的选择直接关系到休闲文化娱乐街区实现价值的方式方法,具体涉及对内外部资源的整合式利用和创新。首先,现有的三种主要类型,即政府主导型经营模式、市场主导型经营模式和政府适当干预型经营模式各有其利弊,不存在绝对的好或不好,休闲文化娱乐街区应选择适合自身条件的最佳模式。其次,创新经营模式,引导社会力量多元参与休闲文化娱乐街区经营。随着城市发展理念的更新,城市发展管理的参与主体会愈发多元。比如国资"混改"将引发包括休闲文化娱乐街区在内的城市发展参与主体更加复杂,"混改"后的参与主体如何影响休闲文化娱乐街区的发展趋势,值得关注。其三,经营模式的选择应兼顾社会价值(含生态价值)与经济价值。城市休闲文化娱乐街区的功能决定了经营主体在谋取经济价值的同时必须兼顾社会价值(含生态价值),因为经济价值至上的经营理念势必损害休闲文化娱乐街区的长远价值,相反,社会价值(含生态价值)的广泛认同可帮助休闲文化娱乐街区实现健康可持续发展。

（四）凸显休闲文化娱乐街区的特色

在竞争日趋激烈的当下,特色就是休闲文化娱乐街区的生命线,就是休闲文化娱乐街区竞争力的核心。凸显休闲文化娱乐街区的特色至少可以从以下方面努力：一是要充分依托自身条件。独有的自然地理区位优势和历史文化资源是休闲文化娱乐街区提炼总结特色的前提和基础，要善于发现、善于提炼、善于升华。二是要挖掘文化内涵。在体验经济时代，消费者在消费物质的同时更注重体验文化和消费文化，文化已成为休闲文化娱乐街区产品与服务的一部分，不可或缺。休闲文化娱乐街区要注重对各类相关文化符号、元素的挖掘和利用，逐渐形成自身特有的文化体系，营造独特的文化氛围、提供惊喜的文化体验、镌刻心灵的文化记忆。三是要谋求商旅文创居融合发展。从功能视角，休闲文化娱乐街区关系城市商业、城市旅游、城市文化、城市创新，更关系城市民生。因此，谋求商旅文创居相统一的特色才是休闲文化娱乐街区长远发展的关键。

（五）培育休闲文化娱乐街区的商业文明

从基于新商业文明的现代商业发展来看，文明力才是支撑一个社会和一个企业生产活动导向性的关键。因为在商业行为治理过程中，遵循什么样的商业逻辑、经营哲学和商业文明至关重要。对休闲文化娱乐街区而言，培育休闲文化娱乐街区的商业文明可以使街区经营主体更有效率地成长，让街区品牌有价值地成长，更有利于构建街区的商业生态竞争力。

参考文献

[1] 阿里巴巴"夜经济"数据：夜宵火爆骑手忙碌[EB/OL].新华网.http：//www.xinhuanet.com/tech/2019－07/30/c_1124814145.htm,2019－07－30.

[2] 保继刚.城市旅游：原理·案例[M].天津：南开大学出版社,2005.

[3] 城市公共休闲服务与管理基础术语(GB/T28001－2011).

[4] (德) 约瑟夫·皮柏.节庆、休闲与文化[M].黄藿,译.北京：生活·读书·新知三

联书店,1991.

［5］何建民.城市休闲产业与产品的发展导向研究［J］.旅游学刊,2008(4)：13-17.

［6］梁颖.娱乐设施经营管理［M］.杭州：浙江摄影出版社,1998.

［7］楼嘉军.休闲新论［M］.上海：立信会计出版社,2005.

［8］(美)莫蒂默·艾德勒,查尔斯·范多伦.西方思想宝库［M］.(译,不详).长春：吉林人民出版社,1988.

［9］(美)托马斯·古德尔,杰弗瑞·戈比.人类思想史中的休闲［M］.昆明：云南人民出版社,2000.

［10］张佳仪.夜间旅游市场数据报告2019［R］.北京：中国旅游研究院,2019.

［11］张仲礼.近代上海城市研究(1840—1949)［M］.上海：上海文艺出版社,2008.

［12］这些城市如何"越夜越美丽"［N］.解放日报,2019-06-17(10).

［13］中国城市"夜经济"图鉴［EB/OL］.新华网.http：//www.xinhuanet.com/video/sjxw/2019-08/14/c_1210241316.htm,2019-08-14.

第六章　长三角红色旅游发展现状与市场感知研究

第一节　研究背景与文献梳理

一、研究背景

2004 年 12 月,中共中央办公厅、国务院办公厅印发《2004—2010 年全国红色旅游发展规划纲要》,就发展红色旅游的总体思路、总体布局和主要措施作出明确规定。此后,中国红色旅游发展进入了高速增长期。经过十多年的发展,红色旅游需求稳定增长,市场规模逐渐扩大。2018 年,全国红色旅游出游达 6.60 亿人次,占全国国内旅游总人次的 11.92%;红色旅游收入达 4 257.78 亿元,占同期国内旅游总收入的 7.13%[①]。近年来,在全域旅游推动下,文旅融合概念的提出使年轻一代对于红色文化的认同感增强,红色旅游游客年轻化趋势日渐明显。旅游诉求升级,使"红色旅游+"融合型旅游产品创新加速。

近代以来,长三角地区在西方资本主义的影响下较早地开启了社会经济变迁的过程,乡村经济繁荣发展、社会经济逐渐成熟,因此长三角地区成为红色文化的发源地。长三角地区在长期的革命斗争中凝聚的红色

---

① 中国旅游研究院.2019 年上半年全国旅游经济运行情况[R].北京：中国旅游研究院,2019.

因子如同燎原之火,辐射至嘉兴、井冈山、遵义、延安和西柏坡等不同地域,成为全国红色旅游景点六大高密度区之一①。其中,沪浙地区以上海为中心,是中国共产党建党初期重大事件发生地;皖南地区以大别山为中心,是土地革命战争时期重要的根据地,也是解放战争时期重要战役的遗址地;苏南地区则是新四军抗日救国主要活动区域。

本研究从两个方面对长三角地区(本文主要指沪苏浙皖三省一市)的红色文化旅游进行分析,一是归纳和总结沪苏浙皖三省一市红色旅游发展现状和特色。二是选取沪苏浙皖三省一市合计 32 家"全国红色旅游经典景区"的网络评价文本进行分析,从而在一定程度上了解游客对红色文化旅游市场感知的特点。

二、国内外研究综述

(一)文献搜索及主题分析

本文以"红色旅游"为主题,对中国期刊网(2001—2019 年)相关文献进行搜索,其间收录的相关研究文献达 3 809 篇。从论文发表的时间轴上梳理,总体上可以看出文献数量呈现出逐年增长的态势。其中,在 2005 年、2011 年和 2016 年 3 个年份的前后呈现出三个明显的增长高点,见图 6-1。

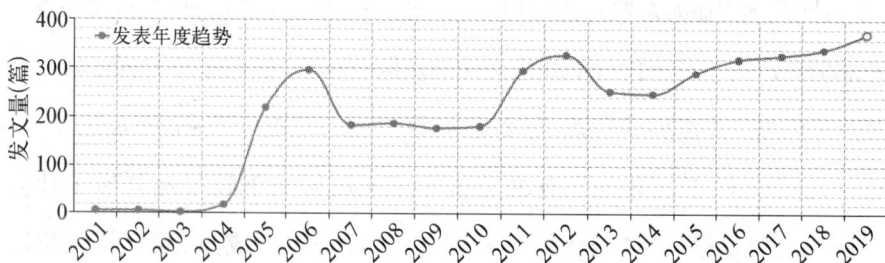

图 6-1　2001—2019 年中国期刊网"红色旅游"相关文献数量

---

① 熊杰,章锦河,周珺,等.中国红色旅游景点的时空分布特征[J].地域研究与开发,2018,37(2):83-88.

对相关研究文献增长的时代背景进行分析，可以清晰发现，我国围绕红色旅游开展的相关研究，与同时期国家相关部门先后颁布的促进红色旅游发展的政策和规划存在着十分紧密的内在关系，或者说，正是这些先后颁布的政策与规划直接促进了相关研究的发展，见表6-1。

表6-1　全国红色旅游大事件列表

年份	内　　容
2005	国家正式颁布实施《2004—2010年全国红色旅游发展规划纲要》就发展红色旅游的总体思路和主要措施作出了明确规定
2011	中共中央办公厅、国务院办公厅联合下《2011—2015年全国红色旅游发展规划纲要》
2016	2016年是"十三五"开局之年，也是贯彻落实旅游"515"战略的关键之年《2016—2020年全国红色旅游发展规划纲要》和《全国红色旅游经典景区名录》相继印发。

从已经发表的文献主题来看，呈现出以下特点。

第一，在研究主题上，红色旅游资源及产品开发的相关文献数量最多，其次为红色旅游目的地的开发和建设。排名第三的主题为"文化"类主题，排名第四的为"产业"类主题见图6-2。

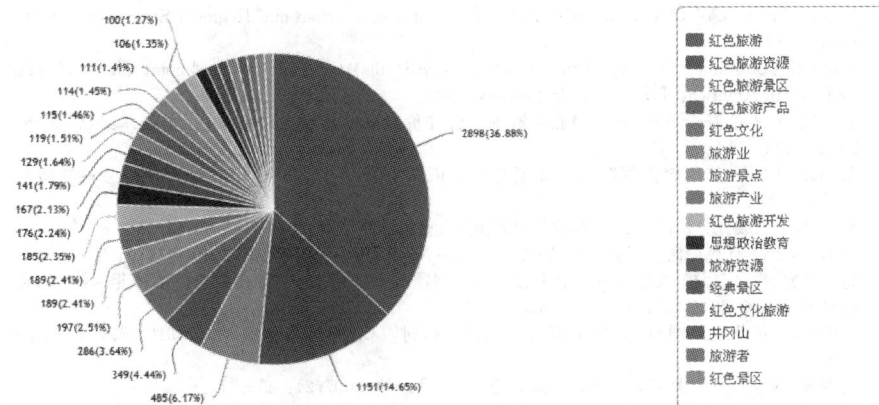

图6-2　文献主题分布

第二,关于旅游者感知、红色旅游品牌建设等相关主题的研究相对较少。

(二)国内外研究综述

国外对红色旅游的研究并不多,一般是对博物馆、名人故居、文化旅游等精神意识领域的旅游项目进行研究。随着红色旅游的发展,中国的"红色旅游热"引起了国外一些媒体和研究机构的关注。《亚太旅游协会指南》专题报道了中国红色旅游的发展情况。美国、加拿大、日本等外国学者纷纷对中国发展红色旅游进行研究,主要侧重于红色旅游与国家身份认同的关系[1],红色旅游的概念和形式等[2]。

国内对于红色旅游的研究主要集中在三个方面。首先,关于红色旅游资源及产品开发。学者们通常会从供给和需求两个方面来进行研究。从供给方面,侧重于资源的构成要素及特征描述和评价(翁钢民等,2006[3];黄细嘉等,2013[4];胡蓉,2016[5]),红色旅游资源的开发模式研究(刘海洋等,2010[6];赵伟等,2014[7]),以及红色旅游产品的创新研究(王振伟等,2019[8])。从需求方面,侧重于对游客的行为的调查,分析游客特点(黄静波,2007[9];阎友兵等,2009[10]),探讨不同游客对红色文化感知的差异

---

① Young C, Kaczmarek S. The socialist past and postsocialist urban identity in central and eastern Europe The case of & Lstrok; ódz, Poland[J]. European Urban and Regional Studies, 2008, 15 (1): 53 - 70.
② Frank S. Communist Heritage Tourism and Its Local(dis) Contents at Checkpoint Charlie, Berlin [Z]. North America: Transaction Publishers, 2006.
③ 翁钢民,王常红.基于 AHP 的红色旅游资源综合评价方法及其开发对策[J].工业技术经济,2006, 25(2): 112 - 114.
④ 黄细嘉,宋丽娟.红色旅游资源构成要素与开发因素分析[J].南昌大学学报(人文社会科学版), 2013, 44(5): 53 - 59.
⑤ 胡蓉.基于主成分分析法的红色旅游资源评价[J].宜宾学院学报,2016, 16(6): 65 - 67.
⑥ 刘海洋,明镜.红色旅游:概念、发展历程及开发模式[J].湖南商学院学报,2010, 17(1): 68 - 73.
⑦ 赵伟,傅燕辉,宋海松.红色旅游产业生态化开发问题调查研究——以韶山红色旅游产业为例[J].资源开发与市场,2014, 30(5): 630 - 632.
⑧ 王振伟,王银芹.大悟县红色文化旅游纪念品设计探讨[J].湖北工程学院学报,2019, 39(4): 120 - 124.
⑨ 黄静波,红色旅游消费市场与行为模式研究[J].消费经济,2007(2): 29 - 31.
⑩ 阎友兵,陈非文,方世敏,刘建平.2009 年全国红色旅游发展现状调查与思考[J].湘潭大学学报(哲学社会科学版),2009(6): 84 - 88.

性(黄燕玲等,2008[①];蒋长春,2013[②]),从而为优化旅游资源和产品的开发提出对策和建议。

其次,关于红色旅游目的地的研究。红色旅游目的地的研究以红色旅游重点省份湖南、山东、江西、陕西居多。通常学者们会具体分析红色旅游目的地的发展情况,运用多种方法,如 TOSPIS 法(王忠,阎友兵,2009[③])、双因素价值评价系统(秦美玉,2005[④])、市场竞争态图(张河清,陈宁英,2008[⑤])、气候舒适度测算模型(龙兴茂等,2011[⑥])等,分析井冈山、延安、遵义、韶山、广安、瑞金、邓小平故居等旅游景点的品牌树立、旅游绩效、客源市场和旅游发展态势。红色旅游目的地发展迅速,但因忽视红色旅游的精神内涵,开发简单化、过度商业化(林巧,戴维奇,2007[⑦]),最严重的是对红色历史遗迹造成不可恢复的破坏,因此学者们建议红色旅游目的地的发展应该走可持续发展的道路(王亚娟等,2005[⑧];喻彩霞等,2008[⑨])。

最后,红色文化。特指在革命战争年代,由中国共产党人、先进分子和人民群众共同创造并极具中国特色的先进文化[⑩]。学者的研究聚焦

---

① 黄燕玲,黄震方.农业旅游地游客感知结构模型与应用———以西南少数民族地区为例[J].地理研究,2008, 27(6): 1455 - 1465.
② 蒋长春.国内游客对红色文化感知的差异性研究——以延安红色旅游为例[J].河北大学学报(哲学社会科学版),2013,38(4): 75 - 80.
③ 王忠,阎友兵.基于 TOPSIS 方法的红色旅游绩效评价——以领袖故里红三角为例[J].经济理,2009,(3): 516 - 519.
④ 秦美玉.红色旅游开发研究[D].成都:四川师范大学,2005.
⑤ 张河清,陈宁英.红色旅游城市的市场竞争态分析——以 6 大红色旅游城市为例[J].旅游学刊,2008(11): 26 - 29.
⑥ 龙茂兴,孙根年,马丽君.遵义建设红色休闲之都的气候适宜性评价[J].经济地理,2011(4): 701 - 704.
⑦ 林巧,戴维奇.红色旅游者动机实证研究:以井岗山景区为例[J].北京第二外国语学院,2007(3): 72 - 81.
⑧ 王亚娟,黄远水.红色旅游可持续发展研究[J].北京第二外国语学院学报,2005(3): 32 - 34.
⑨ 喻彩霞,张河清,陈宁英.中国红色旅游研究综述[J].旅游论坛,2008,19(2): 272 - 276.
⑩ 赖章盛,胡小玉.以苏区精神为核心的赣南红色文化传承与开发浅议[J].江西理工大学学报(哲学社会科学版),2012(6): 13.

于红色文化的社会效应的研究,包括价值观认同(郑华伟,2016[①];赵志峰等,2016[②])、教育功能(宋进,2014[③])等,以及红色文化产品的品牌化问题(冯亮等,2018[④])。

三、相关概念界定

第一,红色旅游。红色旅游是指以中国共产党领导人民在革命和战争时期建树丰功伟绩所形成的纪念地、标志物为载体,以其所承载的革命历史、革命事迹和革命精神为内涵,组织接待旅游者开展缅怀学习、参观游览的主题性旅游活动[⑤]。

第二,红色文化。红色文化是指中国共产党领导中国人民在实现民族的解放与自由以及建设社会主义现代中国的历史实践过程中创作的文艺作品及开创的文化事业。红色文化具有鲜明的时代特色,所承载的人生观和价值观,是构建社会主义核心价值体系的重要内容[⑥]。

红色文化的核心是指全国各族人民,为了实现民族独立和民族解放,为了实现人民富裕和民族复兴,在反帝反封建的过程中,特别是在中国共产党的领导下在革命斗争和建设实践中所形成的伟大精神,即红色精神,具体包括在旧民主主义革命时期的探索精神、新民主主义革命时期形成的革命精神、新中国社会主义建设时期形成的奋斗精神和改革开放时期

---

① 郑华伟.红色旅游价值观内化的网络文本研究——兼论国民幸福感的生成机制[J].旅游学刊,2016(5):111-118.

② 赵志峰,孙国东,李志伟.红色旅游社会效应研究——基于认同视角的探讨[J].四川师范大学学报(社会科学版),2016,43(1):63-71.

③ 宋进.关于提高青年学生历史认同的若干思考[J].思想理论教育,2014(3):22-26.

④ 冯亮,党红艳,金媛媛.晋中市红色文化旅游资源的评价与开发优化[J].经济问题,2018(7):92-98.

⑤ 中共中央办公厅,国务院办公厅.2004—2010年全国红色旅游发展规划纲要[Z].北京:中共中央办公厅,国务院办公厅,2004.

⑥ 王谦.红色文化与中国共产党的历史发展[A].中国博物馆协会纪念馆专业委员会."红色文化论坛"论文集——中国博物馆协会纪念馆专业委员会2012年年会[C].中国博物馆协会纪念馆专业委员会,2012:4.

形成的创新精神[①]。

第三,游客感知。感知是人脑对直接作用于感觉器官的客观事物的反映,可分为感觉和知觉两大类,受到个人属性和社会属性等因素的影响,具有一定的主观性。在对游客感知的定义方面,国内外学者已经有诸多研究。例如黄颖华、黄福才(2007)认为游客感知是游客在其游览过程中的个性偏好、期望方面的综合评价;高军、马耀峰、吴必虎(2010)认为游客感知是游客基于已有经验对所得信息的理解过程。

游客文化感知指游客在旅游活动过程中,对旅游地文化的感性认知,包括物质文化感知、精神文化感知和总体感知三个方面。

第二节　长三角红色旅游
发展现状及特点

一、长三角红色旅游资源丰富

从全国范围来看,中国革命中心地经历了从"上海—瑞金—遵义—延安—西柏坡—北京"6个主要阶段的战略转移,反映了"农村包围城市"的革命道路的选择[②]。在党的发展历史中,长三角地区的红色区域无疑是有着特殊地位,尤其是红色遗迹种类繁多,数量丰富,也是当前热门的红色旅游区域。2016年12月,由国家发改委等部门联合评选出300个全国红色旅游经典景区,华东地区包含江苏、浙江、安徽、福建、江西、山东、上海等省市,其红色经典景区数量最多,为69个,占23%,见表6-2。

① 刘红梅.红色旅游与红色文化传承研究[D].湘潭:湘潭大学:2012.
② 熊杰,章锦河,周珺,等.中国红色旅游景点的时空分布特征[J].地域研究与开发,2018(4):83-88.

表 6-2　全国 300 个红色旅游经典景区分布统计

序号	地　区	景区数量	序号	地　区	景区数量
1	北京	15	17	四川省	9
2	河北	14	18	云南省	9
3	河南省	14	19	内蒙古自治区	8
4	湖北省	14	20	吉林省	8
5	湖南省	14	21	安徽省	8
6	山东省	13	22	海南省	8
7	广东省	13	23	贵州省	8
8	陕西	13	24	新疆	8
9	辽宁省	12	25	上海市	7
10	黑龙江省	12	26	天津	6
11	江苏省	11	27	广西	5
12	江西省	11	28	西藏	5
13	浙江省	10	29	青海	5
14	甘肃	10	30	重庆市	4
15	山西	9	31	宁夏	4
16	福建省	9	32	新疆兵团	4

　　江苏作为红色文化资源大省,革命遗址遗迹较多,分布广泛,内容涉及党领导人民进行革命、建设和改革的各个阶段。全省现有革命遗址 1 710 处,除 230 处遗址已损毁外,重要历史事件、重要机构旧址、重要人物活动纪念地、重要领导人故居和烈士墓有近 1 200 处[①]。江苏省有 11 个系列 23 个单体景区被列为全国红色旅游经典景区,红色旅游占江苏旅游产业的比重逐年上升。

　　浙江省作为中国共产党诞生地之一,拥有革命遗址遗迹 2 443 处,分

[①] 杨中华.江苏省革命遗址遗迹保护利用情况的调研与思考[EB/OL].江苏党史：https://www.jsdsw.org.cn/web/detail/detail.html？id=4282,2019.11.04.

布广泛。截至 2019 年,浙江省已经形成了 10 家国家级红色旅游经典景区和 8 家省级红色旅游经典景区建设为重点的红色旅游经典景区精品体系,另外"上海—嘉兴—平阳"也被纳入了国家 30 条红色旅游经典线路之列。

安徽是红色旅游大省,淮海战役、渡江战役、皖南事变等许多重大历史事件都发生在这里,全省共有革命遗址 3 318 处,其中有 8 个系列 28 个单体景区被列为全国红色旅游经典景区。全国 12 个红色旅游区涉及安徽的有大别山红色旅游区、鲁苏皖红色旅游区 2 个,全国 30 条红色旅游线路涉及安徽的有"黄山—婺源—上饶—弋阳—武夷山""黄山—绩溪—旌德—泾县—宣城—芜湖""合肥—六安—金寨—霍山—岳西"等 3 条。

上海是中国共产党的诞生地,有 7 个系列 12 个单体景区被列为全国红色经典系列景区,657 处革命遗址遗迹。其中国家级文物保护单位 7 处,市级文物保护单位 44 处,红色资源的爱国主义教育基地 51 个[①]。

二、长三角红色旅游总体发展水平较高,但占比相对较低

随着我国旅游热度的提升,红色旅游越来越受到游客青睐。2010 年我国红色旅游人数 4.3 亿人,占当年旅游总人数的 20.45%,至 2017 年,我国红色旅游接待游客数 13.24 亿人,占全国游客数的 26.39%。2010—2017 年年均复合增长率超过 17.38%。预计到 2020 年,我国红色旅游人数超过 15 亿人[②]。

近几年,长三角地区的红色旅游人次及收入总体稳步增长,各项指标

---

① 徐翌晟.让革命故事走近读者[N].新民晚报,2018-07-04(A15).
② 戴斌.红色旅游的价值取向与责任担当[EB/OL].中国旅游研究院,http://www.ctaweb.org/html/2019-1/2019-1-21-16-40-35567.html,2019-01-21.

也位于全国前列。从百度指数所显示的红色旅游"搜索指数"来看,在全国范围内,江浙沪皖四地排在前16名。其中,浙江和江苏两省排位靠前,且位次相对稳定在前6名;上海和安徽相对靠后。值得注意的是,近几年,安徽省"红色旅游"的搜索指数排位稳步提升,而上海市则呈现出下降趋势。2018年,安徽省的排位首次超过上海市,进入全国前十,见图6-3。

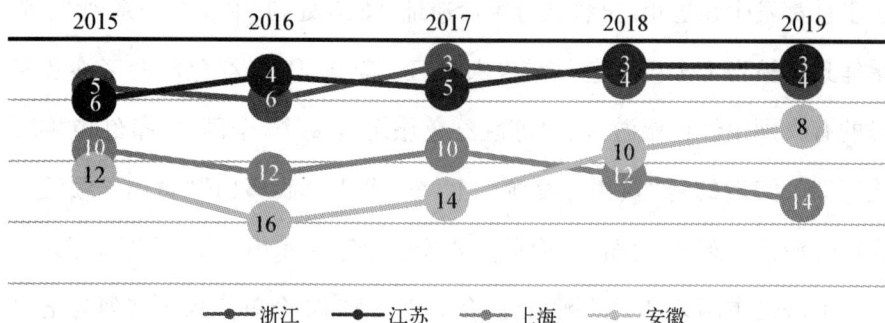

图6-3 江浙沪皖四地"红色旅游"搜索热度全国排名(2015—2019)①

进一步从红色旅游景点景区接待人次所占比重分析看,长三角地区的比重是相对较低的。2018年,安徽省红色旅游景区(点)接待游客达5 323.13万人次,占全省全年接待游客数的7.32%;江苏省红色旅游景区共接待境内外游客7 438.76万人次,占全省全年接待游客数的9.96%;浙江省8家国家级红色旅游经典景区累计接待游客6 512.08万人次,占全省全年接待游客数的9.44%;上海市的红色旅游以红色革命博物馆为主,2018年上海市30座革命类博物馆接待游客946.7万人次,占全市全年接待游客数的2.7%。由此可见,占比最高的为江苏省的9.96%,占比最低的为上海市的2.7%,均低于全国平均水平(见图6-4)。可能的解释是,长三角地区旅游资源类型多样,旅游业发展整体水平较高,对"红色旅游"资源的依赖度就相对较低。

——————————

① 数据来源:笔者根据百度指数相关数据整理制作而成。

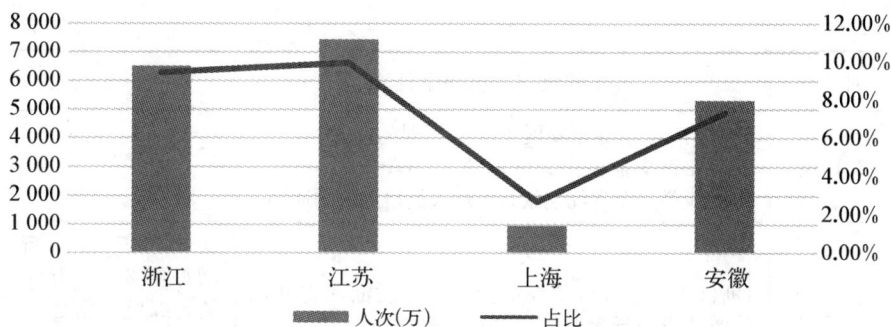

图 6-4　江浙沪皖 2018 年红色旅游景区接待人次及占比[①]

三、政府在红色旅游发展中起主导作用

红色旅游是政府主导型的旅游发展形式,通过中央补助和省市各级财政的配套支持,以及红色旅游建设专项资金的投入,扶持一批红色旅游开发建设的重点景区,长三角地区红色旅游的发展也不例外,

浙江的红色旅游发展近 10 年来以南湖为核心,在旅游人次和收入上整体呈增长趋势,这与浙江对红色旅游专项资金投入有密切关系。从表 6-3 可以看出,2006—2010 年浙江省对红色旅游的专项资金投入累计约为 3.39 亿。

表 6-3　浙江省 2005—2019 年红色旅游发展
相关政策和事件列表(部分)

时　间	文件政策或重要事件	专项资金投入
2006 年	《关于建设旅游经济强省的若干意见》	2006—2010 年,浙江省红色旅游发展专项资金累计投入 1.09 亿元,共支持 150 余个红色旅游项目建设
2008 年	1.《浙江省推动文化大发展大繁荣纲要(2008—2012)》 2. 浙江省文明风景旅游区的通报南湖风景名胜区为浙江省文明风景旅游区	
2010 年	南湖景区创建为第一批全国廉政教育基地	

---

① 笔者根据浙江省、江苏省、安徽省、上海市文化与旅游局官网相关数据整理制作而成。

（续表）

时　间	文件政策或重要事件	专项资金投入
2011 年	1.《浙江省旅游业发展十二五规划的通知》 2. 批准南湖旅游区为国家 AAAAA 景区 3. 关于举办全省红色旅游管理人员培训班的通知	
2012 年	《浙江省发展和改革委员会关于印发浙江省红色旅游建设引导资金管理办法的通知》	2012—2015 年，新增每年 2 000 万元的省红色旅游建设引导资金，累计投入 8 000 万元
2016 年	南湖湖滨区域改造提升	2016—2020 年继续设立"省级红色旅游发展专项资金"每年投入 3 000 万元、五年累计投入 1.5 亿元
2018 年	1. 首届"红船论坛"在嘉兴南湖畔举行 2.首届全国红色旅游经典景区年会	
2019 年	1.《浙江省文化和旅游标准化建设行动计划》 2.《关于融合长三角，推进我省红色旅游资源保护、开发和利用的建议》 3.《浙江省文化和旅游厅关于印发浙江省 A 级旅游景区品质提升专项活动方案的通知》	

数据来源：国家和浙江省旅游局官网，浙江省财政厅官网及微信平台。

　　江苏是旅游资源大省，有着深厚历史底蕴和悠久革命传统。"十一五"期间江苏省委省政府共投入各类资金 6 040 万元，用于徐州市淮海战役纪念馆建设、雨花台烈士陵园本体保护等 38 个项目建设，大大提高了江苏省红色旅游景区品质①。从地域上来看，江苏的红色旅游发展呈现出集聚特征，南京市和常熟沙家浜镇是热门的红色旅游景区，同时承担着生态保护、文化传承、经济发展等多重重任，带动周边区域改善生态环境、振兴乡村经济，全域发展、产业互动、绿色休闲成为江苏红色旅游的新格局。

　　在长三角城市诸地之中，安徽省对红色旅游发展的重视程度最高，把红色旅游作为政治工程、文化工程、富民工程和民心工程，不仅编制印发全省红色旅游发展总体规划，多部门联动、多要素支撑，而且累计专项投

---

① 顾至欣.基于 SWOT 分析的江苏红色旅游研究[J].中国经贸导刊,2011(18)：77 - 78.

入达 100 亿元左右。2019 年,安徽省设立 2 亿元革命老区红色文化保护专项资金,通过规划引领、多方投入,统筹协调、融合发展,推动了红色旅游创新发展。近年来,安徽省加快红色旅游区域联合,会同上海、浙江、江苏三地联合建立了 20 个长三角区域旅游系统党性教育基地,成立跨省域、跨市县域红色旅游区域联合体 8 个,实现市场共拓、品牌共建、客源互送,产业链不断延伸,提升了红色旅游的发展水平。

　　上海红色旅游景区数量不多,但是建设水平较高。2016 年至今,上海市、区两级部门累计投入各类资金约 7.7 亿元,一批批纪念场馆或建成开放或改造升级,18 处已消失的中共早期在沪革命遗址集中设立了纪念标志。2018 年,上海市民参观红色革命博物馆的热情持续高涨,其中,中共一大会址纪念馆接待观众 146 万人次,日最高接待量突破 1 万人次,整体接待量比以往增长 1.5 倍[1],见表 6 - 4。

表 6 - 4　2017—2018 年红色博物馆参观人次及
在上海市博物馆中的排名(部分)[2]

2017 年			2018 年		
展馆名称	参观人次	排名	展馆名称	参观人次	排名
中共一大会址纪念馆	832 600	5	中共一大会址纪念馆	1 460 000	4
陈云纪念馆	402 000	8	陈云纪念馆	1 104 300	6
上海鲁迅纪念馆	324 645	10	上海鲁迅纪念馆	614 140	8
上海四行仓库抗战纪念馆	272 309	13	上海淞沪抗战纪念馆	440 633	9
上海宋庆龄故居纪念馆	237 387	15	中共二大会址纪念馆	400 025	10
中共二大会址纪念馆	190 278	20			

　　综上所述,江浙沪皖四地红色旅游资源丰富,且知名度和级别相对较

---

[1]　徐翌晟.30 座红色博物馆 2018 观众近千万,有你吗? [N].新民晚报,2019 - 01 - 25(A16).
[2]　笔者根据相关资料整理制作而成。

高,总体发展水平位于全国前列,但是红色旅游占比低于全国平均水平,表明对红色旅游的依赖度较低。政府是促进红色旅游发展的主导力量,市场化程度相对较弱。

第三节 基于网络评价的长三角红色文化旅游游客感知分析

一、数据来源

本文选取了上海、江苏、浙江、安徽四地在携程网上热度排名前八的"全国红色旅游经典景区",见表6-5。

表6-5 沪苏浙皖热门红色旅游经典景区

序号	上　　海	安　　徽	序号	浙　　江	江　　苏
1	上海城市规划展示馆	宣城市泾县皖南事变烈士陵园	1	嘉兴市南湖风景名胜区	南京侵华日军南京大屠杀遇难同胞纪念馆
2	中国共产党第一次全国代表大会会址纪念馆	滁州市凤阳县小岗村	2	绍兴市鲁迅故居及纪念馆	淮安市周恩来纪念馆
3	宋庆龄陵园	芜湖市王稼祥纪念园	3	台州市解放一江山岛战役纪念地	盐城市新四军纪念馆
4	上海鲁迅纪念馆	合肥市肥东县渡江战役总前委旧址	4	温州市浙南抗日根据地旧址	淮安市周恩来故居
5	龙华革命烈士陵园	宣城市泾县新四军军部旧址	5	宁波市浙东抗日根据地旧址	南京梅园新村纪念馆
6	上海四行仓库抗战纪念馆	金寨县革命烈士陵园	6	湖州市新四军苏浙军区旧址群	徐州市淮海战役纪念馆

（续表）

序号	上　海	安　徽	序号	浙　江	江　苏
7	陈云故居暨青浦革命历史纪念馆	黄山市黄山岩寺新四军军部旧址	7	温州市永嘉县中国工农红军第十三军军部旧址群	南京雨花台烈士陵园
8	上海淞沪抗战纪念馆	芜湖市板子矶渡江战役第一登陆点纪念碑	8	浙西南革命根据地旧址群	南通市海安县苏中七战七捷纪念馆

借助八爪鱼采集器，对以上 32 家红色旅游景点景区的用户评价进行采集与整理。由于部分景区在携程网评论数不足，所以就用同时期大众点评的评论加以补充，以保证单体景点评论数目在 50 条以上。数据采集的评论时间为 2010 年 1 月至 2019 年 12 月，评论数共 8 727 条，见图 6-5。

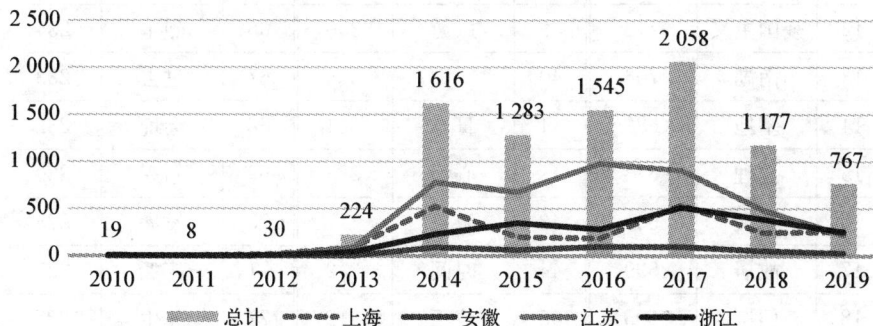

图 6-5　江浙沪皖四地红色旅游景区评论数（2010—2019 年）

二、词频分析

本研究采用的是文本分析软件 ROST Content Mining System 6.0。在进行分析之前，将 User 词典中没有的字词，与红色旅游有关的主要的景点（区）等写入自定义词典中。因为 ROST CM6 软件本身的问题无法对字数过多的文档进行处理，所以要对文档进行拆分处理，再将高频词汇提取并且进行合并等。本文主要提取了排名前 100 的特征词，见表 6-6。

表6-6 江浙沪皖四地红色旅游景区评论高频词

序号	高频词	次数	序号	高频词	次数	序号	高频词	次数
1	历史	2 503	28	建筑	474	55	遇难	264
2	纪念馆	2 050	29	环境	458	56	伟人	263
3	地方	1 685	30	风景	437	57	开放	262
4	值得	1 468	31	红色	425	58	整个	257
5	教育	1 399	32	感受	414	59	和平	255
6	参观	1 235	33	方便	369	60	适合	255
7	鲁迅	1 205	34	景色	369	61	小时候	253
8	上海	1 126	35	进去	361	62	肃穆	245
9	南京	1 024	36	沉重	359	63	铭记	244
10	免费	934	37	国耻	359	64	震撼	237
11	景点	913	38	人民	359	65	淮安	236
12	爱国主义	712	39	旅游	350	66	烈士	234
13	南湖	706	40	一大	338	67	过去	233
14	基地	682	41	日本	334	68	会址	232
15	总理	643	42	心情	325	69	绍兴	230
16	意义	601	43	游览	317	70	发展	228
17	故居	599	44	时间	312	71	广场	227
18	门票	595	45	位于	312	72	先生	227
19	孩子	584	46	新四军	308	73	游客	227
20	大屠杀	545	47	勿忘	307	74	建议	224
21	革命	545	48	公园	300	75	日军	222
22	纪念	524	49	规划	299	76	爱国	218
23	景区	514	50	陵园	290	77	烟雨	217
24	展馆	485	51	中国人	286	78	庄严	214
25	展示	483	52	缅怀	280	79	嘉兴	210
26	周恩来	476	53	学习	278	80	先烈	203
27	中国	475	54	同胞	269	81	全国	199

（续表）

序号	高频词	次数	序号	高频词	次数	序号	高频词	次数
82	战役	199	89	坐船	184	95	宋庆龄	169
83	交通	192	90	国家	182	96	湖心岛	166
84	抗战	192	91	讲解	177	97	必须	163
85	身份证	192	92	文物	177	98	生平	163
86	中共	190	93	拍照	176	99	忘记	162
87	陈列	187	94	博物馆	173	100	面积	157
88	文化	186						

为了更加深入地分析游客对红色旅游文化的感知,根据红色文化结构对排名前100的词汇进行分类,具体分布如表6-7所示。

表6-7　游客红色文化感知词频分析

感知内容	词汇/词频	比例%
物质文化	地点 & 环境:纪念馆(2 050)、地方(1 685)、上海(1 126)、南京(1 024)、景点(913)、南湖(706)、基地(682)、故居(599)、中国(475)、建筑(474)、景区(514)、环境(458)、风景(437)、景色(369)、公园(300)、陵园(290)、淮安(236)、会址(232)、绍兴(230)、展馆(485)、广场(227)、烟雨(217)、嘉兴(210)、博物馆(173)、文物(177)、湖心岛(166) 事件:大屠杀(545)、一大(338)、抗日(日本 334、日军 222、抗战 192)、新四军(308)、战役(199) 人物:鲁迅(1 205)、总理(643)、周恩来(476)、人民(359)、伟人(263)、烈士(234)、先生(227)、先烈(203)、中共(190)、宋庆龄(169)、生平(163)	43%
精神文化	历史(2 503)、值得(1 468)、教育(1 399)、红色(425)、爱国主义(712)、意义(601)、革命(545)、纪念(524)、感受(414)、沉重(359)、国耻(359)、心情(325)、勿忘(307)、中国人(286)、缅怀(280)、学习(278)、同胞(269)、遇难(264)、和平(255)、肃穆(245)、铭记(244)、震撼(237)、爱国(218)、庄严(214)、国家(182)、忘记(162)	26%
总体感知	参观(1 235)、免费(934)、门票(595)、孩子(584)、展示(483)、方便(369)、进去(361)、旅游(350)、游览(317)、时间(312)、位于(312)、规划(299)、开放(262)、整个(257)、适合(255)、小时候(253)、过去(233)、发展(228)、游客(227)、建议(224)、全国(199)、交通(192)、身份证(192)、陈列(187)、文化(186)、坐船(184)、讲解(177)、拍照(176)、必须(163)、面积(157)	31%

从高频词的分布，可以看出游客对红色旅游文化的感知呈现出以下特点。

一是"红色旅游"的文化教育意义显著。从游客评论中可以看出，"历史""教育""爱国主义""孩子"等词频显著，表明游客到访红色旅游景区，主要目的在于"铭记"和"缅怀"历史，并对青少年进行爱国主义教育。

二是对物质文化感知的词汇最多，城市影响力显著。红色文化的物质层面主要包括遗址、纪念馆、历史事件和历史人物等。在排名前 100 的高频词中，对物质文化感知的词汇达到了 43 个。其中，地点环境等涉及游览体验的内容占比较高，为 25 个；其次是历史人物，为 11 个；最后是重大事件，为 7 个。从地点环境等词频上，可以看出长三角地区红色旅游城市的影响力较大，尤以上海、南京、嘉兴南湖、淮安、绍兴为甚，由于相关景点景区主要集中在城市，因此"展馆""建筑""公园""陵园""广场"等成为主要的红色旅游展示地。从与历史人物和重大事件相关的词频，可以看出长三角地区红色旅游景区集中反映了中国共产党建党初期的重大事件（如"一大""周恩来"）和抗日救国运动（如"南京大屠杀""抗战""新四军"）的重要遗址地，具有较为显著的地域特征。

三是对精神文化的感知主要为正面词汇。红色旅游文化的精神层面主要包括革命历史和革命精神。从高频词可以看出游客对于红色精神高度肯定和认同，"值得""意义""缅怀""震撼"等正面词汇占比较高，充分体现了人民对"国家"的情感归属，对"历史"的缅怀纪念和对"和平""正义""反战"等价值的认同。

四是旅游活动以"参观""游览"为主。从总体感知情况来看，在前 100 位高频词中涉及旅游活动的有"参观""游览""坐船""讲解""拍照"等，旅游者获取对红色景点的认知的方式主要以"参观""游览""展示"和"陈列"为主，缺乏参与性和互动性。结合具体评价，游客旅游活动较为单一，展陈表现方式单调且雷同,缺乏集观赏,娱乐,教育为一体的复合型体验式旅游产品。

此外,涉及旅游消费的词汇有"门票""免费""身份证",共 1 721 次,受旅游者关注度较高。从门票(595)和免费(934)两个词,虽然门票是绝大多数景点的收入来源之一,但是长三角地区红色景点的门票基本都是免费的。对于景区内的相关设施和服务,从方便(369)和适合(255)可见,大多数游客对于旅游目的地的旅游基础设施较为满意。

三、文本语义网络分析

对红色旅游景点评论文本进行语义网络分析,得到语义网络图(见图6-6)。从图中可以看出"历史""纪念馆"是样本数据中出现频率最高的 2 个重要节点。以"历史"为核心高频词,围绕的主要特征词有"爱国主义""中国""国耻""值得""铭记""沉重""和平"等;以"纪念馆"为核心高频词,围绕的主要特征词有"南京""大屠杀""日军""周恩来""革命""上海""参观""景点"等。总的来看,在网络语义图中,可以提取少量关于红色旅游文化感知

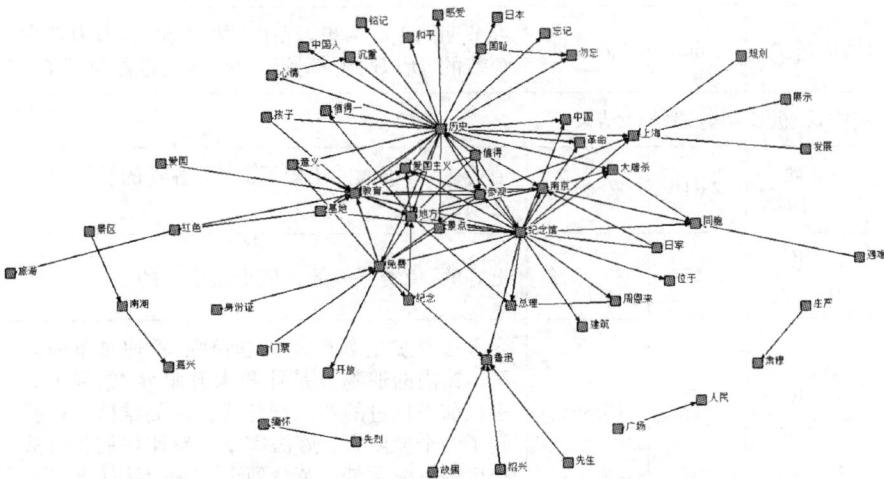

图 6-6　红色旅游景点评论文本语义网络图

的词义,即文化感知的主要方式是通过参观"纪念馆"来缅怀"历史",其中最受游客关注的景点为南京大屠杀纪念馆和鲁迅纪念馆及故居。但是,对红色旅游文化更深层次的感知,则需要从情感角度进行进一步分析。

四、情感分析

利用 ROST Content Mining System 6.0 中的情感分析功能对网络评论样本进行分析,得到游客的积极情绪占比最高,达到 71.30%;消极情绪占比较低,为 17.22%;中性情绪占比最少,为 11.48%。总体而言,游客在游览红色旅游景区时以积极情感为主,这也与前文高频词汇分析结果相呼应,见表 6-8。

表 6-8　游客情感分析统计

情感类别	频次	频率	评 论 摘 取
积极情绪	6 222	71.30%	景点免费,进来要安检,基本可以拍照,里面有很多珍贵的历史文物展示,是个文化底蕴深厚的地方,强烈推荐一下
中性情绪	1 002	11.48%	土地承包第一村,没什么自然风景,道路很整洁,甜叶菊是这里的特产
消极情绪	1 503	17.22%	春节期间人满为患,现在人太会玩了,因为都是免费的,所以哪哪都排队;算了,我也参观过了
其中,积极情绪分段统计结果			
一 般 (0~10)	2 619	30.01%	值得去,有很大的历史意义,了解党的发展史是必须的
中 度 (10~20)	2 176	24.93%	挺好的,免费开放的。值得去逛逛
高 度 (20 以上)	1 427	16.35%	今天去盐城的新四军纪念馆啦,不愧是革命老区。馆内的遗物真是让我大开眼界,见到了好多以前没见过的新奇玩意儿。在英雄榜上还找到了两个溧阳人。好厉害呐!感谢你们为抗战作出的巨大贡献。革命烈士,永垂不朽!

（续表）

情感类别	频次	频率	评　论　摘　取
其中,消极情绪分段统计结果			
一　般 （－10～0）	850	9.74%	南湖是不要门票的,地方很小,一条路直走200多米的样子。门口买的票是坐船登各个岛的,60元性价比不高
中　度 （－20～－10）	373	4.27%	真没必要去这个景点。一点也不好玩,人很多。景点服务人员态度很差,爱答不理的。门票不算便宜,一点也没啥可看可玩的
高　度 （－20以下）	280	3.21%	看了之后,心情沉重,一边看,一边想哭。太残忍,残忍到心慌的感觉。我妹看了不到五分钟就起鸡皮疙瘩了,我看到后面的时候脚发软

1. 积极情绪分析

为了进一步对游客评价的积极情绪进行分析。笔者选取了系统评分在 20 以上的积极情绪（高度）评价,共 1 427 条,进行了高频词分析,并制作了高频词标签云,见图 6-7。

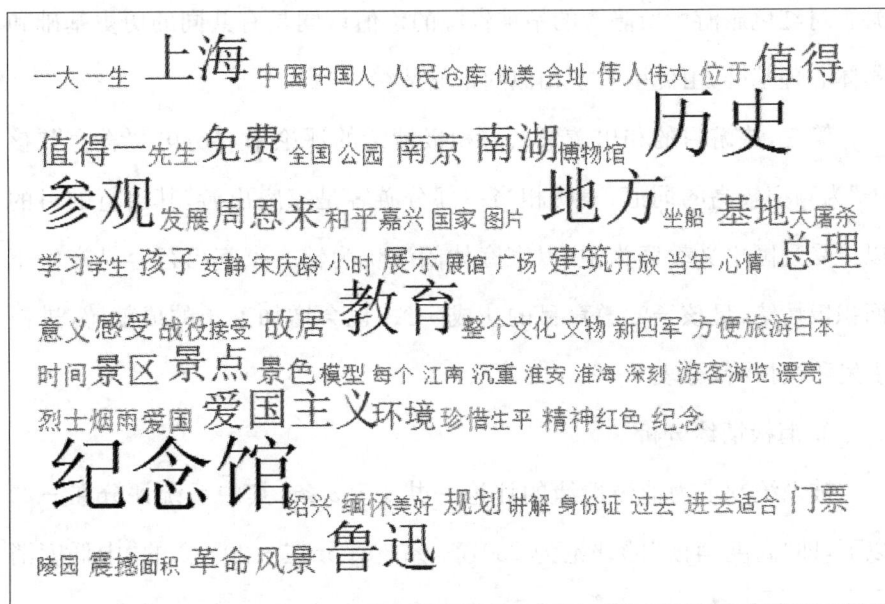

图 6-7　积极情绪（高）评价标签云

从高频词可以看出,游客的积极情绪主要与以下几个因素相关。

第一,优美的绿色景观和良好的休闲文化氛围。红色旅游开发基本上是采用"红色搭台,绿色唱戏"的模式[①],利用红色资源的高知名度为号召,真正卖点和发挥主导作用的是其良好的生态环境。而位于城市中红色旅游资源则多与休闲设施、文化氛围相结合,如上海中共一大会址和"新天地"的结合开发。良好的生态和人文环境,往往会激发游客积极正面的情绪。从词频上来看,则表现为"值得""环境""景色""优美""漂亮"等词汇频率较高。

第二,红色旅游资源的价值和品位。红色旅游资源的吸引力,主要取决于其在历史时期的地位高低和影响大小。从高频词"历史""纪念馆""展馆""展览""面积""文物""模型"和"图片"等,可以看出红色资源的历史价值越高,"原真性"和"完整性"越好,游客的正面评价越多。此外,较多的积极情绪评论集中在"上海""南湖"和"总理"(周恩来)、"鲁迅",说明游客对红色旅游中所隐含的精神资源的价值认同具有共同的历史基础和集体心理基础,由此引发了相似的正面情绪。

第三,旅游目的和出游形式。积极情绪的评论中,"历史""教育""孩子"为频率较高的词汇,表明相当一部分游客是家庭出游,其出行的目的以接受爱国主义教育为主,以家庭休闲游玩为辅。家庭出行容易产生正面积极情绪,且孩子的教育目的达成一致,也会增加家长的成就感,进而引发积极情绪,见表 6 - 9。

2. 消极情绪分析

被系统判定为消极情绪的评论一共 1 503 条,其中系统评分在 -20 以下,即"高度消极"的评论为 280 条,系统评分在 -20～0 的"中低度消

---

① 尹晓颖,朱竑,甘萌雨.红色旅游产品特点和发展模式研究[J].人文地理,2005(2):34 - 37.

表 6-9　积极情绪(高)评论示例(部分)

评　论　文　本	系统评分
十一期间人是很多,但参观者的热情不减,很多都是年轻人或是一家三口也有一些尚不懂事的孩子。儿子还不到六岁,结束南京之行回家后,他悄悄拉过奶奶,满脸郑重地对奶奶说:"奶奶你知道吗? 那个纪念馆里,我看见有个雕塑讲的是一个小孩子,他的父母被日本人杀死后,她还不知道,趴在妈妈身上吃奶,你说可怜不可怜?"你能说他小,他不懂吗? 我想等他再大一点我还会带他来的	39
全家携手走在雨后的小路,空气清新宜人,朦朦胧胧,慢慢闲逛,难得节假日游人不多,尽情享受	39
带着孩子第一次出来游玩就选择了南湖景区,孩子很喜欢坐船,景色也美,景区外面吃东西也很方便,马路对面有许多的店,还买了好吃的嘉兴粽子,唯一不足的是我们去的时候是下雨天,玩的不够尽兴啊	43

极"评论为 1 223 条。笔者对系统评分在 -20 以下的消极情绪(高度)评价,进行了高频词分析,并制作了高频词标签云(见图 6-8)。同时笔者在剔除了旅游者因历史革命事迹而产生的愤怒、悲伤、痛苦等负面情绪后,将剩下的 205 条负面评论进行分类整理,见表 6-10。

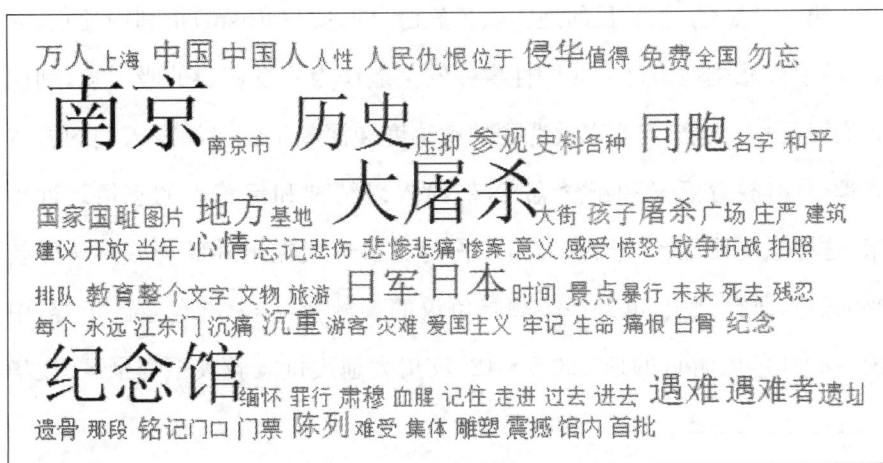

图 6-8　消极情绪(高)评价标签云

表 6-10　游客负面评论分析

主类目	具 体 评 价
旅游吸引物 (25.8%)	➢ 景点没什么特色,没趣味(22) ➢ 景点太少了,没什么东西玩(10) ➢ 商业化气息重(7) ➢ 游玩方式落后;孩子不喜欢,年轻人不感兴趣(6) ➢ 逛得很累,太累了(6) ➢ 不喜欢名人故居(2)
景点管理 (32.7%)	➢ 景点门票价格偏高;景点内收费过高;门票捆绑销售;联票或套票 　景点安排不合理(45) ➢ 排队时间长,人过多(12);规定有点麻烦(4) ➢ 湖水水质不行(2)环境不好(4)
设施与服务 (36.6%)	➢ 景点在修缮,非常遗憾(14) ➢ 服务设施差,不完善(9);取票不方便(7);指示标志不明确,景点 　没有注解(7);二维码使用不方便(4);厕所环境差,有蜘蛛网(3); 　停车不方便(2) ➢ 服务人员对景点不熟悉,服务水平有限(12);服务人员态度差(7) 　缺少导游服务(3) ➢ 没什么好吃的(4)饮食环境差(3)
其他 (4.9%)	➢ 天气太过炎热或寒冷,遇到下雨天影响心情(7) ➢ 游客有不文明行为(3)

从高频词可以看出,游客的消极情绪主要与以下几个因素相关。

第一,"黑色"旅游目的地。黑色旅游(Dark Tourism)指利用死亡、灾难、战争等悲剧性事件或悲剧性事件发生地作为开发旅游的吸引点,利用人们对死亡、战争、灾难以及悲剧的敏感度和深刻记忆来激发人们的旅游兴趣,具有教育意义和纪念意义,能给人以精神和情感上的感悟。近年来,这种强调死亡、灾难、暴力与悲伤的旅游形式在国外成为旅游学界新兴的热点研究领域,也是一个颇具争议的领域①。随着红色景区扩容,中国一些红色旅游目的地(如"5·12"汶川大地震抗震救灾系列景区、侵华

---

① He Jingming. 'Red and black': On the development dimension of cultural and ideological tourism products [J]. Tourism Tribune, 2012, 27(2): 88-93.

日军南京大屠杀遇难同胞纪念馆等)①,引起世界人士及旅游者的思考。从本研究的数据来看,高频词主要为"南京""大屠杀"纪念馆"历史""同胞"。从内容上来看,在所有1 503条消极情绪评价中,有1 298条是旅游者因历史革命事迹而产生的愤怒、悲伤、痛苦情绪,占比为86.36%;而在280条"高度消极"评论中,有251条来自"南京侵华日军南京大屠杀遇难同胞纪念馆",占比为89.64%。也就是大部分消极情绪的产生是由于"黑色"旅游目的地的性质而导致的。黑色旅游目的地通过激发人们强烈的情绪,从而带来教育和启示意义。但是,由于人们旅游的主要目的还是以愉悦和享乐为主,因此黑色旅游所带来的"压抑""悲痛"等感受,会让游客望而却步,或者"不会再来",降低重游率,见表6-11。

表 6-11　消极情绪(高)评论示例(部分)

评　论　文　本	系统评分
在这座承载着悲惨的巨大灰色建筑物前,面对着墙上用中、英、日文雕刻的遇难者 300 000 字样,心情随即变得沉重起来;缓步前行,看着一尊尊不同主题的各类铜像,看着衣衫褴褛的百姓惊惶无助的悲惨,我仿佛看见了 1937 年,那场给中华民族带来毁灭性灾难和屈辱的侵略战争,勿忘国耻,圆梦中华	-80
说实话如果自己不喜欢黑暗的人就不要去了,去了好难受,很多我都不想看。还有个万人册,死的人名字都在上面,抬头看仿佛看不到头;整个过程下来黑黑暗暗的,说实话,不想看了,太难受。最后直接回去了,晚饭真心吃不下	-67
8勿忘国耻! 参观了后,那些悲惨的画面一直就在脑海里绕了,真的很震撼,心情很沉痛	-42

　　第二,景点缺乏吸引力。红色旅游景点对自然资源和人文资源的表现方式多为观赏和展陈,游客活动还停留在静态观光阶段,以"游览""参观""走走"等为主,活动方式较为单一,尚未形成具有强吸引力的旅游主

---

① 徐克帅.红色旅游和社会记忆[J].旅游学刊,2016(3):35-42.

导产品。再结合具体评论可知,游客在购物和娱乐层面的评论内容甚少,在消极情感感知中,有小部分游客也认为"景点没什么特色,没趣味""景点太少了,没什么东西玩",相关高频词"玩的不多"反映出景点对于休闲娱乐项目的开发上略显不足,可见景点在活动项目开发上仍有一定的提升空间。

第三,景点管理有待优化。从上文分析可知,游客对于景点管理方面的不满主要集中在门票和人流量控制这两个方面。关于门票,虽然大部分红色旅游景点门票都是"免费"的,但有小部分景点会采用联票和通票的形式,以提升客流量和增加景点收入。结合消极情感分析可知,仍有小部分游客反映在景点消费过程中存在"门票捆绑销售""联票或套票景点安排不合理""景点内收费过高"等现象。而关于人流量控制方面,通过对景点相关评论的采集可知,随着红色旅游的兴起,长三角地区红色旅游景点的人流量也在逐年攀升,且与相关的红色革命纪念日关联度较高,淡旺季较明显。由此可见对人流量的管理上也是景点在未来需要关注的一大问题。而从高频词来看,游客活动中已经出现了"排队"一词,此外在消极情绪感知中也有小部分游客反映景点"排队时间长,人过多"。因此景点应尽早在人流管理上采取一定措施,以提升游客景点游览过程中的满意度。

第四,景点的设施和服务有待改进。部分负面评论是由于红色景点设施陈旧,服务人员水平和态度不佳等原因导致,如"景点在修缮""标识不明确""停车不方便""取票不方便"以及"服务人员态度差"等。在205条与情绪无关的负面评论中,占比达到36.6%。由此可见,红色旅游景点在满足游客精神需求的同时,还需加大景区建设力度,及时补短。

第四节　结论与建议

一、研究结论

从携程网评论数据来看，江浙沪皖四地的评论数从 2013 年开始出现明显增长，在 2017 年达到峰值。其中江苏的评论数最多，其次为上海、浙江，安徽的评论数最少。游客对红色文化的感知包括物质文化感知，精神文化感知和总体感知三个方面，从对游客评论的文本分析可以看出。

第一，在物质文化方面。游客感知的相关词汇最多。位于城市的纪念馆是长三角地区红色文化的主要物质载体；优美的绿色景观和良好的休闲文化氛围，红色旅游资源本身的价值和品位，是游客积极情绪的重要来源；而陈旧的设施设备则会带来负面评论。

第二，在精神文化方面。游客对于红色精神高度肯定和认同，"值得""意义""缅怀""震撼"等正面词汇占比较高；即便因"黑色"旅游目的地而产生愤怒、悲伤、痛苦等负面情绪，其结果也是激发了游客的爱国主义情怀，以及对于"和平""正义"等价值观的强烈认同，让人们记住曾经的悲痛以便能够更好地珍惜当下的生活。此外，"红色旅游"的文化教育意义显著。

第三，在总体感知方面。对红色文化感知的主要是在"参观"纪念馆和缅怀"历史"，其中最受游客关注的景点为南京大屠杀纪念馆和鲁迅纪念馆及故居。红色旅游文化以展览陈列为主要表现方式，大部分为免费景点，游客对于旅游目的地的旅游基础设施较为满意。但是存在游览方式单一，活动缺乏趣味性，景点的管理和服务不到位等问题。

二、对策与建议

作为一种特殊的旅游形式,红色旅游是在国家政策的有力支持下,以特殊的历史遗迹和文物等旅游资源为依托发展起来的,带有明显的政治色彩。但是长三角地区本身有着丰富的自然和人文旅游资源,经济基础较好,在红色旅游文化发展方面大有可为。

第一,增强顶层规划,打造长三角红色品牌。长三角地区红色旅游的发展,首先要增强顶层的规划和设计,促进红色旅游与江南特色文化的融合。例如"开天辟地,党的建立"和"海纳百川"的海派文化的呼应关系;"开天辟地,敢为人先"的红船精神与"善于创新,长于创富"的浙商精神的融合;内涵丰富的苏派艺术和徽州文化可以成为红色旅游产品的设计和创新的灵感。只有充分挖掘长三角地区的文化内涵,才能打造出一流的红色旅游产品,将红色文化旅游资源的历史知名度转化为红色品牌知名度。

第二,加强区域合作和联动。长三角地区是一个经济互补性、社会互动性、文化一致性都很强的地区,其红色旅游资源在地脉和文脉上具有天然的联结性。比如,历史上江、浙、沪这三地革命党的响应,不是彼此孤立行事,而是将三地作为一个整体来考虑的,1925 年"五卅惨案"发生后,中共中央决定将中共上海地委改组为中共上海区执行委员会,亦称中共江浙区执行委员会,简称"中共江浙区委",机关设在上海,领导江苏、浙江和上海党组织。1926 年春夏后,江浙区委管辖范围扩展到安徽省沿津浦铁路线的蚌埠、滁县、宿县、凤阳、和县等地①。因此可以通过区域合作的联动效应,一方面充分挖掘资源潜力,进行江南红色产品的延伸组合,打造

---

① 熊月之.在江南红色文化版图中,上海为什么具有特殊地位?〔EB/OL〕.上观.https://www.jfdaily.com/news/detail?id=180947,2019 - 10 - 13.

富于地域特色的红色旅游经典线路；另一方面加强区域性的联合宣传和促销，实现市场互建、客源互动。

第三，实现从"政治品牌"向"市场品牌"的回归。目前红色旅游的重要客源仍然是学校或企事业单位组织的团队，散客所占比重较小。红色旅游担负着弘扬和培育民族精神的使命，要做到社会效益与经济效益的双丰收，必定要实现从"政治品牌"向"市场品牌"的回归。一方面要着力提高红色旅游的知名度，鼓励大企业、大集团投资红色旅游产业，创新旅游市场宣传促销方式，自主创建红色旅游品牌；另一方面则要创新开发红色旅游产品，形成以红色为主导的多彩旅游项目，大力发展"红色旅游＋体育健身""红色旅游＋户外拓展""红色旅游＋文化教育"等新型旅游业态，满足游客的多样化需求。

第四，增进游客的情感体验，丰富游客的体验方式。红色旅游景点传统的说教式讲解和静态参观已经不能满足游客的需求，应该充分利用现代科学技术，如虚拟现实 VR、增强现实 AR、混合现实 MR 等高科技技术，策划富有思想性和艺术性的活动，适当加入互动体验项目，提高了旅游者参与度，丰富游客的体验方式。同时，需要针对革命遗址、纪念场所、人造景观的区域空间特征打造丰富的红色旅游体验区及革命精神教育区，增进游客的情感体验。例如，上海已推出多款沉浸式红色深度游，包括中共一大会址红色一公里、四大会址红色三公里深度游、龙华纪念馆英雄调查局等等。通过情景设计、剧本编排、场景设置、角色扮演，以"闯关"形式激发体验者的参与热情，大大提升文化代入感和体验性，让旅游者在快乐中接受红色文化。

第五，完善红色旅游景点的管理制度。首先，制定景点消费管理制度，严控不合理消费，尽管大部分红色旅游景点是免费开放和参观，但是部分景点的游乐项目，由于收费不合理等问题仍然会给游客带来负面感受。针对不合理消费现象,景点应规范管理制度,对景点进行合理规划,联合各部门严格控制景点不合理收费行为,定期对景点内自费活动和项目进行审查,对于联票通票景点可与相关销售平台协商,制定阶梯式的购票规则,让游客依据自身需求进行选择,并在票面和网站上进行清晰的提醒和标注。此外,景点应重点关注携程、大众点评等网络平台,收集游客的评论,通过游客在线上的实时反馈对景点的消费管理情况及相关工作进行监察。其次,建立网络监控平台,实时掌握游客动向。长三角地区的景点多为名人故居,场地相对狭小,过多的人流量不仅不利于文物保护,也会降低旅游体验的舒适度。红色旅游景点应结合现代化技术建立、健全网络监控平台,提前对淡旺季的人流量进行合理预估,出台相对应的管理对策,在高峰期对游客进行适时的分流与引流工作。此外,景点应对工作人员进行相关技术的培训与指导,以避免紧急情况的发生。线上线下同步监控以优化景点各项工作,从而提升景点美誉度。

参考文献

[1]熊杰,章锦河,周珺,等.中国红色旅游景点的时空分布特征[J].地域研究与开发,2018,37(2):83-88.

[2]黄细嘉,宋丽娟.红色旅游资源构成要素与开发因素分析[J].南昌大学学报(人文社会科学版),2013,44(5):53-59.

[3]王振伟,王银芹.大悟县红色文化旅游纪念品设计探讨[J].湖北工程学院学报,2019,39(4):120-124.

[4]张河清,陈宁英.红色旅游城市的市场竞争态分析——以六大红色旅游城市为例[J].旅游学刊,2008(11):26-29.

[5]郑华伟.红色旅游价值观内化的网络文本研究——兼论国民幸福感的生成机制[J].旅游学刊,2016(5):111-118.

［6］徐翌晟.让革命故事走近读者[N].新民晚报,2018－7－4(A15).

［7］顾至欣.基于 SWOT 分析的江苏红色旅游研究[J].中国经贸导刊,2011(18)：77－78.

［8］徐克帅.红色旅游和社会记忆[J].旅游学刊,2016(3)：35－42.

索　引